A PRIMER ON MACROECONOMICS
FOR SOVEREIGN MONETARY SYSTEMS

MODERN MONEY THEORY

.SECOND EDITION

現代貨幣理論

危機時代的經濟解方

——未來世界經濟的思考模式

蘭德爾·雷 L.RANDALL WRAY —— 著

張慧玉、王佳楠、馬爽 —— 譯

序言

近年來，總體經濟學中的一套研究理論得到了長足的發展，即現代貨幣理論（Modern Money Theory, MMT）。該理論的組成部分並不新鮮，但其整合出的一套連貫的分析方法則令人耳目一新。我在1998 年出版的著作《解讀現代貨幣》（*Understanding Modern Money*）一書中，曾首次嘗試得出一個綜合性的分析。該書追溯了貨幣史及其分析方法思考史，介紹了貨幣理論，並從「現代貨幣」的角度檢驗了財政政策和貨幣政策。自那時起，應用該理論來解釋相關細節的研究，便迅速發展起來。

本書是 2012 年首次出版的《現代貨幣理論入門》（*Modern Money Theory Primer*）的大幅度修訂版。修訂的目的在於：補充對前一版所提出的意見和該理論在過去幾年中的發展，拓展對各個研究方向的分析（如通貨膨脹、稅收、歐元區危機、匯率、貿易、發展中經濟體等），改善某些章節的闡述（如介紹、結論等）。

自第一版出版後，現代貨幣理論已經在出版界、互聯網，甚至一些受歡迎的政治運動中受到廣泛關注。華倫・莫斯勒（Warren Mosler）曾經引用亞瑟・叔本華（Arthur Schopenhauer）的一句名言來預測，現代貨幣理論將經過以下三個發展階段：第一階段，被嘲笑；第二階段，遭到強烈反對；第三階段，不言自明。事實上，現代貨幣理論的許多內容屬於第三階段，之前的批判者均宣稱他們其實早就知道會如此。

相關理論研究成果也已經在大量的學術出版物中公布。此外，「部落格圈」的發展也使這些觀點傳播至世界各地。如今，現代貨幣理論已成為一種合乎邏輯的理論，並得到了人們的廣泛接受，但僅憑幾篇學術文章和短小的部落格文章，無法對該理論進行全面詳盡的介紹。

因此，本書將做為入門讀物，填補學術期刊中正式的理論介紹和一些非正式的部落格文章之間的學術空白。本書將為讀者提供必要的基礎知識，以便其今後更深入地理解和研究該理論。我們將從兩個概括性的問題開始：什麼是現代貨幣理論？為什麼現代貨幣理論如此重要？緊接著，我們將介紹總體經濟收支會計學基礎，重點關注存量、流量以及資產負債表。在正文部分將簡潔清晰地闡釋觀點，在正文後的「聚焦探討」部分將針對一些爭議問題進行討論。隨後，我們將向讀者解釋貨幣如何在主權國家運行。

對大多數讀者來說，最令人驚訝的便是，政府絕非像家庭或企業那樣看待金錢！儘管人們一直聽說穩健的政府會平衡預算，就像家庭和企業一樣，但事實上，這樣的類比是錯誤的。政府是貨幣的發行者而非使用者，如果政府像一般家庭一樣試圖去調整預算，那麼整個經濟都將處於水深火熱之中。因此，讀者將會在讀過此書後，對政府的貨幣政策與財政政策有一個全新的認識。

長久以來，現代貨幣理論研究被批判為過於關注美國案例，許多批判者聲稱該理論幾乎無法應用到世界上那些不發行國際準備貨幣的國家。當然，這樣的批判有些誇張，因為現代貨幣理論學家已經將此理論方法應用到了包括澳洲、加拿大、墨西哥、巴西和中國在內的許多國家。然而，多數文獻的確還停留在詳細地介紹採用浮

動匯率制度的已開發國家的案例。許多批判者甚至認為，現代貨幣理論無法適用於實施固定匯率制度的國家。本書填補了案例不完整的空白處，清楚地闡釋了匯率制度的選擇機制，並列舉出開發中國家的一些實際案例（通常實行「釘住貨幣政策」，編註：即一國的貨幣按固定比價換算某國貨幣與其他外幣）。從這一點來看，這也是將現代貨幣理論普及化。

與 1998 年的著作《解讀現代貨幣》相較，本書並未詳細提及貨幣的歷史與思想史。儘管本書將列舉一些實例和資料，並針對一些現實世界中的真實操作進行相關討論，但大多數的闡述仍將偏重理論，大部分的討論也仍然維持在理論層面。但理論本身並不是那麼難，它是建立在簡單的宏觀事實與總體經濟學基礎之上，旨在讓沒有經濟學背景的讀者也可以輕鬆理解。此外，本書盡可能避免批判傳統經濟學研究方法。對於已有的批判，本書將盡量為研究方法的改進做出積極貢獻，確保闡述部分相對簡潔。在適當的時機，正文後的「聚焦探討」部分將進行一些更專業的討論與案例研究，也將給出一些常見問題的解答。「聚焦探討」部分為補充材料，對於時間較為緊湊的讀者來說，可略去不讀。讀者亦可以在閱讀完每一章節的正文部分後，再回過頭來閱讀「聚焦探討」部分。

在本書中，我們將檢驗「總體經濟學理論做為分析經濟的基礎」是否真實存在，並討論政府如何發行本國的貨幣。我們將首先提供一個適用於所有貨幣制度的一般性分析，隨後討論連續改變匯率制度（由浮動匯率制度到管控浮動匯率制度，再到固定匯率制度）對國內政策所造成的限制。我們將發現浮動匯率制度可以給國內政策提供更多的施展空間。此評論與知名的「開放經濟下的三元困境」

之評論相關；所謂的三元困境是指，一個國家僅能選擇三種政策中的兩種，即維持匯率釘住制的穩定、維持利率穩定，以及資本的完全流動性，不能同時實現。在此同時，我們也會發現，如果一個國家選擇了匯率目標，便不能實施那些需要在強勁的經濟增長下才能實現充分就業的國內政策。

在本書的後半部分，我們將探討阿巴·勒納（Abba Lerner）的「功能財政」（Functional Finance）方法如何遵從現代貨幣理論。這將引發對貨幣政策和財政政策的討論，我們將會討論政策可以做什麼，還會討論政策應該做什麼。但再次聲明，相關討論將較為籠統，因為本書最重要的目標在於闡明理論，使其成為政策制定的基礎，而非促成任何特定政策的制定。本書對於「大政府」和「小政府」的支持者均適用。我本人對於政府類型的喜好眾所周知，但現代貨幣理論本身是中立的。

本書的一個主要目的，便是將近期研究所得出的原理，應用於部門收支（Sectoral Balances）以及現代貨幣方法。巴德學院利維經濟研究所（Levy Economics Institute）在這類研究中走在前鋒，如韋恩·戈德利（Wynne Godley）和海曼·明斯基（Hyman Minsky）的研究便做出了極大的貢獻。

儘管該研究所大多數關於此類問題的研究重點關注已開發國家，但簡·克雷格爾（Jan Kregel）在聯合國貿易和發展會議（UNCTAD）上宣讀的論文中，便使用這種方法對開發中國家的經濟進行了分析。一些利維經濟研究所的學者還運用此方法推動已開發國家和開發中國家的就業創造計畫。本書將深入探討這些問題，清楚地提供在不同匯率制度下之國家的不同政策選擇。

最後，我們將探索貨幣的本質。我們可以看到，理論上，貨幣無法像黃金一樣成為一件商品，但它必須是一種借據（I Owe You, IOU）。儘管一些借據見票可兌換為貴金屬，即使一個國家實施金本位制，也是在使用「貨幣型借據」（monetary IOUs）。我們將說明為什麼一些貨幣經濟體在本國存在失業資源（包括勞動力）的情況下，卻在低於其產能之下運行。我們也將分析信用的本質，即為什麼一些貨幣性負債比其他類型的負債更易令人接受。正如我已故的導師海曼・明斯基教授常說的：「每個人都可以創造貨幣，但問題在於它能否被人接受。」理解「貨幣究竟是什麼」可以初步幫助我們分析，究竟是怎樣的錯誤導致了 2007 年全球金融危機。這也將會幫助我們理解歐元區所面臨的問題，尤其是它從 2010 年開始所遭受的困難。

本書將對現代貨幣理論進行基本介紹，讀者不需要具有大量的經濟學研究背景。我將會避免使用不必要的數學計算和術語，從我們所說的「第一原則」入手，構建有關貨幣如何有效運作的理論。儘管探討各種政策及時事問題很有意思，尤其是那些在 2007 年全球金融開始陷入混亂後產生的問題，但我將盡量按照本書的最初目的來完成撰寫。

為了更廣泛地檢驗本書對於潛在讀者的應用效果，我開始在同事史蒂芬妮・凱爾頓（Stephanie Kelton）經營的部落格網站「新經濟學動態」（New Economic Perspectives.org）上發表本書的部分章節。每週一在網站獨立頁面「現代貨幣入門」上更新，每週三晚上收集所有評論並提供我的回覆，然後再出版本書。這讓我可以將內容調整為今天大家所看到的樣子。在一些案例中，我的一些回覆和解答

將會在本書中列出，其餘的一些回覆則安排在「聚焦探討」部分中。感謝所有參與者給予的幫助，你們批判性的分析幫助我改進了本書的內容。在此版中，我也接受了一些本書在 2012 年第一次出版時收到的建議，像是在「聚焦探討」部分加入了分析和問答。

　　感謝在過去的二十年間和我一起工作的現代貨幣理論研究小組成員，他們和我一起推動了本理論的發展：華倫・莫斯勒、比爾・米切爾（Bill Mitchell）、簡・克雷格爾、史蒂芬妮・凱爾頓、帕夫琳娜・切爾內娃（Pavlina Tcherneva）、馬修・福斯塔 （Matthew Forstater）、愛德華・內爾（Edward Nell）、斯科特・富爾懷勒（Scott Fullwiler）、埃里克・泰摩尼（Eric Tymoigne）。還要感謝我現在和過去的許多學生：若埃勒・勒克雷爾（Joelle LeClaire）、希瑟・斯塔任斯基（Heather Starzinsky）、丹尼爾・孔塞桑（Daniel Conceicao）、費利佩・雷森德（Felipe Rezende）、弗拉維婭・丹塔斯（Flavia Dantas）、嚴良（Yan Liang）、法迪勒・卡布（FadhelKaboub）、茲德拉芙卡・托多羅娃（Zdravka Todorova）、安迪・費爾克森（Andy Felkerson）、尼古拉・馬修斯（Nicola Matthews）、沙昆塔拉・達斯（Shakuntala Das）、科琳娜・帕斯托雷（Corinne Pastoret）、邁克・默里（Mike Murray）、阿拉・塞梅諾娃（AllaSemenova）、葉娃・涅爾西相（Yeva Nersisyan）。

　　感謝華倫・莫斯勒、莫里斯・撒母耳斯（Maurice Samuels）、克利夫・瓦伊納（Cliff Viner）、斯科特・拉姆齊（Scott Ramsey），多年來對我們密蘇里大學坎薩斯城分校相關計畫的支持。同時，還要感謝亞洲開發銀行（Asian Development Bank, ADB），尤其是赫蘇斯・費利

佩（Jesus Felipe）對初期研究項目的資助，以及在哈薩克進行的兩次研討會的參與者，是你們所提出的建議促使我們更關注開發中國家。

華倫・莫斯勒、埃里克・泰摩尼、尼爾・威爾遜（Neil Wilson）對本書的最新版本提出了寶貴的意見，葉娃・涅爾西相與米拉・梅莉莎娃（Mila Malyshava）則幫助我更新了資料。由衷感謝迪米特里・巴帕迪米垂歐（Dimitri Papadimitriou）、簡・克雷格爾、已故的海曼・明斯基和韋恩・戈德利教授的支持，他們為利維經濟研究所構建了一個受人歡迎、激動人心的研究環境。最後，感謝英國帕爾格雷夫・麥克米倫出版社的工作人員建議我撰寫第二版，這次的準備工作時間比想像中要久，感謝你們的耐心。

序言到此作結，我們將在新引言部分介紹現代貨幣理論的概況，做為本書的開始。

作者　蘭德爾・雷

名詞定義

在本書中,我們將採用的定義和準則如下:

「貨幣」(Money)指一般的、具有代表性的記帳單位。我們不會用它來指稱如「硬幣」或「中央銀行紙幣」等特定的「東西」。

與貨幣相關的事物將分別有具體的名稱,如硬幣、紙幣、活期存款等。一些為可以看得見、摸得著的實體(如紙幣);一些為資產負債表上的電子帳目(如活期存款、銀行準備金)。因此,「代幣貨幣」(Money tokens)指「以貨幣計價的借據」。我們也可以稱這些「貨幣紀錄」為:在金屬、紙張、泥簡、木棍及電子帳目中,以計價貨幣結算的借據。

一個特定國家的計價貨幣有:美國的美元(US Dollar)、日本的日圓(Japanese Yen)、中國的人民幣(Chinese Yuan)、英國的英鎊(UK Pound),以及歐洲經濟和貨幣同盟的歐元(EMU Euro)。

「通貨」(Currency,編註:後文多譯為貨幣)指政府(包括財政部和中央銀行)發行的硬幣、紙幣,以及貨幣儲備等。當用來指代一種特定的國庫券或債券時,單字首字母大寫,如美國國庫券(US Treasury)、美國公債(US Treasuries)。

「銀行準備」(Bank Reserve)是私人銀行在中央銀行以計價貨幣結算的存款。銀行準備用於銀行間清算,滿足現金提款以及為客戶向政府支付款項。

「金融資產淨額」（Net Financial Asset）等於金融資產總額減去金融負債總額。與淨資產（或資產淨值）計算方式不同，金融資產淨額不包括實際資產。

「借據」是一種金融債務、負債或支付義務，以計價貨幣結算，是持有者的一種金融資產。借據可以是實物證明，如寫在紙上、印刻在硬幣上，也可以是電子紀錄，如銀行資產負債表條目。當然，借據是發行者的負債，同時也是持有者（亦稱為債權人）的資產。

「三部門收支平衡」（Three Sectors Balance）：我們可以將經濟分為三個部門：本國政府、本國私有部門（或非政府部門，包括家庭、公司以及非營利組織）、國外部門。從整體來看，總支出＝總收入，但單個部門的支出可能會多於收入（即出現赤字）或少於收入（即出現盈餘）。如果一個部門出現盈餘，那麼至少會有另一個部門出現赤字，也就是：（政府收入－支出）＋（私有部門收入－支出）＋（國外部門收入－支出）＝ 0，或是：政府部門結餘＋私營部門結餘＋國外部門結餘＝ 0。

國內生產總值（Gross Domestic Product, GDP）是消費（Consumption, C）、投資（Investment, I）、政府支出（Government, G）以及淨出口（出口－進口，X － M）的總和。就國內生產總值來看，三部門收支平衡就是指：政府部門結餘（T － G）＋私營部門結餘（S － I）＋國外部門結餘（M － X）＝ 0（其中，S ＝儲蓄〔Saving〕，T ＝稅收〔Taxes〕）。

無論以哪一種方法計算，其和總均為零。

目次

Chapter4
獨立貨幣發行國的財政運作 183

Chapter5
主權貨幣國家的稅收政策 237

Chapter 6
現代貨幣理論與不同的匯率制度 271

Chapter 10
主權貨幣的現代貨幣理論

現代貨幣理論基礎

　　本部分將對現代貨幣理論的基礎做一個簡短的總結。我們不會深入探討任何理論或政策，而是直接敘述相關結論。其目的在於解釋並幫助讀者理解現代貨幣理論的重要性。許多讀者曾告訴我，對現代貨幣理論的理解，徹底改變了他們看待本國經濟的方式。

　　我曾在密蘇里大學坎薩斯城分校開設過一個學期的研究生總體經濟學研討會課程，課程結束時，一位學生在最後一次課堂報告上，向全班介紹一種全新的研究方法。他發給每位同學一副裝有兩個扭曲鏡片的搞怪眼鏡，並要求大家戴上。幾分鐘後，當我們的眼睛開始試圖去適應這些扭曲的景象時，他說：「這就是學期剛開始時，總體經濟學世界在我眼中的樣子。但現在，我對總體經濟學有了一個全新的認識，拿掉了眼前的『扭曲眼鏡』，事物開始變得清晰。」

　　現代貨幣理論是一個全新的研究方法，建立在約翰・梅納德・凱因斯（John Maynard Keynes）、卡爾・馬克思（Karl Marx）、米切爾・英尼斯（A. Mitchell Innes）、格奧爾格・弗里德里希・克納普（Georg Friedrich Knapp）、阿巴・勒納、海曼・明斯基、韋恩・戈德利，以及其他許多學者的見解之上。可以這樣說，這個理論是「站在巨人的肩膀上」。

　　現代貨幣理論研究橫跨了數個經濟學的子學科，如經濟學思想

史、經濟史、貨幣理論、失業與貧困、金融與金融機構、部門收支平衡、經濟景氣循環與危機，以及貨幣政策與財政政策等，大規模地更新並融合了諸多非主流的異端理論。

在過去的四千年間（如凱因斯所言，「至少四千年」），美國的貨幣制度為「國家貨幣制度」。簡單來說，就是由一個國家來選擇計價貨幣，制定責任與義務（如納稅、進貢、繳基督教會的什一稅、罰款和上繳相關費用等），以該貨幣單位計價，並且發行了當人民按照上述義務付款時被認可的貨幣。

但現代貨幣理論最重要的貢獻，當屬詳細研究了財政部與中央銀行是如何協調運作的，而其運作的過程則可以掩蓋政府究竟如何收支。

兩百年前，國家財政部透過發行貨幣，可以清楚瞭解到國家的支出狀況；透過收取交易所支付的貨幣，也可以瞭解國家的稅收狀況。但由於中央銀行開始負責替財政部進行收支，政府的財政狀況變得模糊不清。

然而，正如現代貨幣理論所顯示的，儘管這一過程變得更加複雜，但其本質並沒有改變。政府支出貨幣，使其在市場中流通，納稅人則使用這些貨幣來履行對國家的納稅義務，此過程本身的重要性完好無損。

現代貨幣理論的結論，使那些被灌輸了傳統觀點的人感到震驚。最重要的是，它挑戰了關於政府財政（以及財政預算赤字所含的危險）與貨幣政策的正統觀點，挑戰了所謂的菲力浦曲線（Phillips Curve，通貨膨脹—失業曲線）的權衡方法，挑戰了實施固定匯率制度和加入「歐洲經濟與貨幣聯盟」（EMU，以下簡稱歐盟）的智

慧，也挑戰了爭取經常帳（Current Account）盈餘這樣的愚蠢行為（編註：經常帳是指國際收支平衡表中因貿易和服務而產生的資金流動）。

對大多數人來說，阻礙他們信服現代貨幣理論的最大問題在於，根據理論所述，主權政府的財政與家庭和公司財政是截然不同的。當我們總是聽到「如果我像聯邦政府維持預算那樣維持家庭預算，那麼我該破產了」時，總是會聽到緊接著的這一句：「因此，我們需要控制政府的預算赤字。」但現代貨幣理論認為這樣的類比是錯誤的。主權政府在本國的貨幣制度下不可能破產，政府完全可以償還任何以該國貨幣支付的債務。

事實上，如果政府透過支出和借出的方式，讓貨幣在市場中流通，那麼政府顯然不需要在支出之前得到稅收收入。此外，如果納稅人使用貨幣支付稅款，那麼政府必須在稅款被支付之前先支出貨幣。所有的過程在兩百年前就已經顯而易見，國王為了支出並且在之後的稅收中收到本國硬幣，便在每一枚硬幣上都刻了標記。

需要注意的是，我們仍會在繳稅時說我們遞交了自己的「納稅申報單」（Tax Return），也就是一種償還（Return）。那麼，我們究竟「償還」了什麼？我們向主權政府償還了其發行的貨幣（和一份說明我們如何「欠下」這些貨幣的聲明）。過去，我們會向政府償還硬幣、符木、紙幣，以及其他形式的貨幣，來履行繳稅的義務。而政府收到後則稱其為「稅收」（Revenue），這個英文單字源於法文單字「revenu」，而這個法文單字則源於拉丁文中的「reditus」，意為「償還」、「回歸」。那麼，當稅款繳納後，什麼回到了政府手中呢？是政府自己發行的貨幣。

如今我們很難再見到這樣的過程。現代政府都擁有自己的銀行——中央銀行，代替政府支出和收入。這些款項的收支現在大多數都透過電子交易來實現。因此，現代政府不會像往常那樣使用硬幣和紙幣支出，也不會以硬幣和紙幣的形式徵稅。政府指導中央銀行以貸記銀行帳戶的形式支出，以借記銀行帳戶的形式獲得稅收收入（編註：貸記是指在貸方做紀錄，借記是指在借方做紀錄）。

由於只有很少人理解這些會計程序，因此人們不太理解政府究竟如何支出，從而被那些與家庭預算的類比誤導。「政府在支出前需要獲得家庭稅收收入」這樣的論點，看上去很有道理，但事實上，現實與此恰恰相反：政府需要先行支出，家庭才能繳稅。

另一個令人震驚的事實是：一個主權政府不需要為了支出而「借入」自己的貨幣。事實上，政府也無法借入還未支出的貨幣。這就是為什麼現代貨幣理論將政府債券的出售與借入視為完全不同的事情。

當政府售出債券時，銀行透過支付它們在中央銀行的儲備來購買債券。中央銀行借記購買銀行的存款準備金，以國庫券貸記銀行帳戶。比起將其視為財政部借款，這更像是將存款從活期存款帳戶轉入儲蓄帳戶以獲得更多的利息收入。事實上，國庫券就是中央銀行的一個儲蓄帳戶，中央銀行為國庫券支付的利息比存款準備金（銀行「活期存款帳戶」）更多。

現代貨幣理論認為，主權政府債券的出售與貨幣政策操作的功能相同。這一論述可能有些專業，此類債券出售的目的，在於幫助中央銀行達到隔夜利率的目標值。債券的銷售是用於移除超額準備，因為超額準備往往給隔夜利率帶來下行壓力。中央銀行購買債

券則為整個銀行系統增加了準備金，防止隔夜利率的上升（編註：隔夜利率是指當天起息第二天歸還的銀行同業拆放貸款的利率）。

因此，在美國，聯邦準備系統（Federal Reserve System, Fed，以下簡稱美聯準；主要管理機關是聯邦準備理事會，簡稱聯準會）與財政部合作，透過債券的銷售和購買，使美聯準保持聯邦基金利率穩定。這在近年來變得越發簡單，因為美聯準現在為準備金支付利息，此舉與持有債券的功能相同。由此，債券銷售與購買變得有些落伍，債券不再是「資助」政府開支的必需品，中央銀行也不需要用債券去達到調控匯率的目標。

讀者並不需要理解上述所有的概念，但要明白一個要點：主權政府不需要為了支出而借入本國的貨幣！它們提供付息的國庫券，做為銀行、公司、家庭以及外國人賺得利息的工具。這是一種政策的選擇，而非必需品。政府永遠都不需要在支出前出售債券，事實上也無法出售，除非政府事先已經提供了銀行購買債券所需的貨幣和準備金。政府可以透過支出（財政政策）或借出（貨幣政策）的方式，來提供貨幣和準備金。

因此，這更像是稅收和支出的關係——先支出後徵稅，我們應該將債券銷售視為政府在已經支出或借出貨幣和準備金後才發生的行為。

大多數美國人都熟知「拿出一根符木」（Raise a tally）這句片語，歐洲君主將有刻痕的符木做為當時的貨幣，這句片語即是指使用這些貨幣的行為。符木是分離的（分為主幹與根部），在繳稅日由稅務署將兩個部分進行匹配。當稅款繳納後，王室接受納稅人符木債務的責任將「一筆勾銷」，而納稅人也實現了繳納符木的義務。顯

然，王室需先支出這些符木，納稅人才可以繳納稅款。

當許多人瞭解到銀行擁有相似的運行模式後，都會大吃一驚。一百五十年前，銀行可以在發放貸款時發行紙幣（Banknote），債務人可以以交付紙幣的形式償還貸款。銀行需要先發行紙幣，債務人才能使用紙幣償還債務。如今的銀行在貸款時創造存款，而貸款則透過那些銀行存款而得到償付。

過去，由不同銀行發行的紙幣，不一定都能按票面價值被接受。例如，如果你想要透過使用芝加哥銀行發行的紙幣償還聖路易斯銀行的貸款，那麼它們可能會給你所使用的美元打個 7.5 折。

美聯準成立的部分原因，也是要確保貨幣的平價結算。同時，透過向私營銀行紙幣徵收稅款，排除其紙幣的使用。銀行轉向使用存款，並使用美聯準的借據（即存款準備金），進行銀行間帳戶的結算。重點在於，現在銀行是在發放貸款時創造存款，債務人透過使用銀行存款的方式償還貸款。這意味著銀行需要先創造存款，借款人才能償還他們的貸款。

現代貨幣理論指出，稅收制度的主要目的便是「推動」貨幣的流通。人們接受主權政府貨幣的原因之一，便是稅款需要透過政府貨幣來繳納。一開始，除非需要使用貨幣來進行支付；否則沒有人會接受貨幣。稅收以及其他相關義務則創造了對貨幣的需求，使人們必須使用貨幣來支付強制性款項。從這個角度來看，稅收真正的目的並不是提供政府可以用來支出的「貨幣收入」，而是創造了對政府貨幣的需求，從而使政府可以支出或借出貨幣。

銀行存款具有相似的功能。我們接受銀行存款的部分原因在於，多數人擁有抵押債務、信用卡債務或汽車貸款，一般情況下，

這些都需要透過在銀行開支票的方式來進行支付。我們可以接受其他銀行存款帳戶的支票，以增加自己帳戶的金額。在中央銀行平價結算的保證下，銀行也會接受這些支票。

政府發行貨幣與私營銀行發行紙幣或存款之間，既有相似處，也有差異處。

政府規定了納稅的義務，但私營銀行需要依靠客戶自願決定是否成為借款人。我們可能會拒絕成為借款人，但俗話說得好，人生中唯一確定的事情就是「死亡和納稅」，有些事情很難避免。主權權利（通常）歸國家所有，這就決定了其責任（貨幣與準備金）在其司法管轄權下被普遍接受。

事實上，銀行和其他相關機構通常將其自身的責任轉化為國家的責任。這也解釋了為什麼我們稱銀行支票帳戶為「活期存款」，因為銀行承諾將根據「需求」將其責任轉化為國家的責任。

因此，現代貨幣理論所述的「貨幣金字塔」，將本國的貨幣放在金字塔的頂端，將銀行的貨幣（紙幣和存款）放在國家的貨幣（準備金與貨幣）之下。我們認為，其他金融機構的債務處於金字塔中銀行的貨幣之下，通常以銀行存款支付，也可以在更低的層級看到非金融機構的負債。在底層，我們可能會看到家庭借據，而它通常也以金融機構的債務責任支付。

許多人很難接受這樣的「貨幣創造」，因為聽上去就像煉金術一樣虛無縹緲，甚至像是一場騙局。那麼，銀行是否真的在貸款時簡單地創造貨幣呢？政府是否真的在支出（或借出）時，簡單地創造貨幣或中央銀行準備金呢？它們到底是什麼？是憑空創造出的貨幣嗎？

答案是肯定的。

海曼・明斯基曾說過「每個人都可以創造貨幣」，但「問題在於它能否被人接受」。你可以透過在一張紙條上寫「欠款五美元」來創造一種以美元計價的「貨幣」，但問題在於能否找到接受它的人。然而，主權政府則可以輕易地找到接受者，這在一定程度上是因為數千萬人欠政府錢。

花旗銀行可以輕易地找到接受者，因為數百萬人欠花旗銀行的錢，我們知道可以將銀行帳戶的存款換為現金，知道美聯準為了確保能夠按票面價值結算而在背後默默支持著銀行。然而，如果很少人欠你錢，我們便會懷疑你是否有能力將以美元為計價單位的借據，按票面價值轉化為「山姆大叔」（美國政府）的借據，此時你將處於貨幣金字塔較低的位置。

當然，美國政府和花旗銀行在「貨幣創造」上都有所受限。美國政府受到國會和總統的預算授權的限制，有時還會遇到一些瘋狂的事（對，就是瘋狂），如國會強制實施「債務上限」。國會與總統可以且應該移除債務上限，但我們的確想要一個預算流程，以確保美國政府受到核准預算的約束。

然而，當我們開始出現失業問題時，美國政府則應當增加支出才對。

花旗銀行受到資本約束，以及它可以借出的貸款種類（與其他持有資產的類型）的限制。誠然，在過去的幾十年間，我們將銀行從大多數的規章制度和監管中解放出來，這也令我們感到非常遺憾。那些擁有「神奇粥鍋」的銀行需要有所節制。當銀行能夠且總是大量地貸款（包括不良貸款），這將會增加市場泡沫，導致它們

自己甚至客戶均出現償付能力的問題。穩健的貸款是一項必備的美德，或者起碼是銀行家努力想要實現的美德。

問題並不在於銀行和政府的貨幣創造的「憑空」性，而是所創造出的貨幣數量和創造貨幣的目的。政府支出的公共目的應該是有益的，至少是為了實現國家資源的充分就業。銀行貸款所達到的對公眾和私人均有利的公共目的和私人目的，通常也令人滿意。

然而，貸款往往伴隨著風險，需要良好的承保（信用評估）。但不幸的是，美國最大的幾家銀行在 1990 年代很大程度上拋棄了承保過程，這也帶來了災難性的後果。人們只能盼望決策者可以恢復那些五百年前發展起來的擁有良好銀行業務的銀行，並且關閉世界上那些對做好銀行業務沒有興趣的十幾家最大的銀行。

有些人對於我們的銀行系統已經失去了信心，我對這種消極的觀點深表遺憾。有些人則希望恢復林肯任職時期的「綠背紙鈔」（Greenbacks，編註：指美國政府在南北戰爭時期發行的，不可兌換金銀幣的紙鈔）提案，或是 1930 年代芝加哥計畫（Chicago Plan）時期的「狹義銀行」（Narrow Banks，編註：指銀行必須持有所有儲戶的存款，用於借貸的資金只能來自銀行股東的資本）提案。

有些人甚至希望要消除私營貨幣創造，讓政府發行「無債貨幣」（Debt-free Money）！我很同情他們，即使我認同他們的目標，也不會支持那些極端的提議。這些提議的出現是基於他們對於貨幣制度的根本性誤解。

美國的貨幣制度是一種國家貨幣制度（State Money System）。美國的貨幣是政府的負債，是一種可以兌換為納稅義務以及其他向國家支付的項目之借據。「無債貨幣」這一說法，便是一種不基於此前提的推理或誤解。請謹記，「每個人都可以創造貨幣」，「問題

在於它能否被人接受」。它們全部都是借據，透過支出或貸出而出現；它們的發行者必須在支付中接受它們；它們會直接或間接被那些向發行者進行支付的人接受。

在已開發國家，我們徹底實現了經濟貨幣化。我們大多數的經濟活動都需要貨幣，因此，需要專門的機構來發行被廣泛接受的貨幣型借據（代幣貨幣），從而能夠展開經濟活動。

儘管許多國家的政府很大，但它們不足以提供所需要的貨幣型借據，去調動其渴望達到的經濟活動規模。而有些美國人對於把所有貨幣化的經濟放在更大規模的政府手中，持懷疑態度。若要運行一個現代的、貨幣化的資本主義經濟，卻沒有可以創造貨幣式借據的私營金融機構，這是絕不可能的。我們更喜歡讓私營機構來展開大多數的經濟活動。公共部門的確在提供資金支援上扮演了重要的角色（包括公共銀行、國家發展銀行，以及政府對小型企業、學生和屋主的直接政府貸款），但許多名義上的私營金融機構也同樣參與其中。

現有金融和經濟危機的解決辦法，不在於把主權貨幣發行者的手腳與專制的赤字或債務上限捆綁在一起。事實上，過去幾十年間的經濟問題，大多存在於私有的營利性金融部門。現在，我們有太多私營「貨幣創造」加速逃出金融市場，而滿足公共目的的政府「貨幣創造」卻太少。

我們確實需要根本上的改革，包括精簡銀行巨頭，實施更強、更透明的監管，起訴金融詐騙，將更多的「公共」目標放在「公私合作」的金融機構中。

我們也需要討論主權政府在經濟中需要扮演的適當角色，在討論政府預算時，對政策的討論需要從所有「健全財政」（Sound

Finance）的神話中脫離出來。

最「不健全」的財政預算政策，便是一味地追求所謂的「平衡預算」（Balanced Budget），即在既定時段（通常為一年）中，稅收收入與政府支出完全匹配。

如果出現了這樣的結果，意味著政府透過支出供給的所有貨幣，均透過稅收的方式「返回」，並非政府部門一分錢不剩。如果政府運行這樣的「平衡預算」，政府將不會對國家的金融財富有任何淨貢獻（Net Contribution）。很難理解為什麼會有人有這樣瘋狂的目標。

正如現代貨幣理論所說，政府的債務（包括貨幣、銀行準備金和國庫債券）便是非政府部門的金融資產。政府的財政赤字等於非政府部門的財政盈餘，產生可以被儲蓄的收入。按照「一個主權政府在本國的貨幣政策下不可能破產」這樣的論斷，儲蓄是最安全的形式，儲蓄到期時不可能出現任何無法償付的情況。

想像一下：當總統無法再宣稱「政府花光了貨幣」時，政策論述將如何改變；當政府無法再拒絕創造就業機會或建設更好的基礎設施時，或是由於缺少資金而無法把太空人送上火星時，又或是不再允許學者喚醒那些可怕的、不斷想把更多錢「借給」政府的「債券義勇軍」（Bond Vigilantes）時，情況會是如何。可能會有很多原因導致數百萬人失業，或生活在不安全的橋樑和公路附近，但缺少資金支援絕不是原因之一。

當你理解現代貨幣理論的基礎後，將對這些問題有一個全新的認識。

Chapter 1

總體經濟收支
會計學基礎

從本章開始，我們將學習理解現代貨幣理論所必要的基礎知識，請保持耐心。剛開始，你可能認為學習這些基礎並不重要，但如果你不掌握基礎的總體經濟收支會計學，便無法理解有關政府預算（以及近期在許多國家蔓延的赤字恐慌）的討論，也無法理解在歐元區發生的危機，因為你需要知道它們的貨幣制度是如何建立的，而不是簡單地認為那些問題是由於懶惰的希臘人、西班牙人和義大利人的政府開支無度造成的。

　　所以，請耐心並專心學習本章內容。本章並不需要讀者擁有高等數學或複雜的會計準則知識，而是最簡單、最基礎的內容。它是一條邏輯分支，卻是非常簡單的邏輯。

01▸ 會計基礎
流量與存量

1.1 一方的金融資產是另一方的金融負債

　　會計的基本原則便是：每一項金融資產都有一項與其等值、相互抵銷的金融負債。支票存款（也稱活期存款或即期存款）是一項家庭金融資產，由銀行的金融負債（或借據）抵銷。換言之，存款是家庭的資產、銀行的負債。政府或公司債券是一項家庭資產，卻是發行者的負債（無論發行者是政府或公司）。家庭也有負債，如助學貸款、住房抵押貸款或汽車貸款，而在債權人，如銀行或不同種類的金融機構、養老基金、對沖基金及保險公司等手中，這些便成了資產。

　　一個家庭的金融財富，等於「所有金融資產（即金融財富）總和」減去「所有的金融負債（即其所發行的所有以貨幣計價的借據）總和」。如果該數值為正，那麼該家庭便擁有正金融財富淨值。

1.2 內部財富與外部財富

　　區分經濟中不同類型的部門，對分析研究非常有利。最基本的方式便是將經濟分為「公共部門」（包括各級政府）和「私營部門」（包括家庭和公司）。如果我們考慮所有私營部門發行的金融資產

和負債，從邏輯角度來看，「金融資產的和」必須等於「金融負債的和」。

　　換言之，如果我們僅考慮私營部門所發行的借據，那麼淨私營金融財富必須為「零」（除非政府持有部分私人債務）。私營金融財富處於私營部門內部，有時又被稱為「內部財富」。如果私營部門需要積累金融財富，便必須以「外部財富」的形式來完成，即擁有另一部門的金融債權。

　　基於最基本的將經濟分為公共部門和私營部門的方式，外部金融財富以政府借據的形式出現。私營部門以持有的政府貨幣（包括硬幣和紙幣）以及各種政府債券（如短期國債、長期債券等）做為其淨金融資產，是其正金融財富淨值的一部分。

1.3 關於非金融性財富（實物資產）的說明

　　一方的金融資產由另一方的金融負債抵銷，總體來看，金融財富淨額必須為「零」。然而，「實物資產」代表著「沒有被另一方負債所抵銷的財富」，因此，從總量上看，「淨財富」等於「實物（非金融性）資產的價值」。例如，你透過負債購買了一輛汽車，你的金融負債（即汽車貸款），被汽車貸款公司持有的金融債權所抵銷（你的借據通常被稱為「鈔票」，即一種付款承諾）。由於金融資產淨值為「零」，那麼剩餘的價值便是實物資產：汽車。

　　在後文中，我們將重點關注金融資產和金融負債，但也要牢記實物資產的價值會在個人層面和總體層面上提供淨財富。當我們從總資產（包括實物資產與金融資產）中提取出金融負債後，餘下的

便是非金融資產（即實物資產），或是總資本淨額。（參見第 4 單元的「聚焦探討」部分，60 頁。）

1.4 私營金融財富淨額等於公共債務

（收入或支出）流量（flows）累積成為存量（stocks）。一年的私營部門金融資產淨額累積，僅出現在其同一時期支出小於收入的情況下。換言之，其金融資產一直在累積，使其成為財富存量。

我們所列舉的兩部門模型，僅簡單將經濟分為公共部門和私營部門，這些金融資產是政府負債，即政府貨幣與政府債券。後面我們會討論中央銀行準備金，它既是中央銀行的負債，又是商業銀行的資產。從很多方面看，中央銀行準備金就像是政府貨幣，做為「強力貨幣」（High Powered Money，編註：又稱貨幣基數，為商業銀行存入中央銀行的存款準備金與社會公眾所持有的現金之和，可參見 137 頁相關說明）的一部分，或是支付低利率的隔夜政府債券。

政府借據則是在政府支出大於稅收所得時，由私營部門累積產生的，也就是政府赤字，即在預設計算期內（通常為一年），用記帳貨幣計量的「政府支出流量」減去「政府稅收收入流量」。赤字累積成為政府債務存量，等於私營部門在同一時期內金融財富的累積。

在後文將提供政府支出和稅收過程的完整解釋。此處需要理解的是，在這個兩部門模型中，「私營部門持有的金融資產淨額」與「政府發行的金融負債淨額」完全相等。如果政府總是實施平衡預算，即「總支出」總是等於「稅收收入」，那麼私營部門金融財富淨額將為「零」；如果政府持續出現財政預算盈餘（總支出小於稅

收收入），那麼私營部門的金融財富淨額將為負。換言之，私營部門將會對公共部門負債。

我們由此可以構想一個相應的「困境」：在這個兩部門模型中，公共部門與私營部門不可能同時出現盈餘。如果公共部門出現盈餘，那麼根據恆等式，私營部門將必然出現赤字。如果公共部門在同一時期出現充足的盈餘，直至收回其全部未償債務（Outstanding Debt），那麼相對應地，私營部門將出現等值的赤字，其金融財富淨額也將不斷減少直至為「零」。

1.5 世界其他國家債務為本國金融資產

另一種有用的分類方法，是構建一個三部門模型，包括：本國私營部門、本國公共部門，以及由外國政府、公司與家庭構成的「世界其他國家」（Rest of the World, ROW）部門。在此模型中，即使本國政府部門實施收支完全相等的平衡預算，本國私營部門也有可能累積對世界其他國家的債權淨額，「本國私營部門累積的金融資產淨額」將等於「世界其他國家發行的金融負債淨額」。

最終，也是更符合現實的情形是，本國私營部門可以累積由本國政府負債與世界其他國家負債，所構成的金融財富淨額。另外，也有可能出現本國私營部門累積政府債務（增加金融財富淨額），同時向世界其他國家發行債務（減少其金融財富淨額）的情況。在下一單元中，我們將對部門收支進行更深入的討論。

1.6 關於內部資產重要性的說明

　　一些批評家曾聲稱，現代貨幣理論強調了金融財富淨額，卻忽視了內部資產。實際上並非如此，由於有很多關於政府赤字的問題，現代貨幣理論主要關注私營部門金融資產淨額的來源，即外部財富。我們認為，在封閉經濟下，金融資產淨額的唯一來源便是政府；在開放經濟下，對於世界其他國家的債權便成為金融資產淨額的另一個來源。由於每一項在部門內部創造並持有的金融資產，都會被一項負債所抵銷，本國私營部門無法自己產生金融資產淨額。

　　然而，這並不意味著應當忽視本國私營部門創造的金融資產與負債。確定「誰是債務人，誰又是債權人」是非常重要的。一般情況下，企業部門為了擴大產能以獲取利益，會成為債務人。家庭部門要購買房屋和消費品而成為債務人，但也會為了上學、退休等進行儲蓄，累積金融資產淨額，因而又是淨債權人。如果從這些次級部門內部看，我們可以發現，某些部分有高額負債，某些部分卻是淨債權人。例如，由老年人主導的家庭多為淨債權人，而由年輕人主導的家庭多為債務人。金融財富高度集中在白人手中，只有一小部分集中在黑人和拉美裔美國人手中。我們還發現，最富有的 1% 的人手中的金融資產正在不斷上升。

　　這一切都非常重要，而學者們在過去的三十多年間也逐漸展開了諸多研究。美國和歐洲大部分地區不斷上漲的家庭負債，導致了全球金融危機；財富越來越集中在少數人的手中，使西方民主政體出現了不少問題。公司借款多用於投機而非生產性投資，導致公司負債累累，卻沒有從生產上提高獲利能力。這些問題的研究及解決，

都需要同時關注內部金融財富和外部金融財富。

那些非研究現代貨幣理論的學者，主要關注金融財富在私營部門內的分配；而現代貨幣理論則試圖探討財政緊縮對私營部門外部財富來源的影響。兩者並非相互排斥，而是相輔相成的。

1.7 部門會計基礎及其與存量和流量概念的關係

本部分繼續使用三部門模型，研究本國私營部門（家庭與公司）、本國政府部門（包括地方級、州或省級和國家級政府），以及世界其他國家（包括家庭、公司和政府）。我們可以認為，每一個部門在會計分期內都有收入流量和支出流量，並假設會計分期為一年，任何一個部門都有理由每年結算其收入和支出流量。若支出小於收入，則稱其為本年預算盈餘；若支出大於收入，則稱其為本年預算赤字；預算平衡則意味著本年收入等於支出。

從上述討論中我們可以很清楚地看到，預算盈餘與儲蓄流量相同，會導致金融資產淨額的累積（金融財富淨額的增長）。同理，「預算赤字」意味著「金融財富淨額的減少」。財政赤字的部門必須減少其前一年（當出現盈餘時所累積）的金融資產，或是發行新的借據來抵銷赤字。

通俗來講，就是將其資產交易為可花費的銀行存款（這一過程被稱為「動用儲蓄」），或者發行債務（「借入」）來獲得可花費的銀行存款，以「支付」赤字開支。當累積的資產用完後，便只能選擇每年增加負債，因此就出現了財政預算赤字。另外，出現財政預算盈餘的部門，將累積金融資產淨額，盈餘部分將以至少一個其

他部門的金融債權的形式出現。

1.8 關於實物資產的再說明

問題出現了：如果一個部門使用儲蓄（預算盈餘），去購買實物資產而非累積金融資產淨額，將會怎樣？答案是：金融資產將會被轉給另一方。

例如，如果你的支出小於收入，可以在活期存款帳戶中累積存款。如果你決定不想以存款的形式持有儲蓄，可以開支票購買實物，比如一幅畫、一輛古董車、一套郵票、一套房地產、一部機器，甚至是一家公司。這樣，你便將金融資產轉化成實物資產。同時，賣方則進行了相反的交易，持有金融資產。

要點在於，如果私營部門整體財政預算盈餘，那麼便有人累積金融資產淨額（另一部門的債權）。因此，即使在私營部門內部出現了資產的轉移，金融資產淨額只是從其中一個人的口袋轉移到另一個人的口袋而已。

1.9 結論：「一個部門的赤字」等於「另一個部門的盈餘」

上述討論為我們點出了一個重要的會計原則：如果我們把一個或幾個部門的赤字加總，那麼這個數值必定等於其他幾個部門的總盈餘。在韋恩·戈德利開創性的研究基礎上，我們可以用簡單的等式來說明這條原則：

本國私營部門結餘＋本國政府部門結餘＋國外部門結餘＝ 0

　　舉一個例子，假設國外部門出現平衡預算（即國外部門結餘等於零），並且本國私營部門收入為 1000 億美元，支出為 900 億美元，本年出現 100 億美元的財政預算盈餘。根據上述恆等式，便可得出本國政府部門本年預算赤字為 100 億美元。也就是，本國私營部門將在本年累積 100 億美元的金融財富淨額，構成本國政府部門 100 億美元的負債。

　　再舉一個例子，假設國外部門支出小於收入，有 200 億美元的財政預算盈餘，同時，本國政府部門支出小於收入，有 100 億美元的財政預算盈餘。根據會計恆等式可知，在同一時間段內，本國私營部門必須擁有 300 億美元（200 億美元＋100 億美元）的財政預算赤字，並且其金融財富淨額將透過賣出資產和發行債務的方式，減少 300 億美元。此時，本國政府部門金融財富淨額，將增長 100 億美元（減少其未償債務或增加對其他部門的債權），國外部門金融財富淨額將增長 200 億美元（減少其未償債務或增加對其他部門的債權）。

　　顯然，如果一個部門出現財政預算盈餘，那麼，至少有另外一個部門出現財政預算赤字。

　　就存量指標而言，為了讓一個部門累積金融財富淨額，必須至少有另一個部門增加同等的負債，所有部門不可能同時透過財政預算盈餘來累積金融財富淨額。

　　我們可以構想出另一個「困境」：在三部門模型中，如果一個

部門出現盈餘，那麼至少有另一個部門出現赤字。

　　無論我們怎樣努力，都不可能同時出現所有部門均盈餘的情況，即不可能像烏比岡湖（Lake Wobegon）這個美國電臺節目《大家來我家》（*A Prairie Home Companion*）中主持人蓋瑞森‧凱勒（Garrison Keillor）虛構小鎮的孩子那樣，都認為自己高於平均水準。每一個高於平均水準的孩子，都必然對應一個低於平均水準的孩子。同理，對於每一筆盈餘來講，都必然對應一筆赤字。

02 ▸ 現代貨幣理論、部門收支與經濟行為

　　在上一個單元中，我們介紹了總體收支會計的基礎知識。而在本單元中，我們將稍微深入，探究流量（赤字）與存量（負債）的關係。為了避免錯誤，我們需要確保流量和存量之間的「一致性」，即確保所有的支出和儲蓄都可以從哪裡來就到哪裡去。同時，我們必須確保一個部門的盈餘可以被另一個部門的赤字抵銷。這就像在棒球中追蹤分數一樣，事實上，大多數的金融「分數」，便是現代世界中的電子紀錄（就像那些在電子記分牌上顯示的比賽分數）。

　　我們也將試著分析其因果關係。例如，我們希望理解，為什麼在柯林頓執政的「金髮女孩經濟」時期（Goldilocks years，編註：引用自《金髮女孩與三隻小熊》的故事，指保持適度的經濟增長，通貨膨脹率低，景氣溫和，不會過熱或過冷）時期，美國私營部門結餘為負值，而政府結餘為正值，他們是如何做到這一點，又是透過怎樣的過程。不同於總體收支會計恆等式那樣（必須符合等號兩邊相等），你永遠無法確認是什麼原因導致了一個特定部門的結餘狀況。

　　要解釋 1990 年代末「金髮女孩經濟」時期美國私營部門出現赤字的原因非常困難，而更難的是推測財政預算赤字究竟會持續多久，推測很難正確。當然，如果正確推測那麼容易，我們只需要一

直透過推測去賭博就可以賺大錢了。

換言之，就算理解了現代貨幣理論和部門收支，並不會讓人成為解釋因果關係的絕對權威。我們一定不能過度自信。正如已故的偉大的韋恩‧戈德利教授說過的，他不是在做預言，而是在對可能發生的事情進行預測。

例如，基於韋恩‧戈德利的研究，巴德學院利維經濟研究所做出如下推測：通常是由美國國會預算辦公室（Congressional Budget Office, CBO）對政府在接下來數年中的赤字和經濟增長進行預測；國會預算辦公室的預測大致上由現行法律所決定（即管理支出和稅收的法律，以及對於減少赤字的授權令），但其預測並不總是在存量和流量上達到一致，也不採用三部門收支平衡模型計算。換言之，這些預測並不連貫。

但如果能預估政府結餘和國內生產總值增長，加上對於不同經濟參數的經驗主義估計（例如對於消費和進口的傾向），便可以建立一個「存量─流量」一致的模型，生成可能的部門收支情況以及債務的變化路徑。利維經濟研究所經常發現，將「經濟增長率」加上「國會預算辦公室所使用的政府赤字預測」，便可以得出另外兩個部門（國內私營部門和國外部門）的不合情理的結餘數額，以及不大可能會出現的私營債務比率。進行此類分析時，必須脫離簡單的會計恆等式，但同時也要確保不違背恆等式。

2.1 赤字 ➡ 儲蓄和負債 ➡ 財富

我們在前文瞭解到，「一個部門的赤字」必須至少等於「另外

一個部門的盈餘」，以及「一個部門的負債」必須至少等於「另一個部門的金融財富」。至此的結論均遵守總體經濟收支會計原則。然而，經濟學家卻希望可以發現更多結論。

就像所有的科學家一樣，經濟學家熱衷於因果關係。經濟學是一門社會科學，即研究非常複雜的社會系統的科學。由於經濟現象包括了相互依存、滯後、累積因果、受預期影響的「自由意志」等現象，其因果關係絕不簡單。

當然，我們還是可以討論前文所述的流量與存量的因果關係。一些讀者可能會注意到，我們這次所採用的因果關係是由凱因斯理論（Keynesian Theory）推導而來。

❶ 個體支出主要由收入決定

我們從私營部門的支出決定開始分析。對於個體來說，支出主要由收入決定的說法，看上去很合理。當一個人沒有收入時，一定會在購買商品和服務時受到很大的限制。但經過反覆思考後，我們不難發現，即使在個人層面上，收入與支出的關聯並不緊密：一個人可以支出少於收入，累積金融資產淨額，也可以支出大於收入，累積金融負債，變得負債累累。

當然，在家庭或公司的層面上看，即使收入和支出這兩個流量的相關性並不是完美的，兩者的因果關係方向也大體表現為「收入決定支出」。

我們沒有理由認為，一個人的收入是由支出決定的，因此，可以總結出兩者的因果關係大體上表現為「由收入指向支出」。

❷ 赤字創造金融財富

我們也可以分析一下在個體層面上金融財富累積的因果關係方向。如果一個家庭或公司決定支出多於收入（出現財政預算赤字），那麼他便可以透過負債，來為購買某物提供資金。這些負債將會累積到另一個家庭、公司或政府的儲蓄中，成為它們的金融財富。

當然，為了金融財富淨額的累積，我們必須有一個家庭或公司願意出現赤字開支，另一方則願意以赤字開支者負債的形式，累積金融財富淨額。赤字開支的決定，才是創造出金融財富淨額的原因，因此，除非有一方願意進行赤字支出；否則，無論另一方多麼想累積金融財富，它們都無法做到這一點。

除非家庭或公司賣出已累積的資產，或找到另一方願意持有其負債，否則家庭或公司也無法進行赤字支出。假設至少有一些家庭、公司、政府或是國外部門有累積金融財富淨額的傾向（或意願），雖然這並不意味著每家公司或家庭能夠透過發行債務的方式來進行赤字支出，但確保了很多公司和家庭將能夠找到願意持有它們債務的債權人。而在主權政府層面，由於它具有一種特別權力（即徵稅的權力），實際上確保了家庭和公司想要累積政府的債務（我們在後文會對此進行深入探討）。

現在，我們可以做出總結，儘管因果關係比較複雜，且「一個巴掌拍不響」，因果關係方向一般為：個體赤字開支決定金融財富的累積，負債決定金融財富。由於金融財富存量的累積來自於財政預算盈餘（即儲蓄的流量），而支出赤字單位為有盈餘的單位提供了累積的金融財富，那麼我們也可以認為，因果關係方向一般為：個體赤字開支決定儲蓄。

❸ 總支出創造總收入

從總體層面看，將經濟視為一個整體，因果關係將更加明確。一方不能確定是否能獲得更多的收入，但可以決定是否要支出更多的金錢，而所有的支出都必須被另一方在某處當作其收入而接收。

如前文所述，由於家庭、公司和政府都可以支出大於收入，因此支出並不一定會受到收入的約束。事實上，三個主要部門的任何一個都可以出現赤字，而至少另一個部門會出現盈餘。然而，從總體層面看，總支出需與總收入保持一致，因為兩者之和必須為「零」。所以，支出和收入的因果關係方向，恰好與上述相反。**從個體層面看是「收入決定支出」，從總體層面看則是「支出決定收入」**。

❹ 一個部門的赤字可以創造另一個部門的盈餘

在之前的討論中，我們曾提到「一個部門的赤字」恆等於「其他一個或幾個部門盈餘的和」。如果我們將經濟分為三個部門（本國私營部門、本國政府部門和國外部門），而其中一個部門出現赤字，至少另外一個部門會出現盈餘。正如我們在分析個體結餘時所舉的例子那樣，「一個巴掌拍不響」，如果一個部門不去實現盈餘，那麼另外的部門也就不可能出現赤字。同樣的，我們可以說，如果沒有一個部門願意累積債務工具，那麼另外的部門便不能發行債務。

當然，在一個部門內發行的大多數債務，都會被同一部門內其他個體所持有。例如，我們從本國私營部門的財務狀況便可以發現，大多數的企業債務都是由本國公司或家庭持有。用前文所引入的術語來解釋，即出現財政預算赤字的公司和家庭的「內部債務」，由

出現財政預算盈餘的公司和家庭以「內部財富」的形式持有。然而，如果將本國私營部門看作一個整體，若其支出大於收入，則必須發行「外部債務」，被另外兩個部門（本國政府部門與國外部門）的至少其中一個部門以「外部財富」的形式所持有。

由於財政預算赤字是支出比收入多的意願所造成的，該因果關係的方向便是赤字決定盈餘，債務決定金融財富淨額。我們認識到，除非有一方希望出現盈餘，否則另一方無法出現赤字，但由於總是存在累積金融資產淨額的傾向，這通常不是問題。也就是說，累積金融財富的意願通常是存在的，而根據定義，金融財富便是某人的負債。

2.2 結論

在我們繼續探究下一個問題之前，有必要強調，本單元內容適用於任何一個國家的總體經濟收支會計分析。儘管我們的例子中大多使用美元，但使用其他任何貨幣，結果仍適用。

我們基本的總體平衡等式為：

本國私營部門結餘＋本國政府部門結餘＋國外部門結餘＝0

該等式完全適用於以任何貨幣為單位的會計核算。在一國之中，可能會同時出現以外國貨幣為單位的流量（累積成為存量），那麼，也會存在一個以該國貨幣核算的總體平衡等式與其相對應。

要注意，如果將此模型擴展到更多不同的國家，即使每個國家

都發行自己的貨幣，也同樣適用。對於每個國家和貨幣，都會有一個總體平衡等式。個體公司或家庭（或是個體政府）可以累積以不同記帳貨幣為單位的金融資產淨額；反之，它們也可以發行以不同記帳貨幣為單位的債務。甚至可以變得更加複雜，同一個體部門可能在一種貨幣計價下出現赤字，在另一種貨幣計價下出現盈餘（在一種貨幣計價下發行債務，同時在另一種貨幣計價下累積財富）。當然，每一個國家每一種貨幣都會有一個相對應的總體平衡等式。

Q 本書提到:「除非有一方願意進行赤字支出;否則,無論另一方多麼想累積金融財富,它們都無法做到這一點。」那麼,該如何理解「非意願性存貨累積」(Undesired Inventory Accumulation)呢?

A 如果一家公司生產「小零件」,它們的目的是想要將其「兌現」為金錢的形式,即它們想要在自己的銀行帳戶上貸記收入。如果它們無法銷售出這批零件,那麼便會以存貨的形式計入國內生產總值核算中,嚴格來講,即記入「國民收入和生產」(NIPA)帳戶做為投資。而儲蓄做為其相抵銷的流量。

在私營部門內,投資增加等於儲蓄增加(即保持政府以及世界其他國家結餘不變),這一活動對於整個私營部門帳戶結餘沒有任何影響(包括家庭和公司)。但請試想一下,如果外國人訂購了這批零件,公司便銷售了零件(在公司的銀行帳戶上貸記收入),但國內投資卻沒有絲毫增加。取而代之的是出口增加了,成為經常帳上的一項正值項目。若不計其他所有的專案,本國私營部門出現了盈餘(儲蓄),而國外部門則出現了「赤字支出」。

這可能無法回答全部由此產生的問題。本書後文中會提到「(貨幣)流通方式」,我們將明白公司如何為小零件生產提供資金,以及如果公司無法以出售的形式將其「兌現」

為代幣貨幣，對公司來說又意味著什麼。

　　你可以認為家庭部門的「儲蓄」與小零件製造商的「非意願性存貨累積」相對應，小零件製造商創造了可以被消費或儲蓄的家庭收入。當然，公司希望工人永遠不要儲蓄，因為那意味著它們將損失潛在的銷售額。如果家庭進行了儲蓄，那麼，小零件將做為投資而進入存貨，公司便遇到了麻煩：無法收回成本。但國外部門或政府也可以介入，並填補需求缺口，購買製造商的商品。否則，那些商品便會成為非意願性存貨累積起來。

Q 個人支出主要由收入決定嗎？那麼借貸消費又該如何理解？

A 當然，對於富人來說，即使其收入流量為零，他們也可以隨心所欲地支出，因為他們能出售或抵押其資產。但對於大多數家庭及個人來說，收入決定支出。更重要的理論點在於，在總體層面上，我們需要去考慮反轉這樣的因果關係。

　　我的家庭收入主要取決於雇主決定為我的工資和薪水支出多少錢。因此，家庭消費在很大程度上取決於收入（消費被稱為「誘發性支出」，即由收入增加而誘發產生的消費），但收入又是從其他地方獲得的，主要源於公司和政府在工資、贏利和利息上的支出。而公司的支出大多取決於對銷售額（家庭、國外部門、政府及其他公司的開支）的預期。此外，政府開支、投資及出口開支等，至少在某種程度上是從收入中「自發」產生的支出（這些並非主要取決於當前的收入）。這些認識對於解釋和預測經濟效益非常重要。

從另一個邏輯角度看：一方不確定是否能獲得更多的收入，但可以決定支出更多的金錢，因此，支出在邏輯上處於優先的位置。

Q 難道不是存款者迫使赤字開支出現嗎？如果家庭沒有開支，國內生產總值將會下滑，稅收收入將下降，從而導致財政預算赤字。

A 說得好！一個巴掌拍不響。只有一個非政府部門產生儲蓄淨額，政府部門才可以產生赤字支出。否則，政府支出將提高非政府部門支出，直到稅收升高到足以平衡政府預算為止。

03 ▸ 存量、流量與資產負債表
浴缸類比

　　在公司、家庭或政府的資產負債表中，每個專案記錄著一項資產或負債的占有量。占有量是一個存量，即對某一時間點價值的計量。存量會受到流量的影響，即流入量累積成為存量，流出量則減少存量。

　　將上述概念類比為浴缸，更有助於理解。圖 1-1 是一個裝有半池水的浴缸，浴缸中的水成為水的存量。現在，沒有任何水從水龍頭流向浴缸，而下水道口則有一個塞子確保沒有任何水可以從浴缸中流出，因此水的存量保持不變。初始水平面位置如圖 1-1 所示，將在後文做為衡量標準。

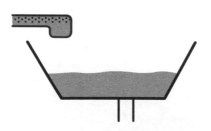

圖 1-1：水的初始存量

　　浴缸中穩定的水平面，就像是在活期存款帳戶擁有的存款（存款的存量），沒有收到更多存款（無流入量），也沒有支出任何存款

（無流出量）。這也可以類比為，擁有一定數量的未償債務，沒有更多負債，也沒有償還任何債務。

那麼，如果我們突然打開水龍頭的話，會發生什麼情況？毫無疑問，水會流入浴缸，而水的存量將上升（如圖 1-2 所示）。

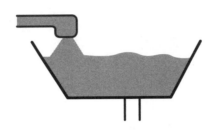

圖 1-2：水的存量上升

這就像是獲得了貨幣收入並進行儲蓄後，活期存款帳戶中的存款數量將上升一樣。這也可以將其比喻為，買了一輛新車同時保留舊車，擁有車的存量將上升。

如果我們關閉水龍頭，拔起下水道口的塞子，浴缸中的水將流出，水的存量將不斷下降直至流盡。從活期存款帳戶的角度來看，就像是一個人沒有獲得任何收入卻一直在支出。這樣的行為被稱為動用儲蓄，將導致活期存款帳戶存款數不斷下降直至存款用盡。相似地，如果一個人不斷償還其債務且不再借款，那麼，他的未償債務數量將持續下降。

如果水龍頭和下水道口同時打開，當水龍頭的流入量大於下水道的流出量，水的存量將上升（如下頁圖 1-3 所示）。就活期存款帳戶而言，意味著如果收入的流入量比支出的流出量要大，該個體就

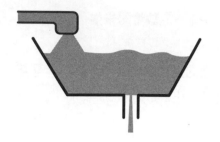 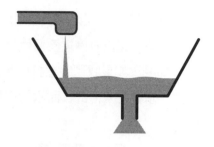

圖 1-3：
水的流入量大於流出量

圖 1-4：
水的流出量大於流入量

是在儲蓄，儲蓄的收入增加了活期存款帳戶的存款數。如果個體支出大於收入，那麼動用儲蓄將耗盡活期存款帳戶，即如果在浴缸中，水流出的量大於水流入的量，浴缸中的水將會流盡（如圖 1-4 所示）。

國民收入核算（「資金流量帳戶」與「國民收入和生產帳戶」）的一個中心目標，便是多以貨幣性記帳單位（美元、歐元等）計量存量和流量。

以貨幣來計量不是那麼容易，一些存量和流量的貨幣價值（Monetary Value）很難弄清楚。原因之一是，一些事物並不是被直接購得或根本不是被購得的（例如公共照明、公園、你在花園中種植的蔬菜）；原因之二是，一些流入量和流出量無法準確計量（例如在水管中可能存在洩漏情況，水也會從浴缸中蒸發），因此對其沒有任何記錄。一些人丟了現金，一些人的舊車可能被偷走或壞了，又或是索賠後沒有彙報。更廣泛地說，任何「地下」經濟活動都不會留下紀錄。因此，從實際來看，由於一些計量的困難以及無法獲得部分資料，會出現一些統計誤差。

圖 1-5：政府赤字與私營部門

國民收入核算的另一個目標，在於瞭解各經濟部門之間的關係。例如，當政府對商品和服務進行支出（G）時，將導致私營部門收入的流入。而從另一方面看，稅收（T）就像是私營部門的「下水道」。在圖 1-5 中，G 大於 T，因此私營部門的儲蓄上升。

在這個簡單的例子中，政府實行了赤字開支，而私營部門則在儲蓄，因此浴缸中的水增加了。這樣便得出了著名的國民收入和生產帳戶會計恆等式的第一部分：

$$S \equiv (G-T)$$

根據定義，「私營部門儲蓄（S）的流量」等於「財政赤字（G－T）的規模」，兩者永遠都相等（因此使用三條橫線的等號，即「恆等於」）。

嚴格來講，此恆等式只在兩部門經濟下成立，即只存在政府部

門和家庭部門。當我們在家庭部門中加入公司部門，就像是增加了另一個水龍頭，即公司的投資支出。那麼恆等式將變為：

$$S \equiv (G - T) + I$$

＊I 表示國內私人投資。

如果我們又增加了國外部門，那麼將需要另一個水龍頭（出口）和下水道（進口），恆等式將變為：

$$S \equiv (G - T) + I + NX$$

＊NX 代表淨出口。

這就是我們的總儲蓄恆等式。

04▸ 政府財政預算赤字並非自主決定的
關於 2007 年經濟大衰退

　　在前文中我們檢驗了三個恆等式，並說明了三個部門（國內私營部門、政府部門和國外部門）之間的赤字與盈餘之和為「零」。但僅僅列出恆等式是不夠的，因此我們還探討了其因果關係。我們認為，在個體層面上，家庭收入大致上決定了支出，而從總體經濟的層面來看，其因果關係恰好相反，即支出決定收入。

　　個體家庭可以明確地決定減少支出，以便儲存更多的錢。但如果所有的家庭都試圖減少支出，總消費和國民收入將會下降。公司將減少產出、裁退員工、降低工資，從而導致家庭收入降低。這就是凱因斯著名的「節約悖論」（Paradox of Thrift）：試圖透過降低總消費的方式存錢，不僅不會增加儲蓄，反而會減少收入。我們將在後文的「聚焦探討」部分（60 頁）對此進行更深入的討論。

　　然而，隨著赤字危機籠罩整個美國（以及其他多個國家），緊接著出現了另一個問題。全球金融危機後，政府的社會支出（如失業補助金）上漲，而稅收收入則出現崩塌式下降。快速增長的赤字，造成了公眾對於政府無力償還債務、面臨破產，以及試圖削減開支（可能要增加稅收）以減少赤字產生的蔓延性恐慌。全國性對話（如在美國、英國和歐洲出現的全國性討論）認為，政府財政預算赤字

是可以自主決定的，即只要政府足夠努力，便可以削減赤字。

然而，任何建議削減政府赤字的人，都必須知道此舉將會對其他部門（私營部門和國外部門）帳戶造成的衝擊。根據恆等式，除非私營部門或國外部門的盈餘（即與國內經常帳赤字相對的一面）減少；否則，政府財政預算赤字將無法降低。在本單元中，我們將詳細論述全球金融危機來襲後，政府財政預算赤字增長的過程，探究赤字是否曾經或可以自主決定。如果不可以自主決定，那麼這種由赤字恐慌所引起的赤字削減方式，將會被質疑。

在 2008 年經濟大衰退後，許多政府預算赤字急劇躍升（見圖 1-6，以美國為例）。許多觀察員將其歸因於各國政府不同的財政刺激方案（Fiscal Stimulus Packages，包括美國對汽車產業以及華爾街的緊急援助、愛爾蘭對銀行的緊急救助），大多數國家赤字中增長最多的部分都來自「自動穩定器」（Automatic Stabilizers，編註：指「自動擴張性財政支出」），而不是可自主決定的部分。

圖 1-6 提供了美國當時的政府經濟資料：稅收收入增長率（大多為自發產生）、政府消費支出（有一定的自主決定權），以及同比增長（相比前一年同一季度的增長）的轉移支付（大多為自發產生，編註：轉移支付是指政府無償支出實現社會收入和財富再分配的一種手段，如社會福利、社會保障、政府對特定企業的補貼等）。

2005 年稅收收入較為活躍，其年均增長率為 15%，遠高於國內生產總值增速，因此減少了非政府部門的稅後收入，比政府支出年均 5% 的增長率快很多。如此緊縮的財政（稱為「財政拖累」），往往會快速地導致經濟衰退，伴隨全球金融危機到來的經濟衰退也不例外。

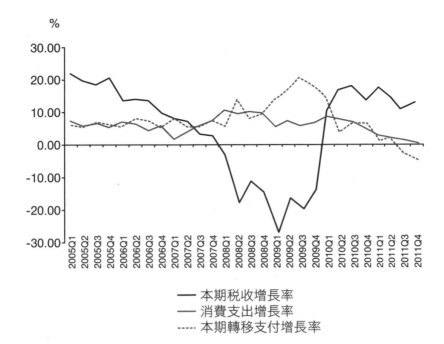

%

圖 1-6：聯邦政府稅收、消費支出以及轉移支付的同比增長率
資料來源：美國經濟分析局（Bureau of Economic Analysis, BEA）以及筆者的計算

　　當衰退來臨時，財政預算赤字通常會自發地增加。當政府消費
支出在經濟衰退期始終保持相對穩定時（在 2007~2008 年間經歷了
短暫的小幅上升），僅僅三個季度，稅收收入增長率就從 5% 迅速跌
落至 -10%（從 2007 年第四季度到 2008 年第二季度），在 2009 年第
一季度達到了 -15% 的新低。稅收如經濟衰退一樣一落千丈。

　　由於衰敗的經濟狀況，轉移支付在 2007 年後以 10% 的增長率
不斷上升。儘管消費支出保持穩定，但不斷下降的稅收伴隨著自發
增長的轉移支付，導致了財政赤字不斷上升。實際上，經濟非自由

落體式下跌的主要原因是「自動穩定器」，而不是緊急救助或刺激方案，1930 年代的大蕭條時期也是如此。隨著經濟放緩，財政預算自發地向赤字發展，為總需求設置了下限。

由於有著「反經濟景氣循環的支出」和「順經濟景氣循環的稅收」，政府的財政預算就像是一個強大的自動穩定器：在經濟衰退時，赤字大幅上升。

在全球金融危機後，美國家庭部門緊縮開支（在衰退時通常會採取的措施），儲蓄大幅上升。緩慢的經濟增長速度，是財政赤字快速增長的原因之一，而緩慢的經濟增長速度則是由於家庭部門緊縮開支、高度傾向於儲蓄造成的（如圖 1-7 所示）。

我們可以看到，自 1980 年代中期起，家庭儲蓄呈現較為顯著的下降趨勢，從個人可支配收入的 10% 左右下降至 2005 年的接近為零。其原因不是本單元內容涉及的範圍，但與其相對應的便是家庭負債的增長。

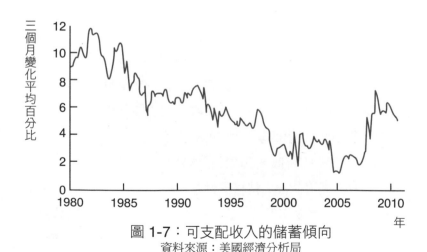

圖 1-7：可支配收入的儲蓄傾向
資料來源：美國經濟分析局

在全球金融危機期間，該趨勢完全被逆轉，家庭部門開始像1992 年那樣進行儲蓄。大多數的美國人面臨失業和收入停滯（已是最好的情況），生活的不確定性導致了儲蓄傾向的上升。請注意，可支配收入中的儲蓄部分，並非與家庭結餘完全相等，因為這與三部門收支平衡等式有關。這也解釋了在部門收支等式中，為什麼儲蓄僅為一個較小的正值，但家庭實際支出卻大於其收入（見本章結尾專業筆記部分對此內容的討論，82 頁）。

美國政府部門的財政赤字水準，在金融危機後約占國內生產總值的 9%，為了削減赤字至收支平衡狀態，需要推動私營部門往赤字方向移動，並推動經常帳往盈餘方向移動，直至達到占國內生產總值的 9 個百分點的水準。這是一個巨大的數字。其問題在於，削減支出、增加稅收的方式，實際上會減少經濟增長。

可以想像，低經濟增長將降低美國經常帳赤字，也就是讓美國人窮到沒有能力購買進口商品；此外，降低工資和服務的價格而使本國出口商品更具有競爭力，讓美元貶值等，這些措施都能降低赤字，但對於美國人來說則是一種痛苦的調整過程。這個過程的實現還必須以全球經濟不受美國經濟放緩的影響為前提。如果全球經濟增速也放緩，那麼美國的出口將不會增加，這些措施便不會產生應有的效果。

讓我們總結一下本單元的重點。第一，三部門帳戶結餘必須為「零」。這意味著無法在不改變至少一個部門帳戶結餘的情況下，改變另一個帳戶的結餘。第二，從總體層面來看，總支出（通常）決定收入。一個部門可以支出大於收入，但這僅僅意味著另一個部門的支出變少。當我們假設政府或多或少有自主決定收支的權力

時，政府稅收收入（等同於政府收入）主要取決於經濟效益。如 55 頁圖 1-6 所示，稅收收入增長變化很大，以順經濟景氣循環方向移動（在經濟繁榮時期迅速增長，在經濟蕭條時期迅速下跌）。

政府總是可以決定支出更多（即使受到政治的約束），決定提高稅率（同樣受到政治的約束），但不能決定稅收收入有多少，因為我們必須將稅率與其他變數結合，例如收入、銷售、財富等都不在政府的掌控之中。這就意味著，財政預算無論出現赤字、盈餘還是收支平衡，並非可以自主決定的。

思路轉向國外部門，出口大多脫離了一個國家的掌控（出口需求是「外生的」或「與國內收入無關且自發的」）。出口取決於許多因素，包括「世界其他國家」的經濟增長、匯率、貿易政策以及相對價格和工資（此外，努力提升出口的措施將得到國外的回應）。事實上，國內經濟表現確實可以影響出口，但政策對出口的影響較為寬鬆（對於像美國一樣的進口大國來說，經濟放緩可能會導致全球經濟增速放緩，這讓增加出口變得越發困難）。

另外，進口主要取決於國內收入（加上匯率、相對工資和相對價格，以及貿易政策。當然，如果美國試圖減少進口，將有可能引起其經濟為貿易導向型增長的交易夥伴的反應），這是順景氣循環的。我們可以認為，經常帳無論出現赤字、盈餘還是收支平衡，都是非自主決定的。

那麼，什麼是可以自主決定的？國內支出是可以由家庭、公司和政府自主決定的，而支出主要決定了收入。

然而，部門收支是非自主決定的，部分收支是以非常複雜的方式，由可自主決定的變數加非自主決定的變數，在總體恆等式的約

束條件下決定。解決問題的最好方式就是推動支出，盡可能使用國內資源接近最大生產力，隨後讓部門收支順其自然。我們在後文將討論，最佳的國內政策是追求充分就業和物價穩定，而不是追求專制的政府赤字和債務上限，因為這些大多是非自主決定的。

總體經濟學最重要的概念之一，便是合成謬誤（Fallacies of Composition），即對於個體來說正確的概念，對於整個社會來說可能不是正確的。

最常見的例子便是節約悖論：個體可以透過減少（在消費上的）支出的方式，獲得更多的儲蓄，但社會只有透過增加（例如在投資上的）支出，才能獲得更多的儲蓄。這個例子可以幫助大家更好地理解「合成謬誤」的含義。

學生以及其他沒有研究過總體經濟學的人，自然而然地根據他們在社會中的個體狀況對經濟進行推斷，這樣往往會導致合成謬誤的出現。當然，這個問題也不僅限於經濟學。比如，一小部分人可以很快地走出電影院，當所有人都要走出電影院時，速度則會變慢。

任何個體都可以透過（在消費品上的）減少支出的方式獲得更多的儲蓄，只要他儲蓄的決定不會影響收入（我們也沒有理由認為可能出現這樣的影響），他便會減少支出，增加儲蓄。舉一個例子：瑪麗每天都會在當地的連鎖速食店吃一個漢堡，後來她決定每週少吃一個漢堡以累積儲蓄。只要她堅持計畫，每週她的儲蓄（與金融財富）便一定會增加。

但問題在於：如果每個人都像瑪麗一樣少吃一個漢堡，那麼對漢堡消費的減少是否會增加（國民）總儲蓄（與金融財富）呢？

答案是不會。為什麼不會？因為如果出現上述情況，連鎖速食店便不會銷售那麼多的漢堡，他們會開始裁員，減少對麵包、肉、番茄醬、酸黃瓜等的訂單，等等。

所有因此而失業的工作者獲得的收入將會比之前低，他們的儲蓄也會相應減少。你可以使用乘數效應（Multiplier）的概念證明：當「所有失業者降低的儲蓄」等於「所有減少漢堡消費而升高的儲蓄」時，這個過程便會停止。在總體層面上，沒有出現儲蓄（金融財富）的累積。

這只是一個簡單甚至有些愚蠢的例子，但其內在的含義很重要，也就是在研究個體儲蓄的增加時，因為它對整體經濟只會產生極小的影響，我們可能會忽略其總體效應。

但如果每個人都試圖增加儲蓄，我們便不能忽視支出降低對於整體經濟的影響。這一點一定要理解。

05 ▸ 實物資產與金融資產 （或名義資產）的會計 處理

　　到目前為止，我們在本章已經關注過金融流量和存量的會計計算。作為介紹現代貨幣研究的入門書籍，這個步驟非常合適。人們常說「有錢能使鬼推磨」，在資本主義經濟中，絕大多數的生產目的均為贏利，即實現超越貨幣性成本的貨幣性銷售收入。的確，這是現代經濟中很重要的一部分。

　　但同時，也有一些「真材實料」被生產出來，生活本身也不可能脫離生產消費品和服務。這意味著，經濟學家也需要關注「配給過程」（Provisioning Process）本身。我們在這裡要提出的最後一個要點是，大多數的供應過程發生在市場外，而且不與貨幣產生直接關係。

　　那麼我們如何解釋這些「真材實料」呢？這便是本節的主題。

　　我們可以用國家的貨幣單位（Monetary Unit）來計量存款、債務，以及一些被稱為「價值」的深奧概念。至此，讀者可能對於貸方和借方有了一個較為清晰的瞭解。我欠政府稅款，這些稅款以美元的形式計量。這是我的負債，同時也是政府的資產，我們可以將其記錄在電子資產負債表上。我在銀行的存款以美元計量，它是銀行的借據，也是我的銀行存款（同樣的，這兩者只存在於電腦的電

子費用紀錄中）。

「價值」的計量則更為困難，我們需要一種適合於衡量異源事物的計量單位，我們無法使用顏色、重量、長度、密度等。出於內容安排的原因，我不會在此繼續深入探討這個問題。現在，我們通常使用國家的記帳貨幣，否則我們便只能就事物本身來衡量其價值。例如，以糖來計量糖的價值非常容易，使用糖的重量即可；如果水晶看上去都一樣，我們實際上可以很容易算出其價值。然而，通常情況下，我們以體積計量糖，至少在廚房中是如此。但我們也不能僅僅說「一杯」，而要說「一杯糖」，隨後我們再定義糖究竟是什麼含義。

我可以從你這裡借出一杯糖，並寫上「借據：一杯糖」。但因為我們生活在一個高度貨幣化的社會，使用國家貨幣或名義尺度「美元」做為記帳單位，我們便同意以美元書寫借據。糖在商店中的現行價格約為一美元一杯，因此，我也可以寫「借據：一美元」。我可能會以一美元（以一美元結算的紙幣）、一杯糖，或是其他與一美元等值的物品，來向你償付。

當我計算所有的財富時，計算範圍包括了所持有的銀行、政府、其他金融機構、朋友及家人等所有以美元記帳的借據，這個數字便是我的總金融財富。如果我有可以從那些欠我糖的人手中獲得美元的合理預期，那麼我的財富也有可能包括一些「以真正的糖記帳的借據」。我加總了所持有的所有借據，包括對銀行、政府、家庭及朋友的。如果我發行可以強制以美元支付「一杯糖」的借據，就可以將其包括在財富中；如果我的「一杯糖」的存款和負債都無法轉化為美元，那麼應當將其視為實物資產與負債，意即我可以透

過從資產中將負債提取出來，得到真正的「一杯糖」的財富淨額。後文中將進行更多關於實物財富的討論。當我可以將金融性借據從總金融財富中提取出來時，便只剩下金融財富淨額。

很顯然，我還沒有說完。我買了一間房子和一輛車（以及廚房櫥櫃中的一些糖），假設我申請貸款（向銀行或汽車金融公司發行我自己的借據）購買房子和車，則我將因上述資產的購置而負債。這部分的金融借據已經包括在上述的計算中，但我已經償還了數年的債務，因此未償債務要遠遠小於汽車和房子的價值。我將「汽車和房子的貨幣價值」與「實物資產的貨幣價值」以及「金融資產」相加，就能得到總資產。

當然，我對房子和汽車價值的處理方法，非常巧妙且符合會計規則。但在此處，重點並不是理解會計原則。我們得到總資產（金融資產加實物資產）的總價值，減去未償債務（多為金融債務，但也可能是一些實物債務，如糖的借據等），就得到了財富淨額，即這是由實物資產與金融財富淨額相加而得。因此，由於我有實物資產（汽車、房子和糖），總財富淨額將大於金融財富淨額。

我也有可能存在負金融財富淨額，即未償債務大於正實物資產可以抵銷的數量，那麼我便「深陷水中」。由於全球金融危機，許多美國人便「深陷」於住房抵押貸款的「水中」：未償還抵押債務比其房屋的貨幣價值還要高。我們不能確定就總財富而言，他們是否還「深陷水中」，因為還要瞭解他們其他資產和負債的價值後才能確定，但大多數的美國人確定「深陷水中」。

本書會重點關注經濟的貨幣方面，原因在於，這基本上就是在說明資本主義是什麼，而且我們對於「現代貨幣」在資本主義經

濟中如何運轉非常關注。本書畢竟是一本現代貨幣入門書籍。請注意，「稅收驅動貨幣需求」（見第 2 章）也適用於使用貨幣但不是資本主義的早期社會。

即使在資本主義中也很明顯的是，並非所有的生產在開始時都與貨幣掛鉤，也不是所有的生產目的都是賺「更多錢」或獲利。像是我在接下來的兩個小時中要烹飪晚餐、洗碗，但不會得到工資，也不會賺得任何利潤。但在此「生產」過程中，有些也與貨幣掛鉤，比如我購買了大部分用於烹飪的原料，購買了水和肥皂用於洗滌，但有些「原料」（尤其是我的勞動）卻是無法購買到的。

那麼此類生產是重要的嗎？毫無疑問，即使在一個高度發達的資本主義經濟中（如美國），如果沒有那些無償參與「繁殖勞動力」活動的勞動力（引號內是馬克思的術語，你可以使用「支援提供勞動力的家庭」來代替），任何貨幣性生產都難以實現。家務、養育孩子、休閒娛樂等都非常重要，但大多不涉及貨幣性交易。當然，我們有時也可以為其加上貨幣價值。不僅有以洗碗形式出現的「流量」面向（見上一單元的相關討論），更有以年輕人累積日後所需要的知識和技能形式出現的「存量」面向（通常被經濟學家稱為「人力資本」）。這一（不斷增長的）存量應該被添加到「實物資產」中，從而成為總財富淨額的一部分。很顯然，這些事物都很難以美元來衡量，同時，它們也很難兌現為貨幣的形式。無疑的，每個人都擁有著無法賣掉的人力資本技能。

基於資產負債表的會計

資產負債表是記錄一個經濟單位資產和負債的一種會計憑證。

資產	負債與資本淨值（Net Worth）
金融資產（FA）	金融負債（FL）
實物資產（RA）	資本淨值（NW）

一個資產負債表必須平衡，即需滿足以下等式：

$$FA + RA = FL + NW$$

「資本淨值」可以被理解為剩餘變數，即為了維持等式所做出調整的值，資本淨值是資產與負債之間的差異。

「金融資產」是對其他經濟單位與實物資產的金融債權，「實物資產」則是實物（如汽車、房屋、機器、鋼筆、書桌、存貨等），「金融負債」是其他經濟單位的債權。

有鑑於資產負債表必須平衡，資產負債表任何一個部分發生變化，都會導致至少一個另外部分發生相反的變化。

家庭購車

例如，如果一個家庭要買車，透過在其銀行帳戶上開支票的方式支付 100 美元，那麼，銀行帳戶存款餘額將減少 100 美元，$\triangle$FA ＝ -100 美元，該家庭得到了一輛等值的汽車，$\triangle$RA=100 美元。

家庭資產負債表

資產的變化	負債及資本淨值變化
△FA（銀行帳戶）＝ -100 美元 △RA（汽車）＝ 100 美元	0

正如你所看到的，所有資產的總和並沒有改變，負債（和資本淨值）也是如此。

但家庭可能需要支付汽車的部分價值（比如 30 美元）以獲得汽車貸款（增加金融負債），如下表。

家庭資產負債表

資產的變化	負債及資本淨值變化
△FA（銀行帳戶）＝ -70 美元 △RA（汽車）＝ 100 美元	△FL（汽車貸款）＝ 30 美元

資產負債表的兩邊各增加了 30 美元，因此等式仍成立。

在封閉經濟中對本國其他私營部門的影響

我們剛剛單獨討論了家庭資產負債表，當一個家庭購買一輛新車時，汽車製造商（非金融企業）獲得了資金，失去了汽車。如果該家庭貸款，那麼銀行便擁有家庭 30 美元的債權，家庭只需要將其銀行存款（70 美元）加上貸款所得（30 美元）支付給汽車經銷商。以下是另外兩個資產負債表。

非金融企業資產負債表

資產的變化	負債及資本淨值變化
△FA（銀行帳戶）＝ 70 美元 ＋ 30 美元 △RA（汽車）＝ -100 美元	

銀行資產負債表

資產的變化	負債及資本淨值變化
△FA（汽車貸款）＝ 30 美元	△FL（銀行帳戶）＝ 30 美元

注意，所有會計分錄在一個經濟單位的資產負債表中出現時，必然也會在至少一個另外經濟單位的資產負債表中出現。例如，家庭貸款 30 美元，所以銀行借出 30 美元，家庭購車花費 100 美元，所以汽車經銷商賣車獲得 100 美元，（編註：會計分錄是按照複式記帳的要求，對每項經濟業務以帳戶名稱、記帳方向和金額，反映帳戶間對應關係的紀錄）。

家庭、銀行及非金融企業大體上代表了私營部門。如果你試圖計算購車對於私營部門的總體影響，可以對上述所有資產負債表的變化進行求和。

私營部門合併資產負債表

資產的變化	負債及資本淨值變化
△FA（銀行帳戶）＝ 　-70 美元 ＋ 100 美元 △RA（汽車）＝ 　100 美元 － 100 美元 △FA（汽車貸款）＝ 30 美元	△FL（銀行帳戶）＝ 30 美元 △FL（汽車貸款）＝ 30 美元

因此，其產生的總體影響如下所示。

私營部門合併資產負債表

資產的變化	負債及資本淨值變化
△FA（銀行帳戶）＝ 30 美元 △FA（汽車貸款）＝ 30 美元	△FL（銀行帳戶）＝ 30 美元 △FL（汽車貸款）＝ 30 美元

因此，總體而言，私營部門欠自己60美元，如果我們進一步合併，這意味著私營部門沒有任何變化：「我欠你，你欠我，讓我們取消彼此的債務。」私營部門「內部」的金融財富淨額為零。只有真正的資產「汽車」仍然存在。

引入政府

如果換作政府買車，情況又會有什麼不同呢？讓我們考慮一個簡單的過程，政府透過向汽車製造商發行貨幣來購買汽車。

政府資產負債表

資產的變化	負債及資本淨值變化
△RA（汽車）= 100美元	△FL（現金）= 100美元

在私營部門，汽車製造商收到現金（△FA = 100美元），賣出汽車（△RA = 100美元）。

非金融企業資產負債表

資產的變化	負債及資本淨值變化
△FA（現金）= 100美元 △RA（汽車）= -100美元	

在本例中，私營部門累積了對政府的金融債權，即這一金融債權無法在私營部門內部平衡（抵銷）。如果合併政府和私營部門資產負債表，則整個國內經濟合併資產負債表如下所示。

國內經濟合併資產負債表

資產的變化	負債及資本淨值變化
△FA（現金）= 100美元 △RA（汽車）= -100美元 + 100美元	△FL（現金）= 100美元

結果同樣是經濟體本身對自己持有負債，總體國內財政收支淨值為「零」。更重要的是，私營部門財務收支為正值（持有現金），政府是負值（現金是負債）。由於這一筆會計分錄發生在私營部門的外部，我們稱這類私營部門的財務收支正值為外部財富。

　　同樣的，如果再增加國外部門，本國私營部門可能擁有對國外部門的淨金融債權，也算作外部財富，甚至本國政府都能透過持有對國外部門淨金融債權的方式而擁有金融資產淨額。因此，國內經濟可能擁有透過持有國外部門債權的形式而產生的金融資產淨額。

06▸美國近期部門收支
金髮女孩經濟與全球危機

　　在本單元中，我們將把本章中學習到的知識應用到真實世界的案例中。讓我們來看看 1990 年代中期美國的「金髮女孩經濟」現象，並利用部門收支的方法，尋找全球金融危機的根源。

　　在比爾・柯林頓執政時期，美國經濟剛剛擺脫了長期低迷的局面。突然間，美國經濟強勁增長，失業率持續走低，達到自 1960 年代以來的最低水準。令人驚訝的是，通貨膨脹仍保持在低水準。這就是為什麼這個時期的經濟被冠以「金髮女孩經濟」的稱號，既不太熱，也不太冷，恰到好處。

　　然而，在 1990 年代末期，美國經濟開始崩塌，直到小布希總統執政的二十一世紀初期才會有所好轉，並有了一些「金髮女孩經濟」的影子（這段時期被稱為「大穩健」〔Great Moderation〕時期）。但隨後，美國再次陷入經濟危機，美國人稱之為「大衰退」（Great Recession）時期，而其他國家則稱之為全球金融危機。

　　讓我們看看如何運用部門收支的方法來診斷此次危機。

　　需要指出的是，我們將在後文使用部門收支恆等式與真實世界資料，來解讀經濟崩塌的原因。通常，單純解讀往往會招致爭議，恆等式和資料卻不會，但這兩者相結合卻無法肯定地「證明」造成經濟崩塌的原因。

1998 年起，部分學者開始根據現代貨幣理論的研究結果，警告政府「金髮女孩經濟」已經造成了無法支撐的部門收支平衡。我們那時便意識到，由於私營部門無法支撐的赤字支出之推動（自 1996 年起支出持續大於收入），當時的經濟處於泡沫中。而我們現在知道，結論下得太早了，事實上，私營部門支出大於收入的狀況持續到了 2006 年。經濟隨後崩塌，成為過度支出的犧牲品。

　　在 1990 年代末期，我們很難預測不斷累積的私營部門債務會給金融部門帶來多麼深遠的影響。各類貸款人欺詐，使得債務泡沫（Debt Bubble）越來越嚴重，最終於 2008 年破裂，而這距離我們第一次警告的時間已長達十年之久。（參見 Wynne Godley and L.Randall Wray, "Can Goldilocks Survive?", Policy Note 1999/4, April 1999, Levy Economics Institute）

　　接下來，我們看看從「金髮女孩經濟」中可以學到什麼，來幫助我們理解全球金融危機。在 1990 年代末期，「金髮女孩經濟」進入蕭條，柯林頓執政時期的財政預算盈餘宣告終結。小布希總統在任期間，赤字增長到國內生產總值的 5%，以恢復經濟。隨著經濟復甦，私營部門再次持續赤字支出，刺激房地產繁榮和消費高漲（如房屋淨值貸款等）。

　　請參看下頁圖 1-8 並注意，我們將每一筆部門收支都除以國內生產總值（將每一筆收支除以一個相同的數字，即國內生產總值，也不會改變其相互關係），這將是本書中經常使用的較為方便的縮放比例的方法。由於大多數總體經濟資料會隨時間增長，在除以國內生產總值後，將更容易繪製圖像（而不是與那些數兆美元打交道），並且我們所有資料都以占總支出的百分比形式來提供。

圖 1-8 顯示為「鏡像」（Mirror Image），即自 1998 年起至「金髮女孩經濟」年間，「政府赤字」是「本國私營部門盈餘加經常帳赤字」的鏡像（該數值為正的原因，在於其反映的是正資本帳結餘，即世界其他國家出現了對美國的金融結餘正值，編註：資本帳是指本國居民與外國居民之間的私人金融交易。）。注意：圖 1-8 證明了我們在前文中所學的知識：三部門間的赤字與盈餘的和必須為「零」，這也是為什麼圖 1-8 中出現了以 0 為對稱軸的鏡像。在柯林頓執政時期，政府預算變為盈餘（即高於水平線 0 的部分），「私營部門赤字」便是「財政預算盈餘加上經常帳赤字」的鏡像。

這個鏡像幾乎只有研究現代貨幣理論，以及巴德學院利維經濟

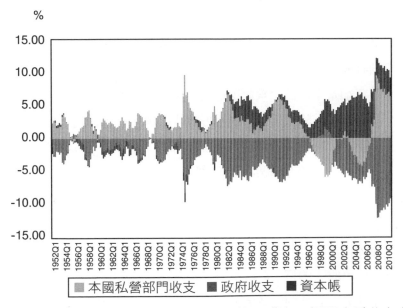

圖 1-8：1952 年第一季度至 2010 年第四季度，部門金融收支占國內生產總值的比例

研究所中使用韋恩‧戈德利的部門收支方法的研究員才可以理解，大多數人並沒有在圖 1-8 中看出私營部門赤字和政府盈餘之間的關係。在金融崩塌後，本國私營部門迅速累積巨額盈餘（這是經濟衰退期的正常現象），經常帳赤字下跌（因為美國消費者減少了對進口商品的消費），由於內銷和就業率的下降，稅收收入崩塌而導致了財政預算赤字的上升。

不幸的是，正如政策制定者們從柯林頓「金髮女孩經濟」時期的財政預算盈餘中所認識到的錯誤教訓：「聯邦財政預算盈餘是合理的」，但實際上那只是與私營部門赤字開支相對而言的，如今他們又在 2008 年全球金融危機後總結出了錯誤的教訓。他們設法說服自己，這場危機都是由於政府部門的肆意揮霍造成的，如此便引發了削減支出的呼聲（甚至還有提高稅收的呼聲），許多國家以此來降低財政預算赤字（尤其是美國、英國及歐洲國家，我們在後文會詳細討論）。

現實卻是不同的：華爾街的過度成長，加劇了私營部門債務，從而摧毀經濟，降低了政府的稅收收入，導致聯邦政府赤字的巨額增長。聯邦政府作為一個主權貨幣發行者，並不受清償力約束（讀者可以暫時記住這個觀點，我們在第 2 章將會詳細討論）。然而，經濟衰退減少了州和地方政府的收入，因此，那些政府透過削減開支、裁員以及尋找新的收入來源，來應對經濟衰退。

隨著經濟復甦，聯邦、州及地方政府赤字開始下降，終結了一場摧毀稅收收入的巨大財政風暴。儘管復甦比較疲弱，在第一個五年僅僅創造了少量的就業機會，但已經足以降低政府赤字。就 2014 年的情況來看，創造就業的步伐已經加快。如果想要預測圖 1-8 中

的「鏡像」在經濟全面復甦後的形態，我猜測經濟可能會回歸到接近美國長期平均水準的位置：私營部門盈餘達到國內生產總值的2%，經常帳赤字達到國內生產總值的3%，政府赤字達到國內生產總值的5%。在我們的簡易方程中表示如下：

私營收支（+2）＋ 政府收支（-5）＋ 國外收支（+3）＝ 0

於是，我們的討論回到了「三者之和為零」這個結果！

對會計恆等式的反對意見

　　許多人在第一次看到會計恆等式時，都會對其產生懷疑。接下來，我們將對三種反對意見進行分析。

1. 會計恆等式是否與簡單的算數運算相同，即 2+3=5 是否只是在操縱結果？
2. 我們是否可以選擇不同的恆等式？為什麼這些恆等式比較重要？
3. 為什麼「收支不平衡」（Imbalance），如部門盈餘或赤字等，被稱為「部門結餘」（Sectoral Balance）？

　　對於意見一，在某種意義上，我們確實是在操縱結果。我們首先排除在漆黑的夜晚派遣漆黑的直升機朝後院投下幾袋現金的可能；同時排除那些不知去向的開支，如有些開支沒有被任何一個人收到的可能；最終，我們排除開支沒有以某種形式被支付的可能。

　　假設整體經濟只由你和我組成，比如說，我是魯賓遜·克盧索（Robinson Crusoe），你是星期五。如果我支出，你就會得到收入；如果你支出，我就會得到收入。我可以消費或儲蓄，你也可以消費或儲蓄。我們以「美元」做為支出、收入、儲蓄、盈餘及赤字的計價單位，並透過在池塘邊的巨大岩石上刻劃線痕的方式記錄交易。我們會發明複式記帳方法，由於這是一個非常方便的記錄方法，所以我們會經常使用它。我們信任彼此，同時記性都不太好。我接受你的以美元記帳的借據，你也接受我的，因為我們希望將其記錄下

來。這便構建起了我們的心理實驗內容：兔子和帽子的魔術，但我們並沒有什麼可藏著的。

假設你雇用我從你的樹上採椰子，我雇用你去我的池塘捕魚。因為我們對各自的資源擁有產權，你擁有椰子，我擁有魚，所以身為勞工，我們有權索要工資，卻無權索要我們採集到的椰子或捕到的魚。我們的時薪為 1 美元，每天工作五個小時。我們將工資記錄在大岩石上的資產負債表中：在你的資產負債表上，你的金融資產便是我的借據；在我的資產負債表上，我的金融資產便是你的借據。

在第一天結束時，我們每個人都擁有 5 美元的收入（計為資產），我們相互發行借據以支付對方 5 美元的工資（計為負債）。

在我的資產負債表中，我持有你 5 美元的借據做為我的資產，同時我向你發行了 5 美元的借據，計為我的負債；反之亦然。資產負債表如下：

	資產	負債
我	你的 5 美元借據	我的 5 美元借據
你	我的 5 美元借據	你的 5 美元借據

現在，我想向你購買椰子，你想向我購買魚。我使用你的借據支付了椰子的價款，你使用我的借據支付了魚的價款。比如，我購買了價值為 5 美元的椰子（我把你 5 美元的借據退還給你，劃掉岩石上的條目），你購買了價值為 4 美元的魚（還給我 4 美元的借據，持有我 1 美元的借據）。資產負債表如下：

	資產	負債	資本淨值
我	5 美元椰子	我的 1 美元借據	4 美元 （吃掉椰子之前）
你	4 美元魚 我的 1 美元借據	0	5 美元 （吃掉魚之前）

當我們都吃完後，便僅剩下資產負債表上的「負債」部分，即我的負債為我的 1 美元借據，它等於你的金融資產，即你對我的 1 美元債權。

我的赤字開支為 1 美元，你的盈餘（或儲蓄）為 1 美元，兩者相等（並不是魔術般地相等，我們事先已經把兔子放在帽子裡）。事實上，你的儲蓄累積是以對我的貨幣債權的形式（即我的負債）存在。

我們結清所有的貨幣債權後，剩下的便只有實物資產（椰子和魚），直到我們吃掉椰子和魚。

的確，我們這樣的分析，省去了經濟中最有趣的部分，沒有銀行、政府、紙幣等。我們只是簡單地玩了一個「你欠我」和「我欠你」的遊戲，卻可以展示出簡單的部門收支結論：「一個部門（我）的財政赤字」等於「另一個部門（你）的財政盈餘」。當我們結清所有的貨幣債權後，剩下的便只有實物資產（椰子和魚），沒有任何魔幻的東西。

所有人都可以累積（非金融性）資產。例如，我們可以在自家的後院中種自己的農作物，累積不能被金融負債抵銷的玉米。在歷史上大多數的時間裡，人類都生活在沒有貨幣的世界中，但我們仍舊可以吃飽、穿暖、照顧別人、與別人競爭。在很大程度上，現代貨幣理論關注「貨幣」，即金融會計部分，每一筆赤字都會被（某處）等值的盈餘所抵銷，每一筆債務都對應著持有者的金融財富，因此，最後淨值為「零」。就像我們對烏比岡湖的類比，每個人都可以累積實物資產（我們的智商都高於零），但我們的金融淨額為零（我們的智商水準為平均或高於平均）。

再看意見二，有些人喜歡其他的恆等式。例如，不使用本國私營部門、政府部門和國外部門的分類方式，而選擇其他分類方法。

我們可以根據頭髮顏色來分類：金色、黑色、紅色、藍色、棕色、銀色等。但出於本書的目的，我們採用的分類方式顯然更實用。基於使用不同的貨幣，將國外部門與本國部門分開的方式並不罕見。實際上，由於存在多種貨幣（每個國家大約只有一種不同的貨幣），我們需要以不同匯率結算。分為政府與私營部門的方式也不罕見，在討論「主權貨幣」時，這樣的分類方式非常實用，也符合本書的主要目的。雖然只有國民政府是主權貨幣的發行者，但為了方便起見，我們在國民政府中加入了州和地方政府的分類。不可否認的是，將家庭和公司合併在一起（以及非營利部門）的分類方式較為罕見，部分原因在於資料的限制——一些資料透過此類方式收集。但我們如此分類的主要目的是區分貨幣的「使用者」（家庭和公司）與「發行者」（主權政府）。

我們現在來簡單介紹一下，在大多數的經濟學教科書中經常採用的方法。首先是國內生產總值恆等式（國內生產總值＝消費＋投資＋政府採購＋淨出口），它也等於國民總收入（Gross National Income）。簡要言之，國內生產總值來自於「國民收入和生產帳戶」（NIPA），而該帳戶對於那些擔心「存量－流量」一致性（後文對此將做詳細闡述）的人來說，擁有許多明顯的不利因素。

「國民收入和生產帳戶」實際上是將一些不適合加在一起的價值和實物加總起來（出現更大、更令人討厭的「統計誤差」，在恆等式中幾乎是胡編亂造）。例如，大多數的美國人都有自己的房子，但我們均會「消費」「住房服務」（Housing Services），即那種在暴風雨中擁有遮蔽物般純粹的享受。因此，統計學家把我們應該支付的價格（構成該享受所擁有的經濟價值）「計入」國內生產總值中。而我們不接受這種方法的原因在於，事實上，沒有人真的需要為了在屋主自用住宅（Owner Occupied Housing）中享受「住房服務」而支付該消費（雖然你在五年前便已經將房屋抵押貸款還清，但根據

統計學家的紀錄，你今年所消費的是價值 12000 美元的享受，卻不用進行支付）。

另一個有疑問的地方在於對儲蓄的處理。對於儲蓄通常有兩種處理方式：簡單的餘額（收入減去消費），或是財富的累積。在眾多計算中，當房地產價格上漲時，住房存量的價值增加，意味著我們的財富增長，但這必須同時意味著我們的儲蓄也增長了。然而，並沒有收入來源讓我們可以儲蓄金融資產。在經濟學術語中，這是「未實現」的資本利得。為了實現其利得，必須發生真正的銷售。

由於本書重點關注對於全部支出、全部收入、全部消費和全部儲蓄的「會計處理」，我們並不想做出沒有相對應的金融流量的計入。因此，我們傾向於使用資金流量帳戶，即「存量—流量」一致的帳戶（至少是最接近一致的帳戶）。事實上，現在「國民收入和生產帳戶」的資料，對於許多國家來說比資金流量的資料更易於獲得。因此，有時我們不得不使用國內生產總值等式，而非我們的部門收支等式。這對於「擲馬蹄鐵遊戲」來說是好事（只要離目標足夠「近」便足矣），對於大多數的經濟學問題也是如此。

以下為兩種方法的對比：

本國私營部門結餘＋本國政府部門結餘＋國外部門結餘＝ 0
（儲蓄－投資）＋（稅收－政府購買）＋（進口－出口）＝ 0

你可以看到，它們都可以得出較為合理的近似值。粗略來看，如果私營儲蓄超過了投資，私營部門將出現盈餘；如果稅收比政府的購買更少，那麼政府將出現赤字；如果進口大於出口，國外部門將出現盈餘。我們可以得到更多不穩定的、可以放入政府轉移支付中的專案（就像失業補助金那樣可以增加私營部門收入）以及國際

要素支付（International Factor Payments，美國公司從國外所獲得的利潤的流量，緩解了國外部門收支不平衡），但我們不會這樣做。我們通常用部門收支恆等式（即資金流量），而非國內生產總值恆等式（NIPA）來計算，但如果讀者想要進行兩者之間的轉換，那麼就要傷腦筋了。

最後看意見三，即我們為什麼稱「收支不平衡」為「部門結餘」。也就是說，如果私營部門出現赤字，為什麼我們稱其為私營部門「結餘」（Balance，字面意思為平衡）。你在銀行的活期存款帳戶「結餘」可能為正值。如果你開了一張大於銀行帳戶「結餘」的支票，並且你的帳戶有自動透支保護，那麼你將在帳戶中有一個負值的「結餘」。因此，即使該帳戶是「不平衡」的，你仍可以稱其為活期存款帳戶結餘。「結餘」在任何一個部門均可為正、為零或為負。

專業筆記

個人儲蓄率（Personal Saving Rate）與家庭淨儲蓄（Household Net Saving）在國內生產總值中占比的主要差別如下：

❶ 家庭淨儲蓄是國內生產總值的一部分，而個人儲蓄率是可支配收入的一部分。

❷ 家庭淨儲蓄扣除了所有家庭支出，包括消費和住宅投資（Residential Investment），而個人儲蓄率僅僅扣除了消費支出。

還有一些細小的差別：

❶ 家庭淨儲蓄將家庭資本消費（即折舊）備抵計算在內，個人儲蓄率則沒有。

❷ 家庭淨儲蓄將保險和養老金儲備計算在內，個人儲蓄率則沒有。

❸ 家庭淨儲蓄包括本期應付的工資減去企業對家庭的支出，個人儲蓄率則沒有。

Chapter 2
本國貨幣發行者的支出

在前文中，我們已經詳細討論了韋恩・戈德利提出的「三部門平衡」理論，在某種意義上，這是瞭解現代貨幣本質的基礎。現代貨幣理論在「政府如何支出」這一問題上的觀點獨樹一幟，因此在本章開頭，我們將首先探討有關「主權貨幣」（Sovereign Currency，又稱主權通貨）的問題。

政府發行本國貨幣，其支出行為是我們研究的重點。首先，我們將提出適用於任何貨幣發行者的準則，無論匯率制度如何，這些準則在已開發國家和開發中國家均適用。其次，我們將特別討論開發中國家的情況。最後，我們將在第 6 章分析不同匯率制度，並從中得到啟示。

首先，我們將探究「主權貨幣」這一概念。

01▸什麼是主權貨幣？

1.1 本國貨幣

　　首先介紹「記帳貨幣」（Money of Account）。澳元、美元、日圓、英鎊、歐元都是記帳貨幣，其中，前四種各與一個國家相關聯，而歐元是歐盟中的多個國家所採用的記帳貨幣。從古至今，通常的情況應該是「一個國家，一種貨幣」，但現在已經出現了一些特例，歐元就是其中之一。接下來將討論更常見的情況，即一個國家採用本國的記帳貨幣，並以此做為記帳單位來發行貨幣。在一些例外情況中（如歐盟），貨幣與國家分離，我們需要仔細辨別這一過程中的不同之處。

　　大部分開發中國家都採用本國的貨幣。後文將會討論到，一些國家實行貨幣釘住制度，因此在制定本國政策時做出了一定程度的妥協。但是，由於這些國家確實發行自己的貨幣，我們在此處對主權貨幣的分析便同樣適用。

　　我們也要認識到，個體家庭和企業（甚至是政府），在國內經濟中也可以使用外幣。例如，在哈薩克（和許多其他開發中國家），很多交易可以用美元進行，其他的交易使用堅戈（哈薩克的法定貨幣）；個人可以以美元或堅戈計價來累積淨資產。但是，適用於一種主權貨幣的準則，同樣分別適用於每一種貨幣。

1.2 一個國家，一種貨幣（及其例外）

在實務中，絕大多數國家都會使用本國特有的記帳貨幣：在美國使用美元，在澳洲使用澳元，在哈薩克使用堅戈。政府以其記帳貨幣為單位發行貨幣（通常包括不同面值的金屬硬幣和紙幣）。政府的支出，以及需上繳給政府的稅款、費用、罰金，都要以同樣的記帳貨幣支付。民事案件中，法院系統用國家記帳貨幣評估損失。例如，工資以國家的記帳貨幣為單位計算，如果雇主不支付工資，法院將強制執行勞動合約，並要求雇主賠償雇員估算的經濟損失。

政府可以使用外幣進行部分政府採購，或接受外幣支付，還可以借入外幣，這通常發生在政府採購進口商品或試圖累積外匯儲備時（例如該國將本國貨幣釘住某種貨幣時）。但重要的一點是，這些行為並不會改變本國貨幣的核算。也就是說，如果哈薩克政府以堅戈計價的支出比稅收收入多，將會出現財政赤字，赤字的金額正好等於非政府部門堅戈盈餘的金額（如果國外部門保持平衡，國內私營部門將產生堅戈盈餘）。

我們認為，相較於外幣，政府在用本幣（編註：某個國家或地區法定的貨幣）開銷或徵稅時，有更多調整的餘地（這被稱為「國內政策空間」）。對哈薩克政府來說，如果出現美元的財政赤字，政府就不得不借入美元以彌補赤字。相比之下，政府發行本幣並支出，使貨幣流入那些想要累積堅戈淨儲蓄的國內私營部門，就要簡單得多了。

需要注意的是，在許多國家，使用外國記帳貨幣的私人合約廣泛存在。比如，在一些拉丁美洲國家和其他開發中國家，簽訂合約

時以美元計價是很普遍的;在許多國家,私人交易使用美元支付也很常見。據推測,在美國境外流通的美元總量,甚至超過美國國內的流通總量。因此,在許多國家,除了本國記帳貨幣與以此為單位計價的本國通貨以外,人們也經常使用一種或多種外國記帳貨幣。

使用外幣有時是被官方允許並認可的,但有時卻是地下經濟的一部分,目的是躲避偵查。在美國,直到十九世紀時,外幣才能像美元一樣正常流通,這可能讓人吃驚,但美國財政部確實是在十九世紀中期才允許以外幣支付稅款的。

但是現在,在發行本國貨幣的已開發國家,上述做法已十分罕見(歐盟國家除外,它們使用從各國角度來看都實為外幣的歐元)。相反的,在開發中國家,外幣與本幣共同流通的情況很常見,政府很願意接受外幣。甚至在一些情況下,相較於本幣,賣方更願意接受外幣。

這會對政策的制定有所啟示,我們在後文中會加以討論。

1.3 主權與貨幣

本國貨幣(National Currency)通常指由政府發行的「主權貨幣」,政府藉此來保留個人或機構所沒有的權力。在這裡,我們只考慮與貨幣有關的權力。

只有政府有權力決定哪種記帳貨幣是官方認可的貨幣(如前文所述,政府可以選擇接受以外國貨幣支付,但這是統治者的特權。進一步來說,只有現代政府擁有發行以記帳貨幣為單位的貨幣之權力。最終,政府決定合約在法庭上將如何被執行,即指定履行合約

時可交付哪種「代幣貨幣」（Money Tokens）。

如果政府以外的其他實體試圖發行本國貨幣（除非政府明確允許），它將被指認為貨幣偽造者，並被處以重罰。

而且，政府使用本國的記帳貨幣徵稅（以及收費和罰款），並決定如何支付這些錢。也就是說，納稅人履行納稅義務時，由政府來決定要接受哪種貨幣。

最後，政府還可以決定要如何支付：當購買商品、享受服務時，或當政府履行義務時（比如必須支付給退休人員的養老金和國債持有者的利息），要交付哪種貨幣。大部分現代政府在支出和收入稅款時，都要求使用本國貨幣。

接下來，我們將繼續討論及探究現代貨幣是「靠什麼支持」。

我們在這裡簡單探討一個常見問題,後文將有更詳細的闡述。

Q 主權貨幣與交換媒介(Medium of Exchange)的關聯是什麼?

A　　我們在前文中介紹了記帳貨幣:美國的美元和英國的英鎊。它們都是記帳單位,就像「英吋」、「英尺」、「碼」一樣,其存在甚至不同於電子紀錄。記帳貨幣完全抽象,而且具有代表性,連警犬都嗅不到。

　　接下來,我們介紹了「代幣貨幣」的概念。代幣貨幣是以記帳貨幣為單位的紀錄,是可以被感知到的。與此類似的是,狗嗅不到測量長度的單位,卻可以嗅到測量的東西,如尺蠖蟲長一英吋(2.54 公分),腳長一英尺(30.48 公分),足球場的大小是亨利一世的鼻子到拇指距離的一百倍,甚至更多,眾所周知,君主總喜歡誇大自己的解剖特徵,就像今天的說唱歌手一樣。代幣貨幣既包括可感知到的東西,如硬幣、紙幣等,也包括無法感知到的電子紀錄。我們將繼續討論這些使用記帳貨幣來衡量的事物之本質。

　　在這一單元中,我們介紹了主權貨幣:政府採用的國家記帳貨幣。理論上,私人實體可以創造並使用記帳貨幣,但在一個主權國家內,就算存在不止一種記帳貨幣,也只有政府所採用的貨幣才是主要的記帳貨幣。

「貨幣」（Currency，或稱通貨）這個詞不僅用來代表政府所採用的記帳貨幣，也用來代表政府發行的、以記帳貨幣為單位的「代幣貨幣」。在美國，貨幣指的是由財政部發行的硬幣以及由美聯準發行的紙幣。換句話說，主權貨幣（記帳貨幣）和美國政府發行的代幣貨幣（紙幣或硬幣）是兩個不同的概念，我們卻用「美元」這個詞將其統一起來。

我們還沒有介紹「交換媒介」的概念。大部分教科書一開始便會談及「交換媒介」（如魯賓遜和星期五到處尋找貝殼做為方便的交換媒介），本書卻未一開始就講述這個故事，而是故意等到現在才引入這一概念。我們先跳過這些故事和概念，在此提出以下觀點：由政府發行的「代幣貨幣」或貨幣，在總體上確實發揮著交換媒介的作用，其他私人發行的代幣亦是如此。最重要的是，支票要由銀行存款支付（儘管現在簽帳金融卡正在迅速取代支票）。

這就是「代幣貨幣」的作用，但它對我們瞭解貨幣的本質並無助益。其他的作用還包括支付手段（償還債務）、價值儲藏等。

在美國，當你走進一間新開業的小餐館或任何一家家庭經營的小公司時，通常會在牆上看到一個畫框，裡面鑲著一張美鈔，寫著「我們賺的第一桶金」或類似的話。在這裡，紙幣是一種紀念物，反映了店主白手起家的驕傲之情。二十年前，華爾街的許多商人把捲起的百元美鈔當作運送古柯鹼的工具。我認為，過早地強調貨幣的不同職能並沒有意義，讓我們先瞭解一下貨幣的本質吧！

02▶ 貨幣靠什麼支持？
   為何有人接受？

三十年前，當我剛開始從事教學工作的時候，大多數學生認為美元有黃金來支持，美元之所以有價值，是因為諾克斯堡（Fort Knox，編註：美國國家金庫存放地）儲滿了黃金，如果他們偷偷帶著大把現金，開車去那裡，便可以裝回滿車的黃金。因此，當他們發現從他們出生起美元就已經沒有黃金做為支持時，每個人都驚訝不已。現在，很少有學生會這麼認為了，他們都明白，貨幣是「法定」（Fiat）的，根本無物支持，也無法索償。我們來看看貨幣背後有什麼在支持它。

2.1 金屬儲備和外匯儲備支持貨幣？

人們對主權貨幣困惑已久。例如，許多政策制定者和經濟學家一直不明白，為什麼在政府進行購買活動時，私營企業會接受其發行的貨幣。

很多人，如「常年」的總統候選人羅恩‧保羅（Ron Paul），與我的學生一樣，認為用貴金屬支持貨幣很重要，因為這能確保人們接受該貨幣做為支付手段。歷史上，有的政府不會儲存本國貨幣，而是持有黃金或白銀儲備（或兩者兼有）。它們認為，如果民眾一

直以貨幣向政府換取貴金屬，民眾會接受貨幣，因為貨幣和金子一樣重要。有時貨幣本身就包含貴金屬，金幣就是一個例子。在 1960 年代的美國，財政部持有的黃金儲備相當於發行貨幣價值的 25%。有趣的是，美國居民不被允許以貨幣換黃金；只有國外的美元持有者可以。

但是，美國和大多數國家早已放棄了這種做法。即使沒有黃金支持，美元依然在世界範圍內炙手可熱，所以，「貨幣需要貴金屬支持」的觀點是錯誤的。

我們繼續探討所謂的「法定貨幣」（Fiat Currency），即一種不需要貴金屬支持的貨幣。許多國家明確使用外匯儲備支持本國貨幣（例如採用貨幣發行局制度，以固定匯率按需求兌換美元或其他貨幣），但大部分已開發國家的政府所發行的貨幣都無須外幣支持。

「法定貨幣」最多只是一個模糊的術語。如果有人認為，由於人們只能選擇接受該貨幣，因此「法定」是指政府告訴你必須接受該貨幣，那就是對此概念有所誤解了，雖然有一些國家確實通過了法定貨幣法（詳見後文）。不管怎樣，我們需要解釋，為什麼像美元、英鎊、日圓這樣的貨幣，即使沒有「法定支援」，也能在全世界流通。

2.2 法定貨幣法

法定貨幣法是解釋政府法定貨幣（沒有明確說明其可以轉換為黃金或外幣的貨幣）可接受性的方法之一。許多國家政府已經立法要求在境內支付中必須使用本幣。確實，美國發行的紙幣上印有

「這張紙幣是法定貨幣，可償付所有公共及私人債務」；加元紙幣上也寫著「這張紙幣是法定貨幣」；澳元紙幣上也印有「這張紙幣是法定貨幣，全國通用」。

相較而言，英國的紙幣上僅印著女王的頭像，5 英鎊的紙幣上面寫著「我承諾持票人一經請求，即付 5 英鎊現金」。也就是說，如果你把一張 5 英鎊的紙幣呈交給女王，她承諾將給你另一張 5 英鎊的紙幣！

縱觀歷史，有很多政府通過了法定貨幣法，但本國貨幣仍然沒有需求，人們在私人支付中不接受本幣，有時甚至拒絕使用本幣向政府繳錢。有時候，不接受本幣的人會受到嚴酷處罰，包括被熾熱的硬幣燙前額等。可見，不使用這樣的手段，人們是不會接受本國貨幣的。

因此，有的貨幣不需要法定貨幣法，人們也會對其趨之若鶩，有的貨幣即使有法定貨幣法也令人避之唯恐不及。眾所周知，美元在很多國家自由流通，即使美元不是它們的法定貨幣（就算在某些國家，美元被抵制，甚至使用美元被視為非法行為，也是如此）。我們可以得出結論，法定貨幣法本身無法解釋人們接受一種貨幣的原因。

如果「現代貨幣」大多不是靠黃金或外幣支持的，如果人們接受一種貨幣不是因為法定貨幣法強制規定人們必須使用它，那是為什麼呢？看起來這確實是個難題。教科書中的典型回答就是：你會接受本國的貨幣，是因為你知道別人也會接受它。換句話說，你接受，是因為大家都接受了。這種解釋依賴於「無限追溯」理論：約翰接受一種貨幣是因為他認為瑪麗也會接受，瑪麗接受這種貨幣是

因為她認為沃爾瑪也會接受。

　　以此為基礎的貨幣理論豈不是搖搖欲墜的空中樓閣？

　　有人認為，貨幣的唯一支持是「更傻的傻瓜」理論和「燙手山芋」理論：我接受一張美元紙幣，是因為我相信會有更傻的傻瓜接受這張紙幣。

　　要把這些理論寫在書中或是用來說服一個多疑的學生，對我來說是很困難的。

　　對於假鈔，這個理論同樣適用：只有當我認為我可以偷偷地把假鈔花出去的時候，我才會接受假鈔。但我不會試圖用這麼愚蠢的理論來說服各位入門讀者，下一個單元中會有一個更具說服力的論斷，看看你是否能夠想到答案吧！

　　對於「金本位制」、「法定貨幣」、「法定貨幣法」、「燙手山芋」和「更傻的傻瓜」等經濟理論，你是否感到滿意呢？黃金是錢嗎？可以成為錢嗎？如果黃金不支持貨幣，美聯準為何要儲存黃金呢？貨幣可以只用「信任」支持，預期某人會在某地把我手中的貨幣拿走嗎？

　　請天馬行空盡情思考吧！

Q 既然黃金不支持貨幣，為什麼它這麼重要呢？

A 黃金很閃亮，是永不改變的「貴重元素」，不生鏽，易清潔，可被分割成小片，戴在耳朵、牙齒和手指上都很好看。幾千年來，黃金高處於圖騰柱的頂端，具有神祕氣息，許多國家在多年以前還讓貨幣釘緊黃金。最後，製造業的強大需求和政府儲藏黃金的傾向（在諾克斯堡這樣的地方）確保了黃金的價值。投機者估計政府不會拿出儲備的黃金，否則它們將被徹底消滅。為了防範風險，有人（如艾倫·葛林斯潘〔Alan Greenspan〕）在政府中主張金本位。據我所知，還沒有其他的解釋可以說明人們對於黃金的著迷。

Q 法定貨幣不是因為其「價值儲藏」功能而被接受的嗎？

A 一張只寫著「我承諾支付給你 5 張借據」的紙，會有什麼儲藏價值呢？什麼也沒有。這看起來像是另一個無限追溯的論點：如果人們認為法定貨幣可以持續使用，並對此有需求的話，貨幣將會擁有儲藏價值的功能。但我們需要解釋最初為什麼有人想要貨幣，它就是我們下一單元中關注納稅義務的原因。

03▸ 稅收驅動貨幣需求

在前文中，我們提出了這樣的問題：貨幣在哪裡不能以固定匯率與貴金屬或另一種強勢貨幣兌換？如果法定貨幣法不足以或沒必要用法律來確保一種貨幣被接受，如果政府的「承諾支付」僅意味著兩張5美元紙幣的兌換，那麼，為什麼會有人接受政府的貨幣呢？在本單元中，我們將根據現代貨幣理論探究以上問題的答案。

3.1 主權和稅收

政府擁有的最重要的權力之一就是徵稅（和其他上繳給政府的錢，包括費用和罰金）。稅收義務透過國家的記帳貨幣衡量：美國、加拿大、澳洲使用元（Dollar）；日本使用圓（Yuan）；墨西哥使用披索（Peso）。此外，政府還會決定公民應交付哪種貨幣來履行納稅義務。在大多數已開發國家，公民繳納稅款時政府只接受本國貨幣。

在後文中，我們將詳細闡述公民如何付款給政府。看起來納稅人大多使用私營銀行開出的支票來支付稅款，但實際上，當政府收到這些支票時，是借記私營銀行的準備金。私營銀行在納稅人和政府之間具有媒介作用，代表納稅人用貨幣繳稅（技術上講，是用國家中央銀行的借據——準備金繳稅）。一旦銀行完成了支付，納稅人就履行了義務，納稅責任就被消除了。

現在我們能回答之前提出的問題了：為什麼會有人接受政府的法定貨幣？因為政府的貨幣是繳稅和償還其他債務給政府時，政府接受的主要（通常也是唯一的）貨幣。為了免受逃稅的懲罰（包括進監獄），納稅人需要獲得政府的法定貨幣。

現在有銀行做為中間人支付貨幣，但在從前，納稅人不必經過中間人就能直接繳稅，他們真的會把硬幣、統計木棒或紙幣帶到財政部，去向政府繳稅，繳各種費用和罰金。後面我們會談論到，現代銀行可以透過政府的銀行（即中央銀行）中各自的帳戶，替納稅人做這些事情。

當然，政府法定貨幣也有其他用途：硬幣可用來在自動販賣機買東西；紙幣可以解決私人債務；政府貨幣可以存在存錢筒裡方便以後使用。但是，貨幣的這些作用都是附屬的，派生於政府在收稅時對貨幣的接受意願。

最後，由於任何有納稅義務的人都可以用貨幣來消除這些義務，人們在購買或履行私人義務時都可以用它來支付，政府法定貨幣才會很搶手。政府不能輕易強迫別人在私下支付時使用政府法定貨幣，或在存錢罐中儲存政府法定貨幣，但可以在徵稅時強迫人們使用政府法定貨幣來履行納稅義務。

因此，要確保政府法定貨幣被接受，既不需要儲存貴金屬（或外幣），也不需要法定貨幣法，只需要有使用政府法定貨幣才能履行的納稅義務。納稅（或其他強制的支付）才是幕後黑手。

3.2 政府承諾了什麼？政府欠你什麼？

在英鎊上印「承諾付款」的字樣實際上是多餘的，具有誤導性。這句話實際上是指「我接受你使用這張紙幣繳稅」。我們知道，提交一張 5 英鎊紙幣時，英國財政部不會支付任何東西（除了另一張 5 英鎊紙幣）。但是，在納稅時，政府將會也必須接受這張紙幣，如果不接受自己開出的借據，那就是拖欠債務了。

小布希總統說過：「在田納西州，也可能是在德克薩斯州，有這麼一句諺語：『就讓你騙我一次吧，你真的、真的很可恥；騙我吧，我就不會再次被騙。』」

原諒他吧！他在大學時可能聽了太多「誰人」（The Who）樂團主唱羅傑‧多特里（Roger Daltry）的歌。他的意思是說，主權可以愚弄我一次，政府在這一點上真是可恥，但我不會再被愚弄了。

這就是出現英格蘭銀行（Bank of England）的主要原因。英國國王拖欠了債務，信用不好，於是創造出英格蘭銀行，充當缺乏互信的國王和國民之間的橋樑，英格蘭銀行拿走國王的借據，開出新的借據來資助國王的開銷。當然，這又是另一個故事了。

這就是政府貨幣的兌換方式：不是用來兌換黃金，而是支付給政府。稍後我們將討論納稅相關的會計問題。現在，我們已經瞭解到，我們是透過將政府的借據交給收稅人員，來履行納稅義務的。明白了這一點，我們的闡釋目的就已經實現了。

3.3 結論：稅收驅動貨幣需求

現在我們可以得出結論：稅收驅動貨幣需求。政府首先創造一種記帳貨幣（如澳洲的澳元、哈薩克的堅戈、菲律賓的菲律賓披索），然後用這種記帳貨幣徵稅。在所有現代國家，這就足以確保許多（實際上是大多數）債務、資產和價格，都可以使用本國記帳貨幣為單位進行計價。

請注意，這是一種有利於統治者的不平等情況：政府對你徵稅，你就必須接受其借據。這是一個很好的把戲，如果你在自己的小城堡中當國王的話，也可以這麼做。你可以使用本家的貨幣，如「詹森幣」，向孩子們徵稅，他們每做一件家事，你就付給他們工資，這樣他們就可以賺錢交繳了。如果你會因為他們逃稅而對其施以懲罰，那麼，他們為了得到家裡的「詹森幣」，就會努力工作。

只要政府接受繳稅時所用的貨幣，就可以發行以同樣的記帳貨幣為單位的貨幣。沒有必要用貴金屬支持該貨幣，也沒有必要頒布法定貨幣法迫使人們接受本國貨幣。因此，所有政府要做的不是在紙幣上印刷「這張紙幣是法定貨幣，可償付所有公共及私人債務」，而是應該承諾「繳稅時接受此紙幣」，以此確保國內甚至是國外接受該貨幣。

04▸假如民眾不接受本國貨幣

　　在前文中，我們提出並回答了以下問題：既然「法定貨幣」本身沒有價值，也沒有貴金屬支持，為什麼會有人接受呢？我們已經討論過，法定貨幣法自身不足以迫使人們接受一種貨幣，因為這對政府來說太難了（在政府支出時除外）。而且我們知道，即使沒有要求在「公共和私人」場合都要使用法定貨幣（例如在沒有法定貨幣法的地方），法定貨幣仍然被人接受了。

　　我們得出「稅收驅動貨幣需求」的結論：如果統治者有徵稅的權力，便可以確保貨幣的需求。政府很容易就可以確保人們在付錢給政府時會使用法定貨幣。

　　我們還可以針對其他義務得出同樣的結論：如果你需要繳納費用、罰金或什一稅，你至少需要足夠的貨幣來支付。最後我們意識到，當權者壟斷所需資源（如土地、能源等），決定價格單位，也就是決定「必須支付什麼才能得到商品」。這些義務能夠驅動貨幣需求，是因為當權者可以選擇支付的形式。

　　驅動貨幣需求的最好方式，就是義務範圍內的支付，一種你為了避免「牢獄之災」、「口渴致死」而必須支付的款項。那種必須使用統治者的貨幣的義務款項，可以確保貨幣的需求。即使一個人沒有要繳的稅（或費用等），他也會接受這種貨幣，因為他知道，只

要別人有納稅義務，就會接受這種貨幣。但是人們會接受多少貨幣呢？統治者可以發行比應繳稅款更多的貨幣嗎？如果可以，能多出多少呢？

徵稅至少確保了那些要繳稅的人對本幣有需求，需求量至少與應繳稅款相等。在已開發國家，除了納稅所需，民眾還願意擁有更多的本幣，很典型地，政府發現，在收款時，沒有賣家不願意收本國貨幣。在美國、英國、日本就是這樣的，一般情況是本國賣方均願意收取本幣。透過發行本幣，政府可以買到任何東西。

再說得更清楚些，如果有商品以美元標價出售，人們可以用美元買到它。我們在這裡做個附加說明，後文會詳細解釋：有時候，尤其是在郵寄付款時，紙幣和硬幣是不被接受的。但是，用支票或電子方式支付時，就有一個從銀行準備轉換的過程。後面我們會探究銀行準備究竟是什麼，在此暫且把它視為主權貨幣「親密的表親」吧！

但在開發中國家的情況就大不相同了，在私人交易（支付中不包括政府的交易）中，外幣更受青睞。的確，民眾需要充足的本幣來繳稅，但稅款可以透過避稅、逃稅來減少。這將限制政府用自己的貨幣購買產品的能力。隨著外幣在私人支付中的使用，以及廣泛存在的避稅、逃稅現象，民眾可能不想持有太多政府的貨幣。

我們可以大致體會到在民眾偏愛外幣的國家，其政府政策存在的局限性。比如說，政府按照所測得的國內生產總值的三分之一徵稅，但是因為非正規部門未被計算在內（若將非正規部門包含在內，計算其交易的名目價值將很困難），我們假設國內生產總值只代表了實際生產總值的一半（編註：名目價值又稱名義價值，是指面額

上的數字，不同於經通貨膨脹率計算後的實質價值）。

我們進一步假設，由於逃稅，政府只能收到一半的稅款。這意味著收到的稅款只占所測得的國內生產總值的六分之一，占真正產出和收入的十二分之一。在這裡不得不提一下希臘，雖然只是開玩笑，但這確實是人們經常提到的一種說法：在希臘，由於避稅、逃稅和非正規部門的交易，政府收到的稅款極少，導致了巨大的財政赤字。

在這種情況下，政府透過用本幣支出，最少能夠將國內產出的十二分之一轉移到公共部門（因為那些納稅人需要本幣來履行納稅義務）。在實務中，政府收到的錢可能會多於國內產出的十二分之一，因為一些私營企業（國內或國外的）想累積本幣和其他的政府債權（例如國債）。我們之前討論過，政府赤字會讓人們以政府借據的形式，累積更多的淨金融財富，因此，政府的購買有可能稍大於國內產出的十二分之一，而若政府收到的稅款等於國內產出的十二分之一，那麼，一些家庭、企業（或外國人）就會持有那些多出來的貨幣，做為累積的淨金融財富（等於政府赤字數額）。

這些只是估算，因為我們忽略了納稅和消費對民眾行為可能產生的影響。例如，納稅可能導致更多產品進入非正規市場，使所測得的國內生產總值和應繳稅收入更低。這就是「拉弗曲線」（Laffer Curve）背後的理論基礎：提高稅率會降低測得的國內生產總值，從而減少稅收收入。

為了獲得更高比例的國內產出，政府追求的政策要能實現以下兩點：其一，減少逃稅；其二，使更多非正規部門正規化。這兩項措施將增加民眾賦稅，而由於政府貨幣的需求量因此增加，政府將

獲得更多產出。（或者，政府可以保持稅收不變，降低支付的價格。令人驚訝的是，降低價格後，政府可以以同樣的稅收額將更多資源轉移到公共部門。）

如果稅收只占國內產出的十二分之一，政府僅靠增加支出，無法達到轉移資源到公共部門的目的，這麼做會引起通貨膨脹，因為賣家會以更高的價格而收到更多本幣（接著有足夠的貨幣來履行繳稅義務）。超過某個時間點，政府可能找不到需要額外貨幣的賣家。雖然我們不能說稅收是為政府的支出「埋單」（原因後面會解釋），但政府無力徵稅確實會限制其掌控資源的能力。

這裡引出一個重要的問題：建立貨幣體系的目的（從貨幣發行者的角度來看）在於讓資源往公共部門流動，稅收的目的在於創造貨幣需求，這些目的均已達到。政府需要稅收的原因，不是為了增加財政收入，而是促使人們為了得到貨幣而出賣勞動力、資源和產品。大多數人認為，政府收稅是為了創造收入，以彌補財政支出。事實上這之間的區別很微妙，但其含義很重要。政府是不會花光「所需資金」的，但公眾為了獲得貨幣（至少以一個固定的價格）而出賣更多勞動力、資源和產品的意願，卻可能耗盡。為了轉移更多資源，政府試著提高支付的價格（但這有可能失敗，最後引起通貨膨脹），或者增加稅收，但增加稅收的目的不是創造收入，而是為了刺激貨幣需求。

問題不完全在於政府的「負擔能力」，而在於政府有限的資源轉移能力，這是因為政府不能為了達到理想效果而大幅提高稅率。政府要花多少錢，它自己都付得起（在這個意義上政府可以發行更多貨幣），但如果它不能徵收稅款了，人們在賣東西給政府時，就

不會願意接受本國貨幣。

　　簡單來說，如果民眾已經繳足政府所要求的稅額了，他們就會發現，加上一些以備不時之需的貨幣後，自己已經不需要更多的本幣了。在這種情況下，增稅會提高政府貨幣的需求量（為了繳稅），這會使更多人為了得到貨幣而向政府賣東西。在政府能徵收更多稅款之前，政府的實際支出會受到民眾為了換取本幣而賣東西之意願的約束。不過，人們也可能是因為納稅以外的其他目的，更青睞使用外幣，這在已開發國家不是大問題，但對開發中國家來說是極大的約束。

　　在本單元中，我們假設政府用貨幣（紙幣和硬幣）支出和收稅。現實中，政府會使用支票，並且會越來越常使用銀行帳戶的電子紀錄。確實，政府會利用私營銀行來完成許多與支出和收稅有關的交易。在後面的章節中，我們將提供一個更真實的情況，即政府使用銀行帳戶而不是現金來進行收支。這並不會改變本質，但卻需要對銀行、中央銀行、國庫營運有所瞭解，後文中會詳細討論。

Q 你說過政府可以用自己的貨幣買任何東西,但它為什麼不能直接在外幣交換市場交換外幣,然後使用各種貨幣買東西呢?

A 這是因為跳探戈至少需要兩個人。就國內而言,政府透過用本幣徵稅以確保賣家接受本幣,但政府不能向境外的外國人徵稅,否則就是侵犯別國的主權,該國政府是不會允許的。想像一下,希臘政府為了彌補財政赤字而向德國人徵稅,會發生什麼事?

舉個例子來說,哈薩克政府是不能強迫義大利人用堅戈徵稅的。若要從義大利進口商品,哈薩克政府可能不得不使用歐元。特別說明:如果沒有負擔能力的問題,義大利商家可能會接受堅戈,所以我們就說義大利人不想要堅戈。確實,哈薩克政府可以到外匯交易市場以堅戈換歐元,但有一個問題:現在這種行為受制於外匯市場中對堅戈的需求。堅戈可能永遠也用不完,但兌換堅戈的匯率是在改變的。極端情況下,即使堅戈對歐元的匯率無限大,也沒人願意兌換。我不是說這種情況可能發生,而是我們需要對此有所警惕。

在國內,只要是以本幣標價的貨物,政府都可購買。而政府透過徵稅便可以創造貨幣需求。如果在哈薩克,貨物都以外幣標價,政府就不能用堅戈購買了,而是必須進入外匯市場。

05▸用記帳貨幣保留紀錄

在本單元中，我們將回到存量與流量的不同這個問題上，把金融體系看作一塊巨大的記錄記帳貨幣的記分牌。大多數情況下，私營銀行是記分員。銀行為它們的客戶付款，一般來說是付給其他銀行或政府的銀行（中央銀行）。銀行以記帳貨幣為單位，使用自己開的借據（一般是活期存款）付款。漸漸地，這些行為都可以透過資產負債表的借方與貸方，進行電子化處理。

5.1 以本國記帳貨幣為單位的流量與存量

在前面的章節中，我們提供了流量與存量的定義以及兩者間的關係。如果你快速複習一下前面的相關討論（48頁），可能會對本單元的學習有所幫助。存量是由流量累積而成，資金存量和資金流量以記帳貨幣為單位。在本單元中，我們會詳細闡述如何以記帳貨幣為單位來記錄存量與流量，也會討論「金錢」與「支出」之間的關係，即我們是如何付款的。

如前文所述，記帳貨幣幾乎總是本國貨幣（由政府選擇的記帳貨幣）。但有些情況下，可以用外幣記帳。在本單元中，我們將忽略那些複雜情況，假設只以本國記帳單位保留紀錄。

首先，我們以雇員賺工資為例。工作時，雇員會源源不斷地獲得以記帳貨幣為單位的工資，累積雇主的貨幣債券。在付款日，雇

主會給雇員一張由銀行承兌的工資支票來抵銷債務。同樣的，支票也是以記帳貨幣為單位的。如果需要，雇員在銀行兌現支票，得到政府的貨幣，這次一樣是借據，但它是政府的債務。中央銀行會以兌換的金額借記雇主開戶銀行的準備金。

或者雇員把支票存放在銀行裡，這樣就擁有了該銀行一張以記帳貨幣為單位的銀行借據。在這種情況下，銀行將支票交給中央銀行，貸記準備金（是政府的負債，因為中央銀行是政府的銀行），同時雇主的銀行獲得借記準備金。

那些不用於消費的工資收入，代表儲蓄，是累積的財富。儲蓄可以存在銀行帳戶中，這是一種金融財富（銀行的債務）。當需要繳稅時，雇員開給政府一張支票，由政府借記雇員開戶銀行的準備金（銀行再借記雇員的帳戶）。準備金只是政府貨幣的一種特殊形式，銀行藉以向其他銀行或政府支付。正如所有貨幣一樣，準備金是政府的借據。

當納稅人繳稅時，他對政府的稅款債務就被消除了。同時，以銀行準備金形式存在的政府借據，也得以消除。銀行以稅款金額借記雇員的帳戶，因此雇員的金融財富減少。

比如，我們設想雇員需要向政府上繳時薪的 10% 做為稅款。隨著雇員不斷賺到工資，他對政府的債務也逐漸增加，這些債務都要從雇員的財富裡支出。稅款從雇員的金融財富中支出的同時，政府借記銀行的準備金，以「記帳貨幣」衡量的稅款債務被消除（借記存款同樣以「記帳貨幣」衡量）。

稅款付清的同時，政府資產（雇員所欠的稅款負債）和政府負債（私營銀行的準備金）也都被消除了。

有時，把資金流動比喻為河裡的水流是很具體的，河水被水壩攔截，便可以蓄水（回想我們在第 1 章中講到的浴缸例子）。但我們必須明白，在概念上，資金的儲蓄和流動，不過是用記帳貨幣來衡量的會計分錄，流動和累積的資金不同於在溪流或水壩後方的水庫裡流動的水，除了紙鈔上的墨水和電腦硬碟驅動器裡的電荷以外，不需要以其他任何物質形式存在（請參見第 1 章中浴缸儲水和放水的方式）。

的確，在現代經濟中，工資可以直接貸記銀行帳戶，稅款可以不用支票而直接借記銀行帳戶。我們可以想像，沒有了硬幣、紙幣和支票簿，我們仍然可以使用電腦的硬碟驅動器，透過電子管道進行支付。同樣的，我們不用紙就可以說明所有金融財富的用途。確實，大多數支付與金融財富，都是以國家記帳貨幣衡量的電子紀錄。支付行為意味著借記付款人的帳戶、貸記收款人的帳戶，所有這些都透過電腦中的電荷進行記錄。

最後，我們假設雇員為政府工作。到了月底時，財政部簽發用於支付雇員薪水的支票，雇員將其存在銀行中。銀行貸記雇員的帳戶，把支票交給政府的銀行（中央銀行），中央銀行貸記該銀行的準備金。現代財政部都在中央銀行有存款帳戶，所以中央銀行以工資的數額借記財政部的活期存款。以上所有活動也可以用電子方式進行。

稍後我們將談論，財政部和中央銀行究竟是如何共同完成政府收入和政府支出的。

5.2 作為電子記分牌的金融體系

現代金融體系是一種複雜的計分操作，可以將其視為資本主義經濟遊戲的記分員。

對於熟悉橄欖球的人來說，金融紀錄與運動中的記分牌類似。當一隊持球觸地得分時，記分員獎勵其分數，電子脈衝信號發送到發光二極體，恰當組合後記分牌就會顯示出「6」這個數字。隨著比賽進行，兩隊的總分也各自發生著變化。

分數沒有實體存在，只根據比賽規則記錄了兩隊的表現。分數沒有實體支持，卻很有價值，因為積分高的隊伍就是「勝者」，也許可以名利雙收。

當裁判判定犯規時，為了懲罰，犯規者所在隊伍有時要被扣分。被扣的分數哪裡也沒去，只是在記分員從總分中減去相應分數時消失了而已。

同樣的，在生活中，賺來的錢相當於運動中的「分數」，貸記在保存於金融機構裡的「得分」中。不同於橄欖球的地方是，生活中一個玩家得到的每一「分」，都是從另一個玩家的「得分」中減掉的，不管是減少付款人的資產還是增加其負債。生活中的會計師總會十分小心，力圖保證金融帳戶的收支平衡。支付工資會借記雇主銀行中的「得分」，貸記雇員的「得分」，但同時也會消除雇主支付所得工資的隱性義務和雇員在法律上對工資的請求權。

所以，儘管生活比橄欖球賽稍微複雜一些，但其中記錄金錢得失的概念，與橄欖球記錄分數得失的概念不謀而合。這可以幫我們記住，金錢不是一個實物，而是我們記錄所有借貸或「得分」的記帳單位，這些「得分」幾乎都用國家的記帳貨幣來記錄。

Q 所有貨幣都是負債嗎？

A 是的，並且所有「代幣貨幣」都是負債的記錄。我們要搞清楚貨幣與「代幣貨幣」的區別，前者是報價、保存金融記錄和衡量負債的記帳單位，而後者是實際的貨幣紀錄。

Q 我們能把貨幣當作「出獄自由卡」嗎？

A 完全可以。有人建議那些陷入危機的歐洲國家發行一種在繳稅時可兌現的「稅收預期債券」（Tax Anticipation Notes），使其做為貨幣流通，幫助這些國家解決開支受限的問題。你可以把貨幣想成「稅收減免額」，人們可以用它繳稅，以避免牢獄之災。

Q 記帳貨幣和交換媒介有什麼區別？

A 你可以這麼理解：記帳貨幣是度量單位（如英尺、碼、英寸），而交換媒介是被度量的事物（如鞋、手臂、耳垂）。本幣是政府的借據，活期存款是銀行的借據，但兩者都以記帳貨幣為單位（如美元、日圓、歐元）。借據代表負債，因此政府的借據是政府的負債，活期存款是銀行的負債。我們以記帳貨幣為單位計算債務，這兩種債務都可以被當作交換媒介。

06 ▶ 主權貨幣與實物資產貨幣化

實物資產是如何貨幣化的呢？

幾百年前，許多人開墾荒原，消滅了桃樂絲（Dorothy，《綠野仙蹤》中的主角）所害怕的獅子、老虎和熊，趕走了原住民，建造了自己的房子（歷史上，現代國家的興起建立在可恥的占領與征服上）。他們耕地播種，也許還販賣一些田裡的產出，買些商品，還繳一些稅。但大多數情況下，他們的生活不需要貨幣。他們很少負債或持有金融資產，但很明顯，他們擁有具備生產力的實物資產（即使其產出大多被消耗了）。我們可以將所有東西賦予貨幣價值。當然，從「移居者」的角度來看（「移居者」是一個很糟糕的詞語，因為該詞忽略了他們對原住民、動物和環境的惡行），為這些東西賦予貨幣價值實在愚蠢。或者，至少在他們決定賣掉農場，在佛羅里達的海灘上安度晚年之前，這種做法是愚蠢的。

今天，如果你建造了一個可以為你增加財產價值的工棚，那麼可以將工棚加到你的淨財富總值中（當然要減去你購買材料時所借或所用的錢）。當你出售資產時，就會知道其貨幣價值了（包括你建造的工棚所帶來的額外價值）。

問題是，這些錢從哪裡來？購買你資產的人，向抵押貸款者開立借據，而購買者為了支付你建造工棚所帶來的額外價值，貸款額

必須稍多一點。當你出售資產時，便會知道你建造的實物資產（工棚）的貨幣價值了。

比如說，購買者不是借錢，而是用現金進行支付（以活期存款開立支票）時，我們馬上會陷入無限的回溯中，因為現在必須搞清楚購買者是如何獲得信貸的。也許她只是賣了一套西海岸（加州）的房子，買家是用抵押貸款支付的，所以她的活期存款可以追溯到買家的銀行貸款，因為銀行放貸的方式是接受借據（做為銀行資產），並開立活期存款帳戶（儲戶持有的銀行借據）。於是，我們又會發現貸款創造了「貨幣」，你房子（和工棚）的購買者在她的活期存款帳戶中就有這種貨幣。

你可以設想無數種情景，最後你會發現一切都回到了貸款的情景。你出賣資產時收到的活期儲蓄，實際上是銀行接受借據時開立的另一張借據。你可以這麼想：所有的銀行存款，都來自銀行接受貸款者的借據時，輸入電子紀錄所敲擊的幾個電腦按鍵，所以，所有使用活期存款的購買行為，在背後都與某筆貸款相關。

總之，有人貸款時，實物資產就可以貨幣化了。

有一個例外很重要。比如說購買者退休了，靠社會保障金度日。多年來，她存下救濟金，就為了買你的房子（和工棚）。每個月財政部都會給她救濟金，表現為銀行開立給她（其活期存款帳戶）的借據，同時貸記銀行在美聯準的準備金帳戶。

當政府進行支出時，會為非政府部門創造「淨金融資產」（以儲蓄、債券、現金的形式）。當政府支付社會保障金時，將形成三條電子會計分錄：

退休人員：擁有的活期存款

銀　　行：擁有的準備金＋應支付的活期存款

政　　府：應支付的準備金

　　注意，使用複式記帳法時，每個專案要記錄兩次：一次在借方，另一次在貸方。銀行的帳戶淨額為「零」：其擁有的準備金，正好等於應支付的活期存款。政府的欠款增加，正好等於退休人員活期存款的貸方總額，增加了非政府淨金融資產。

　　在這裡必須向真正的「偏執者」解釋清楚：在此行為背後有兩條會計分錄。社會保障金專案要審查受救濟者的資格，在政府的資產負債表中計入負債方，數額等於所欠的救濟金金額；同時在非政府的資產負債表中計入資產方，數額等於擁有的救濟金金額。當然，此時救濟和被救濟都還未發生。當政府支付救濟金時，借記政府的「所欠救濟金」帳戶，借記非政府的「政府將發救濟金」帳戶。國會的筆輕輕一落，政府就欠下了以救濟金金額計量的負債，私營部門也會收到救濟金，創造等額的財富。當政府的貨幣收據以銀行準備金的形式創造出來時，接受者的活期存款被貸記入帳。福利貨幣化得以「一鍵實現」。

　　注意，如果政府欲購買實物資產，會直接透過發行貨幣來進行購買。貨幣是政府的借據，所以，政府的貨幣化行為不需要任何私營部門負債。

　　我們知道的是，只要政府提供貨幣，私營部門就不需要透過負債來獲得貨幣。所以，如果我們把（封閉式）經濟看作整體，淨金融財富總和仍然是零：「政府的負債額」等於「退休人員的活期存

款」。對於非政府部門而言，政府的借據（無論是中央銀行準備金、現金或長期國債券）就是其淨金融財富。

真實財富又是怎樣的呢？政府擁有很多真實財富：橋樑、公路、公園、公共建築、原子彈、航空母艦等。這些都算在國家淨財富總額之內。

最後，我們要看一下對外國人的實物和金融債權，以及外國人對國內的實物和金融債權。顯然，淨金融財富（和淨財富總額）可是積極或消極的。這些債券以不同貨幣為單位，所以在計算時必須將匯率考慮在內。

許多讀者可能會疑惑：為什麼一個自給自足的農民，不能自己種農作物、生產需要的產品，而要花時間淘金，用金子在市場上換取奢侈品呢？如果他永遠不參與市場經濟，只是累積大量黃金，不能變得很富有嗎？黃金不是金融財富嗎？

其實這就是之前工棚的例子，只是黃金更閃亮，但也更沒有用。我在地裡淘金，而不是去開墾森林、建造房子，或再加蓋一間漂亮的柴房。我可以用市場價格衡量其價值（就像工棚一樣）。現在，我為了增加銀行資產，想賣掉黃金。那麼，其他人要怎麼購買我的黃金呢？這跟之前討論的住房抵押貸款一樣：買方去銀行提交一張借據，獲得活期存款信貸，開立支票，然後把活期存款轉移給賣方。

或者說，買方的活期存款中已經有了足夠的錢，那麼這就是無限回溯的過程，一切都來自於貸款。換句話說，如果沒有銀行的債務人，黃金就不可能成為金融財富，也不能透過買賣進行貨幣化。

政府還是一個例外。如果我賣黃金給政府，政府會增加我的活

期儲蓄和我所在銀行的準備金。銀行購買黃金時，就像支付社會保障金一樣，只是政府必須走到每一個擁有黃金的家庭中去，而這些家庭已將黃金上鎖，以防被小偷偷走而用於製造人造牙冠。(這不是很有意義嗎？我們要展開一場戰役，即解放黃金！)

總之，實物和金融的區別，現在應該很清楚了。在任何社會中，最有趣的活動大多都發生在貨幣領域之外。這些非貨幣活動很重要，沒有這些活動，貨幣領域也不會持久。我認為，對更多活動進行持續的貨幣化是有問題的，可能會威脅到人類和地球上其他許多物種的生存。我還認為，我們需要對一些行為(如照顧自己的孩子)賦予貨幣價值，但經濟學家不會這麼做。

但畢竟這只是一本現代貨幣的入門書，我們關注的東西很有限，也忽略了很多人類學家、政治學家、心理學家、藝術史學家所關注的真正有趣的事物。

07 ▸ 可支撐性條件

　　這個單元的技術性較強,我們會用簡單的例子來說明,以便於大家理解。在最後有一個數理計算附錄,但就算你對這些計算沒有完全理解,也可以掌握本單元的主要內容。在這裡,我們關注一下「技術指標偏執者」所擔心的問題:有沒有可支撐的政府最高赤字率?當然,普通人對自己也有這種擔憂。在所謂的「歐豬五國」(PIIGS,即葡萄牙、愛爾蘭、義大利、希臘、西班牙)發生債務危機後,許多人想知道在不引發債務危機的情況下,政府負債的極限在哪裡。還有許多人擔心美國貿易逆差的可支撐性。所以,在本單元中我們將按順序處理可支撐性條件的問題。

7.1 政府赤字的可支撐性條件

　　那些愛鑽牛角尖的經濟學家,喜歡透過看某個政府的預算立場,來決定其是否能永存下去。許多人反對這種單純的腦力訓練,一個很大的原因就是沒有政府能夠長盛不衰,所以這種腦力訓練純屬浪費時間。經濟學家赫伯·斯坦恩(Herb Stein)曾諷刺道,無法支撐的過程不會持久,總有事物會改變。這一個觀點多少讓我們更接近了類似問題的本質。如果我們要處理政府財政赤字的問題,首先要明白什麼是無法支撐的。這需要做一些理性訓練,而大肆鼓吹財政赤字是不理性的。

我們先來看一個相對簡單的、無法支撐的過程。假設有個叫摩根的人決定複製「特大號的我」（Supersize Me）的實驗（基於 2004 年摩根‧史柏路克〔Morgan Spurlock〕執導的紀錄片）。他每天攝入五千大卡，消耗兩千大卡。這多餘的三千大卡，讓他每天增重一磅（0.45 公斤）。如果他在 1 月 1 日時的體重為 200 磅，到年底時就會增加到 565 磅。一百年後，他將重達 36,700 磅，已經達到非常肥胖的程度了。我們繼續計算，十萬年後他將重達 3670 萬磅，幾百萬年以後，他的體重足以影響地球的自轉和公轉。但在那些愛鑽牛角尖的經濟學家看來，這段時間還不夠長，得把時間拉到無限大，而摩根的體型就像宇宙一樣巨大。如果他增長的速度比宇宙膨脹的速度更快，總有一天，與他相比，宇宙會變得無限小。這就是不可持續的情況。是不是大家都很聰明？

　　但過程真會如此發展嗎？當然不是。第一，摩根不會活無限多年。第二，最後他可能爆炸（確實會），或是節食減肥。第三，也是最重要的，他的身體會調整適應。當他的身體快速增大時，每天消耗的卡路里會多於兩千大卡，也許每日的脂肪燃燒率會達到五千大卡，他的身體會以低效率的方式消耗食物。所以，他的體重不會再增加，也就不會成為宇宙黑洞了。看來，赫伯‧斯坦恩所言極是。

　　我們之前的腦力訓練，從根本上來說是有瑕疵的。我們假定熱量攝入（流入）率和熱量消耗（流出）率是固定的，兩者的差值構成儲備（增長的體重，本質上以脂肪的形式「儲存」在體內），同樣以固定的速率增加。身體沒有調整，也沒有新陳代謝，並設定無限範圍的估計方式而使體重增長到荒謬的程度。你會發現，這是赤字鬥士操縱的遊戲，他們試圖「證明」美國聯邦的財政赤字是無法

支撐的。

赤字鬥士的把戲大同小異，但會保留輸入和輸出。國內生產總值增長是輸入，類似於攝入熱量；支付利息是輸出，類似於燃燒熱量；財政赤字累積到政府的未償債務（Debt Outstanding）中是輸出，類似於增加體重。為了控制模型，確保模型是不可持續的，我們要做的是設定比國內生產總值增長率更高的利率，正如我們假設摩根的熱量攝入為五千大卡，而消耗僅為兩千大卡一樣，這將確保負債率（Debt Ratio）呈現無法支撐的增長（正如我們確保摩根的腰圍可以無限增長一樣）。我們來看一下這是怎樣實現的。

先舉一個簡單的例子。有兩個部門：政府部門和私營部門。政府財政有盈餘，支出少於收入（稅收）；私營部門為赤字，支出大於收入。我們知道，這意味著私營部門產生負債，政府將該負債視為資產（政府累積私營部門的借據從而產生盈餘）。私營部門必須還本付息，這就增加了其赤字（利息是從其收入中拿出的額外支出）。與「特大號的摩根」相比，可支撐性條件將由利率、收入增長率（國內生產總值）和私營部門的赤字數額決定。

為了計算赤字開支（Deficit Spending）的可支撐性，詹姆士·加爾布雷斯（James Galbraith）建立了典型模型。主要公式為：

$$\Delta d = -s + d \times [\,(r-g)\,/\,(1+g)\,]$$

在這裡，d 是負債對國內生產總值的初始比率，s 是減去淨利息支出後的「基本盈餘」（Primary Surplus）或財政盈餘（為國內生產總值的一部分），r 是實際利率，g 是國內生產總值實際增長率。（詳見加

爾布雷斯的論文：http://www.levyinstitute.org/publications/?docid=1379）

　　這似乎有點偏執，但其核心觀點是：（假設基本盈餘和初始負債的關係是既定的，兩者以占國內生產總值比重的形式表示）只要利率 r 高於國內生產總值增長率 g，負債率就會增加。（加爾布雷斯將這些關鍵術語盡可能真實化，即採用通貨膨脹率調整數值，但這其實無關緊要。我們可以採用所有術語的名義值，而根據通貨膨脹率進行調整，只不過是將所有的數值都除以通貨膨脹率而已。）注意，初始負債比率 d 和基本盈餘（私營部門不用付利息時的預算）也有一定作用。加爾布雷斯證明了，初始負債比率並不是很重要，就像摩根的初始體重不是很重要一樣，因為不管最初怎樣，最後他的體型都會無限大。

　　我們得到了上升的負債比率，但不需要過分關注數學意義上利率是否高於國內生產總值增長率。在無限的時間裡，該比率會變大，變得非常大。這聽起來很糟糕，也確實很糟糕。記住，這是爆發全球金融危機很重要的原因：私營部門過度負債，無法用有限的收入支付利息。全球金融危機等同於摩根「爆炸」，只有這樣才能阻止摩根的體型繼續增大。其實，減少債務遠比爆發危機更可取，但美聯準的主席艾倫・葛林斯潘和班・柏南克（Ben Bernanke）反對干預華爾街那些放貸的「騙子」，而這些騙子使得美國金融體系的泡沫不斷膨脹，直到爆炸。

　　現在改變這些條件。我們假設政府財政出現赤字，私營部門實現盈餘，我們可以得到相同的等式。注意，持續的赤字並不意味著負債率增長，這要取決於 r（利率）和 g（國內生產總值增長率）的關係。加爾布雷斯證明，如果利率足夠低，即使是持續的高基本赤

字（Primary Deficit）也是可支撐性的，因為負債率最終會停止增長（後面的聚焦探討會提及其他情況，見 125 頁）。這時，那些不可靠的經濟學家又會說，政府的負債率將會由於某種假定的利率、國內生產總值增長率和基本赤字的關係而激增，如果無限下去，這不就是無法支撐的嗎？

等一下，這種腦力訓練是否理智呢？我們已經知道「特大號的摩根」會自我調整：他會節食、爆炸、加快新陳代謝或減少卡路里的吸收效率。如果摩根沒「爆炸」，他會達到一種「平衡狀態」，即卡路里的攝入等於消耗，他的體型就不會變化了。

我們「特大號」的政府又是怎樣的呢？赤字持續快速增長，意味著利息和負債率增長，以下是可能出現的後果：

1. **通貨膨脹：** 這時政府有增加稅收收入的趨勢，使其稅收比財政支出增長得更快，從而減少赤字。包括加爾布雷斯在內的許多人認為，這種趨勢會產生「消極」實際利率。換句話說，（名義的）國內生產總值增長率會大於利率，赤字率減低，負債率停止增長，情況有所轉機（這相當於摩根的卡路里消耗率增加，所以他的體型不再增長）。

2. **經濟緊縮：** 政府會盡力適應財政態勢（增加稅收、減少支出，以降低赤字）。這相當於摩根在節食。當然，一個人跳不成探戈，提高稅率可能不會改變財政收支平衡，因為國內生產總值增長率會降低，從而增加負債率的增長率。只有當非政府部門盈餘減少（支出更多以刺激生產）時，提高稅率才可以減少赤字。

3. 私營部門會根據政府的立場，調整現金流（支出和儲蓄）。如果政府還是支出大於收入，私營部門的淨資產就會增加，政府的利息付款也會增加到私營部門的收入中。我們不能相信政府負債率的無限增加（意味著私營部門的淨財富比率達到無限大），不會誘發私營部門的支出，這被稱為「財富效果」（Wealth Effect）。換句話說，政府的負債是私人的財富，當私人的財富無限增長時，最終會導致與私營部門收入相關的支出增長，導致稅收收入增加，從而使政府赤字減少。而且，私營部門的收入包括了政府的利息付款，所以政府對其債務支付的利息之增加，可能刺激消費。說到底，私營部門有鑑於本身不斷增長的財富，不願意看到開銷比收入流量少，因此會調整儲蓄行為。如果私營部門試圖減少盈餘，就只能透過減少政府部門的赤字來實現。一個巴掌拍不響，可能的結果就是稅收和消費增加，政府赤字和私營部門盈餘減少。

4. 政府的赤字開支和利息支付，可能使國內生產總值增長率提高，甚至高於利率。這會導致負債率停止增長，使情況有所好轉。

利率是一個政策變數（後文將會討論）。為了避免負債率過高，各國政府可以忽略前面討論的幾點，降低支付的利率，使其低於經濟增長率。最終實現可支撐性。

最有爭議的一點是：假設上述的幾種情況都沒有出現，政府負債率仍有上升趨勢，政府有沒有可能不管利息有多少，都欠著利息

不還呢？答案很簡單，不會。我們需要更多的現代貨幣理論才能解釋為什麼不會。但簡單來說，班·柏南克主席常常要解釋美聯準用於拯救華爾街的所有開銷：政府透過鍵盤或電子紀錄，在資產負債表上支出。這麼做並沒有技術和操作上的限制，只要有鍵盤，政府就可以支付利息並將其記入貸方。

最後，我們要考慮私營部門的永久赤字開支和政府部門永久赤字的區別：前者是無法支撐的，而後者恰恰相反。

現在，我們需要清醒的頭腦。我們已經論證了政府持續的財政赤字會增加負債率，改變私人財富比率，從而改變人們的行為。這些都會導致通貨膨脹和政策改變，因此是不可能「永存」的。所以當我們說「可支撐性」時，只是指無論需要支付多少錢，政府都可以繼續到期付款（包括應付利息）。僅僅是這些付款行為，就可能改變經濟增長率、財政赤字和負債率的增長。

7.2 經常帳赤字率的「可支撐性」

經常帳赤字的可支撐性又是怎樣的呢？對美國來說，這似乎是一個重要的問題，因為美國常年經常帳赤字，需要靠資本帳平衡。簡單來說，美國經常帳赤字為美元外流，資本帳盈餘為美元回流，兩者的數額相匹配。看起來，美國是借美元來為貿易逆差「埋單」（這具有誤導性）。我們也可以這樣說，美國進口的比出口的多，因為世界上其他國家都想要累積美元資產。這是後面章節的內容，在此先不詳述。

但有一個問題：經常帳持續赤字有可能嗎？答案很簡單，有可

能。只要一個願打一個願挨：如果別國想要美元資產，而美國想要別國的出口品（進口到美國），美國經常帳就會一直是赤字。

擔心的人會說，等一下，再想想看。世界各國累積美元債權時，也可以獲得利息，而利息這項生產要素費用加大了美國的經常帳赤字。你可以從前文的論述中知道政府赤字和利息支付的關係。整個世界被美元耍了兩次：一次是美國用美元過度進口，另一次是美國用美元支付債務利息。

有一點很有趣：儘管美國是「地球上最大的債務人」，生產要素費用（利息和利潤）卻一直往對美國有利的方向流動（至少現在仍是這樣）。美國向外國人支付的利息率和利潤率極低，卻因為持有國外投資和債權而獲得高額的利息和利潤。為什麼會這樣？因為美國是地球上最安全的投資地。當世界上任一國家發生金融危機的時候，國際投資者往哪裡逃呢？往美元所在的方向逃。

諷刺的是，當美國發生金融危機時，情況亦是如此。美國擁有主權政府和主權貨幣，由美聯準設定利率，可以一直把利率設得比國內生產總值增長率低（而且加爾布雷斯指出，美國的通膨調整利率通常比實際增長率更低）。儘管美國和國外都曾經出現過赤字恐慌，卻沒有投資者認為美國財政部會拖欠債務。所以，當全世界人心惶惶時，投資者便逃向美元。這種情況也許會改變，但我們可能看不到。

時至今日，必須有一種貨幣出現，來代替美元成為國際準備貨幣了。這可能會減少美元的外部需求，即世界各國減少美元儲備，也漸漸減少對美國的淨出口。這一般不會引起恐慌，因為這件事的另一面是美國會增加產出，以替代減少的進口（大部分經濟學家會

慶祝這件事，因為這會帶來更多就業）。

　　但有人擔心，當世界各國很快就脫手美元（即進行貿易以換取另一種貨幣）時，這種轉變會太過突然。事實上，這是不可能的事。擁有巨額美元儲備的國家（如日本和中國）知道，快速拋出美元時可能會使美元貶值，造成巨額資本損失。國際準備貨幣由美元轉為另一種貨幣，比較可能在數十年以後才會發生，而最近幾週、幾個月甚至幾年內，都不太可能發生。

　　總之，我們無法預測美國的經常帳赤字會持續多久，但我們相信會比我們想像得更久。只有世界各國決定不再累積美元、美國人不再想要別國生產的廉價商品和以犧牲環境為代價產出的油時，經常帳赤字就是可支撐性的。我們無法知道這一天什麼時候到來，也不必杞人憂天。是的，我們可以計算及分析「可支撐性條件」，但這只是一種腦力訓練。我們已經做了很多，儘管鼓舞人心，卻任重道遠。

負債對國內生產總比率的動態性

政府未償債務水準（D）遵循以下公式而隨著時間變化：

$$D_t=D_{t-1}+Def_t$$

也就是說，每年未償債務會隨赤字規模的增加而增加。財政赤字是政府支出（G）和稅收（T）之差，加上未償債務的利息（iD），i 代表利率。

$$Def_t=G_t-T_t+iD_t$$

我們看一下在提高負債率的不同赤字情況下，負債對國內生產總值的比率是如何變化的。

例 1：平衡的基本預算：政府貨物服務支出等於稅收收入

我們假設財政收支為零（G=T），所以：
$$D_t = D_{t-1} + iD_{t-1}$$
或
$$D_t = D_{t-1}（1+i）$$

假設國內生產總值（Y）按 g 比率增長，並遵循以下公式：
$$Y_t = Y_{t-1}（1+g）$$

因此，負債對國內生產總值比率為：

$$\frac{D_t}{Y_t} = \frac{D_{t-1}\,(1+i)}{Y_{t-1}\,(1+g)}$$

使用遞迴，用 d 表示我們得到的負債對國內生產總值的比率：

$$d_t = d_0 \left[\frac{1+i}{1+g}\right]^n$$

很明顯，如果 i>g，當 n 趨於無窮時，負債率趨於無窮；如果 i<g，負債率趨於零；如果 i=g，那麼 $d_t=d_0$ 始終成立（負債率是常數）。

例 2a：長期的基本赤字：政府貨物服務支出大於稅收收入

我們用 S 表示財政收支情況：S>0，財政赤字（G–T）>0，所以：
$D_t = D_{t-1}+iD_{t-1}+S_t$

因此：

$$\frac{D_t}{Y_t} = \frac{D_{t-1}\,(1+i)+S_t}{Y_{t-1}\,(1+g)}$$

使用遞迴，用 s_0 表示 S_0/Y_0，得到：

$$d_t = \left[d_0+\frac{s_0}{i}\right]\left[\frac{1+i}{1+g}\right]^n - \frac{s_0}{i}\,\frac{1}{(1+g)^n}$$

我們得到與例 1 一樣的結果。如果 $i<g$，d_t 趨於零；如果 $i>g$，負債率趨於無窮；如果 $i=g$，那麼 $d_t=d_0$，$d_t=d_0+s_0/i$。因此，儘管政府貨物服務支出大於稅收收入，只要償債的花費（利率）小於或等於經濟活動增長率，負債對國內生產總值的比率仍然會減少或持平。

例 2b：基本赤字對國內生產總值的比率為常數

在例 2a 中，基本赤字水準不變，但隨著國內生產總值的降低而降低。現在，我們假設基本赤字水準與國內生產總值以同樣的速率增長，這表明兩者的比率為常數。

$$D_t = D_{t-1}(1+i) + S_t$$

現在除以 Y_t，假設 s 始終為常數。

$$d_t = d_{t-1}\frac{(1+i)}{(1+g)} + \bar{s}$$

遞迴後我們得到：

$$d_t = d_0\left[\frac{1+i}{1+g}\right]^n + \bar{s}\left[\frac{1+g}{g-i}\right]\left\{1-\left[\frac{1+i}{1+g}\right]^n\right\}$$

同樣，如果 $g>i$，負債對國內生產總值的比率向 $\bar{s}\left[\frac{1+g}{g-i}\right]$ 收斂；如果 $i \geq g$，該比率將連續增長。

例3：負債對國內生產總值的比率為常數

最後，假設負債對國內生產總值的比率為常數 x。這種情況下有：

$$\frac{\text{Def}}{Y} = \frac{\text{G-T+iD}}{Y} = x$$

因此：

$$d_t = d_{t-1}/(1+g) + x$$

透過遞迴我們得到：

$$d_t = x(1+g)/g$$

負債對國內生產總值的比率達到穩定。

Chapter 3

國內貨幣體系：商業銀行與中央銀行

所有的「現代貨幣」體系（如凱因斯所言，包括「至少四千年以前」的貨幣體系）都是國家貨幣體系，主權國家在貨幣體系中選擇記帳貨幣，並在該貨幣單位下徵收稅款，隨後，國家便可以發行用於繳稅的貨幣。

　　在本章中，我們將進一步對當今貨幣制度的運作進行分析，檢驗以國家記帳貨幣為單位的借據之面值。（編註：後文多以「銀行」指稱商業銀行，「中央銀行」則以全名指稱。）

01▸以本國貨幣計價的借據

1.1 政府

在之前的章節中，我們曾注意到資產和負債都是以記帳貨幣為單位，而記帳貨幣則是由國家政府選定，並透過稅收機制使其產生效力。在浮動匯率制度下，從某種意義上講，政府沒有承諾可以將其所擁有的借據（即貨幣）兌換為貴金屬、外國貨幣或其他任何東西，因此該貨幣是不可兌換的。相反的，政府允許人們使用政府所擁有的借據做為向政府支付的手段（大多數以稅收的形式產生，少數為收費和罰款）。這是最必要且最基礎的承諾：借據的發行者必須在人們向其支付時接受該借據。只要政府同意接受人們用借據繳納稅款，人們就會產生對政府的借據之需求（至少可以用來繳納稅款，也可能存在其他的用途）。

另外，當政府承諾可以按需求兌換（外幣或貴金屬）時，政府債務的持有者便擁有了兌換的選擇權。在一些情況下，這實際上會增加政府貨幣的普遍接受度。同時，政府承諾按需求兌換，意味著政府得要累積外幣儲備或貴金屬儲備以保證兌換。諷刺的是，若貨幣是可以兌換的，就會有更多人願意接受這種貨幣，但增加貨幣的發行量又會提高其無法滿足所有兌換需求的風險。

因此，政府要限制可兌換貨幣的發行。如果貨幣持有者開始懷疑政府是否能夠按需求兌換，那麼，除非政府有足夠的外幣儲備或

貴金屬儲備（有充足的儲備或是對儲備的借貸）；否則，這場持有者和政府的貨幣遊戲將會直接結束。如果無法兌換，那麼政府將會被迫違約，而任何違約的跡象都一定會導致貨幣貶值。在這種情況下，只有擁有 100% 的儲備支持（或擁有可以創造儲備的貸方的支持），政府才能避免違約。

但我們再次強調，可兌換性並不是保證本國貨幣需求的必要條件。正如前文所討論的，只要可以徵稅和收稅，政府便可以確保人們對於至少一種不可兌換之貨幣的需求。政府唯一需要做的便是：堅持稅收必須以政府發行的貨幣來支付。「承諾接受以貨幣支付的稅款」對於產生一種貨幣需求來說已經足夠了，這便是「稅收驅動貨幣需求」。

1.2 私營借據

相似地，私營部門借據的發行者，同樣承諾接受自己的負債。例如，如果一個家庭有銀行貸款，那麼該家庭便可以使用銀行的存款帳戶來開支票，用於支付貸款的本金和利息。在這樣的情況下，銀行在支付中接受自己的借據。

事實上，現代銀行系統提供支票結算服務，使得每家銀行都可以接受國內其他銀行所簽發的支票。因此，每個人都可以透過使用國內任意一家銀行所簽發的支票，來支付其對任何銀行的欠款。隨後，支票結算服務將結清不同銀行之間的帳務（在下一單元將對此問題進行更多的探討）。

關鍵之處在於，銀行接受以其負債（存款所開支票）來支付對

銀行的債務（銀行貸出款項），如同政府接受以其負債（貨幣）來支付對政府的債務（納稅義務）一樣。

1.3 舉債經營

然而，政府和銀行之間存在一個巨大的差別：銀行通常會承諾將其負債兌換為其他的東西。你可以向銀行出示支票，讓其兌換成貨幣，這便是我們通常所說的「兌現支票」，或者你也可以在自動櫃員機（ATM）上取出自己任意一個銀行帳戶中的現金。在上述任一情況下，銀行借據都兌換成政府借據。銀行通常承諾「見票即兌」（活期存款帳戶，通常為支票帳戶），或者在特定的一段時間後進行兌換（定期存款帳戶，包括儲蓄帳戶與存款證，若提前領出的話，通常會被扣除罰款）。

為了滿足這些兌換，銀行通常會在自己的金庫中存有少部分的貨幣。如果銀行需要更多的貨幣，便會請求中央銀行派遣一輛車將貨幣送過來。銀行不想持有大量現金，在一般情況下也不需要這樣做。大量的現金可能會增加銀行對搶劫者的吸引力，但主要原因還是在於持有貨幣的成本太高，最明顯的便是管理金庫和雇用保全人員的成本。當然，最重要的原因還是持有大量的貨幣準備（currency reserves）並不能獲利。銀行寧願持有貸款做為資產，因為債務人會針對貸款向銀行支付利息。因此，銀行利用其貨幣準備「舉債經營」。而相較於其存款類負債，貨幣準備僅占其資產中非常小的一部分（後文將詳細分析銀行資產負債表）。

只要每天將存款兌換為現金的儲戶人數較少，銀行所持有的貨

幣便可以滿足他們的需求，也就不存在任何問題。然而，如果銀行出現擠兌的情況，即大量儲戶在同一天兌換現金，那麼，它將不得不向中央銀行求助，以獲取更多的貨幣。

這甚至會導致中央銀行扮演「最終貸款人」（Lender of Last Resort）的角色，貸款給面臨擠兌威脅的銀行。中央銀行介入，將自己的借據貸放給商業銀行，換取商業銀行的借據（有擔保的借據），商業銀行將從中央銀行獲得一筆貸款（成為商業銀行的資產），而中央銀行則持有銀行的借據做為其資產。當現金從銀行被領出時，銀行在中央銀行的準備金將被記入借方，同時銀行則將儲戶在該銀行的帳戶記入借方。隨後，儲戶手中的現金便成為中央銀行的負債，透過銀行對中央銀行的負債抵銷。

在下一單元中，我們將分析銀行如何透過使用在中央銀行的準備金，來清算各銀行間的帳戶，還會討論「金字塔式交易法」（Pyramiding），即在現代經濟中，利用負債使某一方的借據可以與債務金字塔中更高一層的借據相互兌換。最終，所有討論都將集中到「中央銀行」（國家自己的銀行）身上。

Q 美聯準是否可以透過提高法定準備率,來控制貨幣和通貨膨脹?是否可以提出 100% 的法定準備金要求?

A 法定準備率無法控制銀行貸款,我們接下來將對此進行一個比較詳細的分析。中央銀行為了達到其利率目標,無論法定準備率是 1%(這是金融危機和實行量化寬鬆政策前,美國境內對於所有存款的平均準備率),還是 10%(此比率多用於教科書中,以簡化數學計算),都必須滿足對準備金的需求(加拿大的法定準備率是一個大大的「零」!這也是整個市場體系最先進的運轉方法)。既然它無法控制貸款,便沒有理由認為提高準備率可以影響通貨膨脹。同時,需要注意的是,準備率是一個政策變數,提高準備率並不會影響隔夜利率(美國聯邦基金利率)。

更高的準備率,就像是對銀行徵收稅款一樣,銀行勢必將持有收益非常低的資產。如果準備率為 1%,準備金便占有 1% 的總資產(約為 1%,已足夠接近此處分析的資料),該資產利率非常低(此利率為支付給提列做為準備金的補償利率,或稱補貼利率)。銀行需要透過剩餘 99% 的資產,來彌補這裡的成本並獲利。如果將準備率上調至 10%,則意味著銀行僅可以使用 90% 的資產來獲得更高的收入。以此類推,這將會影響貸款利率所得(銀行向貸款者收取的費用)

與存款利率支出（銀行向儲戶支付的費用）嗎？銀行透過上述兩種交易方式獲取利潤，便是其彌補費用並獲利的方法。當然，提高準備率可能會導致銀行提高貸款利率或降低存款利率，這對於貸款者或存款者來說都不算是一件好事。

最後，來談談是否可能存在 100% 的存款準備率。在歐文・費雪（Irving Fisher）、亨利・賽門斯（Henry Simons）、米爾頓・傅利曼（Milton Friedman）所提出的「芝加哥計畫」的基礎上，羅尼・菲力浦斯（Ronnie Phillips）在 1995 年的著作中，試圖實現這樣的準備率。此準備率通常被視為一種讓銀行變得更「安全」的手段：銀行將僅持有與活期存款相等的準備金或國庫券，資產安全了，存款將永遠安全，也就不再需要存款保險，即美國的聯邦存款保險公司（Federal Deposit Insurance Corporation）。這樣的計畫聽起來不錯。但既然不再允許銀行進行貸款業務，勢必有其他個人或機構發放貸款，這會使得「狹義銀行」免於遭受借貸的風險，但其他個人或機構的貸款以及其開出的借據，仍然不是由 100% 的準備所支持的。我們並不清楚這個計畫是否會減少「貨幣」（即以記帳貨幣計價的借據）創造，但一定會產生一大批無法創造貨幣的「狹義銀行」。

1.4 中央銀行資產負債表

任何一家中央銀行的資產負債表都大致如表 3-1 所示。

表 3-1：中央銀行資產負債表

資產	負債與資本淨值
A_1：信貸市場工具（證券） A_2：國內銀行貸款 （給國內銀行的準備金預付款） A_3：黃金，外匯，特別提款權 A_4：國庫貨幣 （中央銀行所持有的硬幣） A_5：其他資產（建築物、家具等）	L_1：庫存現金與流通現金（商業銀行與公眾所持有的中央銀行紙幣） L_2：準備餘額 （商業銀行的活期存款帳戶） L_3：財政部所持有的紙幣和活期存款帳戶 L_4：國外部門及其他部門所持有的紙幣和活期存款帳戶 L_5：其他負債（包括資本淨值）

紙幣（Banknotes，在美國被稱為聯邦準備券）以及在中央銀行的活期存款帳戶，均為中央銀行的負債，同時也是每個人的資產。注意：中央銀行的資產中並沒有國內貨幣工具（除了少數的硬幣，如在美國，財政部負責製造硬幣）。

「L_1+L_2」近似為我們所說的「貨幣基數」（Monetary Base，需要再加上流通的硬幣，才是所有的貨幣基數），其和等於公眾（以紙幣的形式）與商業銀行（以紙幣和準備金的形式，以及在中央銀行的活期存款帳戶，其和等於銀行準備）所持有的中央銀行代幣貨幣的總量。

通常會使用中央銀行資產負債表中的項目，來表示「貨幣基數」或「強力貨幣」等式。這個等式並不是完全恆定的，所以謹慎的讀者可以跳過此部分。

由資產負債表可知：

$$L_1 + L_2 = A_1 + A_2 + A_3 + A_4 + A_5 - L_3 - L_4 - L_5$$

因此，這些項目的改變將會增加或減少貨幣基數。

例如：

資金注入的來源：中央銀行透過發行負債的方式購買資產，其持有的資產增加。

A_1 增加：購買證券，如短期國庫券、長期國庫券等
（公開市場業務）

A_2 增加：聯邦基金預付款（貼現窗口業務，編註：中央銀行向金融機構提供短期融資的貨幣政策工具）

A_3 增加：購買黃金

A_5 增加：從別處購買建築物或服務

資金減少的來源：注入資金的減少。

中央銀行資產的減少：❶ 出售證券；❷ 商業銀行和其他部門預付款的償還。

接下來，讓我們來看看貨幣基數將如何變化。例如，假設中央銀行從商業銀行購買價值 100 美元的短期國庫券：

表 3-2：商業銀行資產負債表

資產的變化	負債與資本淨值的變化
$\triangle A_1$ = +100 美元短期國庫券	$\triangle L_2$ = +100 美元準備金

你剛剛所見證的便是貨幣基數的創造：中央銀行貸記商業銀行的準備金帳戶（也可以透過印發中央銀行紙幣：$\triangle L_1$=100 美元來代替）。

那麼，美聯準是從何處獲得其所提供的基金的呢？答案是：憑空而來。由於準備金是中央銀行的負債，中央銀行便可以創造無限數額的基金。中央銀行不需要黃金、稅收收入或其他東西來發行借據。2009 年 3 月 12 日，聯準會主席班・柏南克在接受哥倫比亞廣播公司（Columbia Broadcasting System, CBS）電視採訪時表達了以下的看法：

佩利（Pelly）：美聯準使用稅收收入進行支出嗎？

班・柏南克：不是稅收收入。商業銀行在美聯準擁有自己的帳戶，就像你在一家商業銀行裡擁有帳戶一樣。所以，如果要借錢給銀行，我們只需使用電腦在它們的美聯準帳戶上標註一筆款項即可。

他說得對，美聯準只是敲敲鍵盤，在資產負債表加上一筆記帳條目而已，轉瞬之間便可以完成，與稅收收入無關。

那麼，人們繳納稅款會帶來什麼樣的結果呢？假設王先生需要繳稅 1000 美元，結果便是他在銀行 A 的帳戶上借記 1000 美元，同

時，銀行 A 的準備金減少 1000 美元（△L$_2$=-1000 美元），而財政部帳戶則增加 1000 美元（△L$_3$=1000 美元）。

表 3-3：中央銀行資產負債表

資產的變化	負債與資本淨值的變化
	△L$_2$ = -1000 美元 △L$_3$ = +1000 美元

你剛才所看到是某些貨幣基數的損失（因為財政部在中央銀行的存款，是不被計算在貨幣基數內的）：稅收減少了貨幣基數（使 L$_1$+L$_2$ 減少），即公眾和商業銀行所持有的中央銀行的代幣貨幣的總量下降。

02► 結算和金字塔式負債

　　雖然我們不同意一些看法，比如銀行借出準備金，或它們需要先有準備金才能發放貸款。但不可否認，銀行確實透過準備金來與各方進行結算。

　　商業銀行準備由庫存現金與在中央銀行的存款組成。銀行僅持有非常少量與它們所創造的存款（各種類型存款）相關的準備，對於部分存款承諾可按需求兌換為現金或準備（即所謂的「強力貨幣」）。我們可以稱其為「槓桿」，即持有少量政府的貨幣準備，發行大量以國家記帳單位計價的借據，同時承諾將借據全部兌換為貨幣或準備。這很有可能導致對私營借據的「擠兌」——人們要求兌換全部借據。而由於商業銀行準備並不足以滿足所有兌換需求，中央銀行必須扮演「最終貸款人」的角色，透過把自己的借據貸給商業銀行以滿足兌換的需求，從而停止「擠兌」。

　　我們將在後文探討中央銀行這樣的介入方式。本單元中，我們將研究銀行結算以及以政府借據為頂部的「金字塔」式負債。

2.1 結算帳戶償清借據

　　商業銀行使用政府借據結算帳戶。透過此方法，銀行一方面可以確保在其金庫中持有貨幣，另一方面更重要的是，可以維持在中央銀行的存款準備金。此外，它們還能透過從其他銀行借款（所謂

的銀行同業拆借市場，在美國即為聯邦基金市場），以及向中央銀行借款的方式，獲得更多銀行通常所需的準備規模。

所有的現代金融體系都制定出相關程序，以確保商業銀行獲得足夠的貨幣和準備，來結算銀行間帳戶和儲戶帳戶。當第一國民銀行收到第二國民銀行開出的支票時，會要求中央銀行借記第二國民銀行的準備金，貸記第一國民銀行的準備金。現在，這樣的交易都已經實現了電子化操作。需要注意的是，第二國民銀行的資產將會因此減少（減少量為上述借記的準備金的數額），其負債（支票存款）將會減少相同的數額。同樣的，當儲戶使用自動櫃員機領錢時，銀行的資產（現金儲備）將因此減少，儲戶手中所持有的該銀行的借據（對存款帳戶的負債）也將減少相同的數額。

其他的行業透過使用商業銀行的負債，來結算自身的帳戶。例如，零售商通常會承諾在指定的一段時間（通常為 30 天）後付款，並以此為條件從批發商處獲得產品。批發商在這段特定時間內持有零售商的借據，零售商則在經過這個時期後，以其銀行帳戶開具支票來支付貨款（越來越多的商家也開始使用電子轉帳的方式來向批發商付款）。支付完成後，批發商手中的借據將被抵銷。

也有可能出現批發商不想等到指定的時期結束才收取貨款的情況。這時，批發商可以透過打折出售零售商借據的方式來收取貨款（少於零售商所承諾的在時期結束後可收取的數額）。批發商所給出的折扣，便是其為了提早拿到貨款而願意放棄的數額。

通常，一家金融機構以折扣價格購買借據的行為，被稱為「貼現」（這便是中央銀行的「貼現窗口」這一術語的來源：美聯準將會從商業銀行手中，以折扣價購買商業票據〔即商業公司的借

據〕）。在這種情況下，零售商在到期時會向借據的持有者（或許是一家金融機構）付款，持有者有效地獲取了利差（借據的貼現價格和零售商償清借據時實際支付的價格之差）。零售商的借據將透過交付一筆銀行負債（零售商借據的持有者在銀行帳戶貸方收入一筆存款）的方式被撤銷。

2.2 金字塔式貨幣

私營金融負債不但可以使用政府的記帳貨幣計價，同時也可以兌換為政府的貨幣。

正如前文所探討的，商業銀行明確地承諾可以將其負債兌換為貨幣（無論是活期存款的即時兌換，還是定期存款的定期兌換），其他的私營公司大多使用商業銀行的負債來結算自己的帳戶。從本質上看，這意味著它們承諾將自己的負債轉換為銀行的負債，在指定的日期「透過支票支付」（或按照合約中指定的其他條款支付）。因此，它們必須擁有存款並能夠使用存款，然後透過銀行完成支付。

當然，由於有一系列可以提供支付服務的金融機構（以及一系列提供金融服務的非金融機構）的存在，支付方式可能會變得更加複雜。這些機構都可以使用銀行的負債在這些「非銀行金融機構」（亦稱為「影子銀行」）之間進行淨額結算，為其他公司進行支付。而銀行則透過政府的負債來進行帳戶的結算。

由此便可能造成結算帳戶債權方與債務方之間「六度分離」的現象，即多層的金融槓桿，它們最終在中央銀行的帳簿上進行淨額結算。

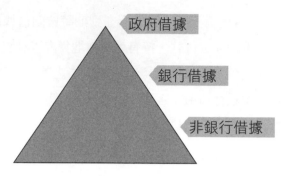

圖 3-1：負債金字塔

　　我們可以想像出一種金字塔式的負債結構，即根據對中央銀行的分割而產生不同的層次，如圖 3-1 所示。底部的一層由家庭借據構成，通常被其他家庭、從事生產的公司、商業銀行及其他金融機構所持有。其重點在於，家庭通常使用負債金字塔更高一層的負債來進行帳戶的結算，這些負債往往來自於金融機構。

　　第二層由從事生產的公司的借據構成，其負債大多被金字塔更高一層的金融機構所持有（有一些是直接被家庭或其他公司所持有），大多使用金融機構發行的負債來結算帳戶。

　　第三層則出現了非銀行金融機構的借據，透過使用金字塔更高一層銀行的負債來進行帳戶結算。

　　而處於金字塔頂端之下的便是銀行的借據，它們透過使用政府負債進行淨額結算。

　　最後，政府的借據處於金字塔的頂端，沒有比政府的不可兌換借據更高等級的負債了。

　　以金字塔的形狀來說明中央銀行的負債結構具有啟發意義，原因如下：首先，金字塔式的等級體系，即負債由較高一層的機構發

行，通常更容易為人們所接受。在某些方面看，這是由較高的信用決定的（主權政府的不可兌換負債沒有信用風險；我們從上向下看金字塔，從銀行借據一直到最底層的家庭借據，信用風險逐漸上升。當然，這並不是絕對的）。其次，每一層的負債通常都會利用更高一層的負債做為槓桿。由此，整個金字塔便是建立在（相對數量較少的）政府借據的槓桿效應之上。通常金字塔底層的負債，要遠遠高於更高層的負債，至少金融業發達的經濟體是這樣的。

但是請注意，對於一種可兌換貨幣來說，政府貨幣並不處於金字塔的頂端。由於政府承諾以固定匯率按需求將貨幣兌換為其他東西（黃金或外匯），那麼這些「其他東西」便處於金字塔的頂端。我們之前已經得出這樣的結果：政府必須持有或至少能夠獲得可以兌換其貨幣的東西。這將會約束政府使用政策來實現充分就業、推動經濟增長等相關目標的能力，我們將在第 5 章討論這一話題。

當然，上述的金字塔是非常簡單的模型。我們還可以將商業銀行劃分為不同類別，而大多數情況下，將非銀行機構劃分為公司和家庭會更實用。事實上，我們在劃分銀行借據以及其他金融機構借據時是較為隨意的。也許最實用的劃分方式，便是將其分為「可以直接與中央銀行進行交易的機構」和「無法直接交易的機構」。

這也可以反映出以下問題：如果靠近金字塔底部的機構（例如那些無法與中央銀行直接進行交易的影子銀行）出現了問題，將會導致怎樣的後果？這實際上便是全球金融危機中出現的問題。通常，在金字塔較低位置的機構發行的借據，在某些條件下可以兌換為銀行借據，從而再兌換為政府（中央銀行準備金）借據。當出現問題時，那些非銀行機構與影子銀行將求助於銀行的資金支援（以

非銀行機構的借據為抵押來發放貸款），銀行則去尋求中央銀行的幫助。但當對未來的預期變糟時，銀行便不會放貸，非銀行機構將因此無法兌現其承諾。2007 年底的流動性危機便是由此導致的。美聯準最終決定借錢給大多數人，包括了投資銀行與影子銀行部門的所有其他機構，甚至還有如哈雷·大衛森（Harley Davidson）這樣的非金融性公司以及國外的中央銀行。

此外，金字塔式負債還可以幫助我們思考某些機構究竟使用哪些借據來支付自己的借據。你當然無法透過使用自己的借據來償還自己的借據（那你仍舊負債，不算償還），但主權政府可以這樣做（正如我們討論過的那樣，如果你向女王出示一張 5 英鎊的紙幣，她只會給你另一張 5 英鎊的紙幣，她仍欠你 5 英鎊，但即使你將她告上法院，也無法從女王那裡得到其他的東西）。你使用別人的借據來贖回自己的借據，我們稱其為第二方或第三方借據（第一方借據是你自己的借據，第二方借據是你的債權人的借據，第三方借據則是一個不相關機構的借據）。一般情況下，處於金字塔較低位置的機構使用商業銀行借據，而商業銀行則會使用政府借據（中央銀行準備金）來「結算」其自身的借據。

Q 如何結算歐洲美元（Eurodollars）？

A 　　歐洲美元是以美元計價但由美國境外銀行發行的存款帳戶。我們在此不會討論歐洲美元出現的歷史，但其出現的部分原因是為了規避美國的法規和銀行的監管。

　　事實上，它與美國境內銀行的結算是相似的。由於歐洲美元是在美國美元的基礎上產生的，所以其最終清算還是由美聯準完成。（注意：我們簡化處理了這個問題，事實上，也有一些私營結算服務對歐洲美元進行結算。擁有抵銷請求權的銀行，便可以使用私營結算系統。由於只有中央銀行可以創造準備金，這些銀行僅需去中央銀行進行淨額結算。）

Q 比特幣（Bitcoins）是貨幣嗎？

A 　　比特幣不是貨幣。（參見 http://www.wsj.com/articles/do-cryptocurrencies-such-as-bitcoin-have-a-future-1425269375）埃里克‧泰摩尼（Eric Tymoigne）對此做出了如下的解釋：

比特幣是一種特殊的商品。它並不是金融工具。比特幣的價值波動過大，這也與對比特幣支付系統總效用看法的不斷變化與投機熱潮相符。比特幣的面值背後沒有任何的金融邏輯……它違反了所有的金融規則，沒有中央發行人向持有人保證按照其面值支付。事實上，比特幣根本沒有潛在的面值，因此也就沒有到期時的估值，這意味著在償還債務中使用比特幣是完全不切實際的。透過未來現金流量貼現來測量，可知比特幣的公允價值為零。

使用比特幣還存在巨大的流動性風險，任何持有比特幣的人最終都需要將其兌換為以國家記帳單位計價的貨幣，即美元或歐元，從而得以繳納稅款或償還個人債務，並用於其他交易。如果一個人計畫在接下來的幾年內買一棟房子，存錢上大學，或者本身就擁有房屋貸款或汽車貸款，那麼，比特幣極端的波動性將使其成為一個風險極高的賭博式選擇。如果比特幣是一個投資組合中的主要資產，那麼投資者的償付能力將面臨極大的風險。

簡而言之，比特幣只是一個欺騙傻瓜的工具。正如馬戲團大亨巴納姆（P. T. Barnum）所言，每一分鐘都有一個傻瓜誕生，所以比特幣可能還會存在一段時間。（當我還是孩子時，理髮的費用約為「4比特」，但這是真正的錢，約為 0.5 美元。該術語源自對西班牙貨幣的一種古老處理方法，即將其分為「8 小塊〔bit〕」以獲取小面額的硬幣。）

03▸危機中的中央銀行
最終貸款人

在危機中，中央銀行扮演了重要的角色：「最終貸款人」，為金融機構提供所需的準備。這原本是用來阻止「銀行擠兌」的，即大量的儲戶試圖將存款兌換為現金。多虧存款保險的出現，如今這樣的擠兌已經很罕見了，大多數的擠兌以沒有保險的債權人拒絕「續期」短期銀行負債的形式出現。全球性的金融危機襲來時，由於銀行的債權人要求其支付已到期的負債，銀行無法透過再融資的方式累積資產，美聯準因此不得不介入，為銀行再次提供資金（這些內容在斯科特·富爾懷勒的論文中有更詳細的討論，http://papers.ssrn.com/sol3/papers.cfm?abstract_id=1874795）。

在本單元中，我們將討論美聯準在危機中的作為，包括普通貸款和「最終貸款人」兩種貸款操作方式。其他國家的中央銀行也採取了類似的做法。在歐盟，由於每一個成員國都為本國銀行而獨自承擔責任，歐洲中央銀行（European Central Bank, ECB）並未採取該做法，但我們會看到，歐元區的危機將強迫歐洲中央銀行也介入其中。

首先，美聯準貸款所扮演的最常見的角色，便是透過日間透支實現的，這要求商業銀行每日業務結束後進行結算，就像是一種對於自己的活期存款帳戶的「透支」保護。在雷曼兄弟（Lehman

Brothers）出現危機（全球金融危機的導火線）之前，美聯準的此類貸款平均每日每分鐘可達到 500 億美元，結算的峰值每分鐘可達約 1500 億美元，有很多的貸款均由美聯準借出（然而在金融危機後，銀行持有了大量超額準備，這種類型的貸款逐漸減少）。

但需要注意的是，在一天的業務結束後，銀行需要透過隔夜拆借準備金結算其透支額。當一家銀行資金短缺時，會向私營「聯邦基金」市場借款。如果該銀行無法獲得任何基金，美聯準通常會透過貼現合法資產的方式，向其提供臨時貸款（「貼現」一詞在此意指那些資產被當作抵押品，與為隔夜資金支付利息時提到的「貼現」含義相似）。

其次，美聯準總是將隔夜貸款或貼現窗口貸款視為「不能見光的醜事」，其目的始終是讓銀行在一天結束前結算透支額。其他許多國家的中央銀行以自己的方式貸款且不認為這「不能見光」，而美聯準則透過在公開市場購買國債的方式，向市場提供最多的準備。這算得上是一種獨特的方式。更複雜的是，與大多數銀行同業拆借體系不同，美國的系統是高度分散的。這意味著，美聯準的公開市場活動不足以完成一些並非罕見的事情，例如：抵銷資產負債表上所有的變化，為每一家銀行提供其想要的準備結餘，等等。

將上述兩點（美聯準視其貸款「不能見光」及美國體系的複雜性）結合起來，你更有可能將利率升到比美聯準的隔夜利率目標更高，從而使銀行不再借出超額準備，而是從美聯準借款。

處於危機時，這反而會讓事情變得更糟。由於銀行對彼此都很謹慎，隔夜利率的上升將遠遠高於目標利率。請注意，儘管如此，這並不能阻止美聯準扮演最終貸款人的角色。

事實上，美聯準最終貸款人的行為在平常和危機時期都會出現，但出現危機時會以更高的價格出現（比目標利率更高的利率），人們對此往往會心生不滿。在危機期間，美聯準意識到有更多的事情需要去完成，於是提供了各種類型的經常性融資便利，以充分履行其擔任最終貸款人的職責。這些非傳統的經常性融資便利與傳統的貼現窗口不同，往往不會被打上「不能見光」的標籤。我們在此不會深入討論這個問題，但美聯準只會以「拍賣」準備而非貼現窗口貸款的形式，提供資金給銀行。美聯準將宣布願意透過新的特別便利提供 1000 億美元準備，但從本質上看，還是以抵押合法資產的方式進行貸款。在某些情況下，這種方法也被稱為「回購協議」，即美聯準暫時購買銀行的資產，而賣出資產的銀行承諾在未來以較高的價格將其回購。賣出和買回的價格差，即為中央銀行所收取的利息。

Q 中央銀行以什麼為抵押發放貸款？它怎樣獲得現金？

A　中央銀行通常以合法資產為抵押來發放貸款。在借貸體系中，中央銀行就是「老闆」，可以決定一切。通常，中央銀行以國債券（財政部借據）、「真實票據」（銀行提供給信用良好客戶的短期商業貸款）或投資風險高的住房抵押貸款證券（Mortgage Backed Securities，這些次級住房抵押貸款證券即為全球金融危機的導火線，所以這也許是個壞主意）為抵押來發放貸款。中央銀行可以透過對抵押品的要求來監管或管理商業銀行，也就是透過限制其可接受的抵押品的方式，鼓勵商業銀行僅發放安全的貸款。

　　當你前往自動櫃員機提領現金時，你的開戶銀行手中持有著部分現金，這是其準備基礎的一部分。但如果每個人明天都要去提領現金，那麼顯然銀行的現金將很快就會用完，它們便會向中央銀行訂購更多的現金（由車輛押運而來），中央銀行則將借記銀行準備金。如果這麼做還不足時，中央銀行將透過收取銀行抵押品的方式，向銀行發放現金貸款（對準備金的貸款）。中央銀行持有商業銀行借據做為其資產，當然這也是商業銀行的負債。

Q 借款人破產會導致怎樣的後果？銀行是否可能在缺乏流動資金的前提下，仍有償付能力？

A 我們將在後文研究銀行如何運轉時進行詳細的討論，但在此先做一個簡短的說明。銀行可能在缺乏流動資金的前提下仍有償付能力。在銀行的資產負債表上，資產在一側，負債和資本在另一側。資產有損失時，資本便會減少（股東流失）；一旦資本損耗殆盡，損失將出現在其他負債中，銀行債權人的利益便會受到損害。由於政府常常為儲戶擔保（在美國，聯邦存款保險公司扮演這樣的角色），如果損失大到足以威脅到其存款時，政府將出面彌補這些損失。

但這當中存在一個特別的流動性問題：資產可能是完美的，但如果不能在不損失其價格的前提下，將其快速推銷出去，那麼銀行將面臨透過出售資產也無法滿足所有提款需求的風險。而中央銀行則以抵押品為憑藉，向商業銀行提供貸款，以幫助其解決流動性問題。當商業銀行的負債價值大於其資產價值時，意味著其無力償還債務。這些問題必須得到解決。解決流動性問題的方法有很多，但大多透過出售資產的方式來實現，先滿足被保險的儲戶的需求，（如果可以的話）再滿足其他債權人的需求，而損失則由股東承擔。

04▸ 銀行的資產負債表、貨幣創造，以及同業結算

一家典型銀行的資產負債表，大致如表 3-4 所示。

表 3-4：銀行資產負債表

資產	負債與資本淨值
預付款（貸款） 證券 準備金 其他資產	活期存款帳戶 儲蓄帳戶 其他負債 資本淨值

那麼，代幣貨幣屬於資產負債表的哪個部分？它們位於活期存款帳戶和儲蓄帳戶下，均屬於商業銀行的借據，商業銀行承諾將活期存款帳戶內的存款（以及大多數儲蓄帳戶中的存款），按需求兌換為現金。

假設 A 銀行擁有如表 3-5 所示的簡化的資產負債表：

表 3-5：A 銀行資產負債表（一）

資產	負債與資本淨值
建築＝ 200 美元	資本淨值＝ 200 美元

現在 A 銀行還沒參與任何銀行業務活動，其所有者使用實收資本購買建築。隨後，王先生來到銀行，表示希望貸款 200 美元購買一輛車，於是銀行開始瞭解他的信用（查看其所得稅申報表、資產

證明、信用紀錄等）。如果銀行批准王先生的貸款請求，那麼資產負債表將會發生如表 3-6 所示的變化：

表 3-6：A 銀行資產負債表（二）

資產	負債與資本淨值
王先生貸款＝ 200 美元 建築＝ 200 美元	王先生活期存款帳戶＝ 200 美元 資本淨值＝ 200 美元

　　請注意，銀行的總資產和總負債現在均為 400 美元。銀行在這筆銀行業務中創造了 200 美元的代幣貨幣（以王先生活期存款帳戶的存款，換取王先生的借據或支付 200 美元的承諾）。在討論王先生對其存款如何消費之前，我們先仔細地研究一下資產負債表的變化。

　　銀行是從什麼地方獲得了代幣貨幣或一筆貨幣紀錄的呢？

1. 銀行不需要從任何地方獲得這些東西：活期存款帳戶是憑空產生的，即透過向電腦輸入一個數字（200）而產生。銀行在過去可以發行自己的紙幣，但現在通常只有中央銀行才能發行紙幣。

2. 該銀行不需要任何事先的存款或庫存現金。事實上，商業銀行在中央銀行的帳戶中，並沒有任何的存款或庫存現金。

3. 銀行並不是在借貸其擁有的任何東西，而是在創造一筆貨幣借據的紀錄——銀行存款，銀行將根據其意願用銀行存款來購買借款人的借據。

4. 那些貨幣紀錄是銀行的負債（借據）。

5. 透過創建這些銀行借據，銀行承諾：按需求將存款兌換為現金；接受以銀行借據（存款）來支付對銀行的債務。

活期存款帳戶便是承諾按需求兌換現金，與接受以銀行借據支付對銀行債務的法律保證。活期存款是銀行的負債，為儲戶所有。銀行在發放貸款時，不需要持有任何現金。

例如，你收到一張獲得免費披薩的優惠券。披薩店在製作披薩前，便將優惠券列印出來了，並不需要在優惠券印發前事先製作好任何披薩，只有當你在披薩店使用優惠券時，店家才會製作披薩。現金就像是披薩，而優惠券就是活期存款帳戶，可以在任何時間將優惠券（活期存款帳戶）兌換為披薩（現金）。大多數人會滿足於在活期存款帳戶中擁有存款，通常不會要求兌換現金。如果人們想要兌換現金，銀行可以非常容易地得到現金。問題在於得到現金的成本可能會很高（正如如果麵粉價格升高，那麼製作披薩的成本也將升高）。

銀行業務的成功進行（透過接受借據以及創造活期存款的方式，提供貸款）取決於：

❶ 王先生的償還能力（信用）

如果王先生無法及時償還債務，將影響銀行資產的價值以及其收入的流入，最終影響銀行的資本淨值、資本比率以及股東權益回報率。

❷ 如果出現下列情況，將影響銀行以低成本獲得準備的能力

（1）王先生想要提取現金。

（2）銀行需要償付其他銀行的欠款，即銀行同業結算。

（3）銀行需要結算王先生對政府支付的稅款。

如果王先生無法支付，或銀行不能獲得所需的準備，銀行將陷入麻煩，面臨無償付能力或不能變現的風險。無償付能力意味著其資本淨值可能跌至零，甚至更低；不能變現則意味著其無法滿足提領現金或結算的需求。因此，即使銀行可以創造無限的存款，由於無利可圖，且面臨無法償付和不能變現的風險，銀行也沒有創造存款的動機。

那麼，如果王先生現在向一個擁有 B 銀行帳戶的汽車經銷商支付了 200 美元，又會產生怎樣的不同呢？此時，銀行的資產負債表大致如表 3-7、3-8 所示。

表 3-7：A 銀行資產負債表（三）

資產的變化	負債與資本淨值的變化
	王先生活期存款帳戶＝ -200 美元 應支付 B 銀行準備＝ +200 美元

表 3-8：B 銀行資產負債表（一）

資產的變化	負債與資本淨值的變化
對 A 銀行準備債權＝ +200 美元	汽車經銷商活期存款帳戶＝ +200 美元

A 銀行欠 B 銀行 200 美元準備，但 A 銀行卻沒有任何準備。那麼準備究竟在哪兒呢？

A 銀行將透過成本最低的方式獲取儲備。它可能會出售資產（在我們的例子中，A 銀行僅有一棟建築，若透過出售建築獲取準備，將是十分昂貴的方式，但如果該銀行擁有債券，則可以透過售出債券的方式獲取準備），或者從其他銀行、其他經濟單位（國內或國外）或中央銀行借入準備。最常見的方式便是從中央銀行處借

入準備金，中央銀行是準備金的壟斷供應商，因此，各機構資產負債表如表 3-9、3-10 所示。

表 3-9：A 銀行資產負債表（四）

資產的變化	負債與資本淨值的變化
準備＝ +200 美元	對美聯準的負債＝ +200 美元

表 3.10：美聯準資產負債表（一）

資產的變化	負債與資本淨值的變化
A 銀行準備貸款＝ +200 美元	準備＝ +200 美元

現在，A 銀行擁有了可以用來結算它與 B 銀行之間債務的準備，見表 3-11、3-12。

表 3-11：A 銀行資產負債表（五）

資產的變化	負債與資本淨值的變化
準備＝ -200 美元	應支付 B 銀行準備＝ -200 美元

表 3-12：B 銀行資產負債表（二）

資產的變化	負債與資本淨值的變化
對 A 銀行準備債權＝ -200 美元 準備＝ +200 美元	

就這樣，兩家銀行之間的債務得到了結算。而 A 銀行、B 銀行和中央銀行最終的資產負債表，如表 3-13、3-14 和 3-15 所示。

表 3-13：A 銀行資產負債表（六）

資產	負債與資本淨值
對王先生的預付款＝ 200 美元 建築＝ 200 美元	對美聯準的負債＝ 200 美元 資本淨值＝ 200 美元

只要 A 銀行對王先生的預付款收取的利息，高於其向美聯準支付的利息，那麼 A 銀行就會獲利。

表 3-14：B 銀行資產負債表（三）（假設之前沒有任何準備）

資產	負債與資本淨值
準備＝ 200 美元	汽車經銷商活期存款帳戶＝ 200 美元

表 3-15：美聯準資產負債表（二）
（假設沒有向商業銀行提供任何預付款或現金）

資產	負債與資本淨值
A 銀行準備貸款＝ 200 美元	準備＝ 200 美元

請注意，上述所有銀行業務均未涉及任何實體現金的交易——所有交易均為透過電腦輸入而完成的帳簿條目。我們僅列出了與例子直接相關的資產和負債，但實際上，私營銀行和中央銀行的資產負債表上，擁有多項資產、負債及資本淨值。

在實際業務中，中央銀行通常不會以無抵押預付款的形式，向商業銀行直接提供預付款，往往需要商業銀行提供抵押品（通常為國庫券），同時，中央銀行所提供的資金通常小於抵押品的價值。因此，如果 A 銀行擁有 300 美元的債券，那麼 A 銀行將以貼現債券向中央銀行換取準備金。如果貼現率為 5%，那麼美聯準通常將向其提供 285 美元的準備金。

Q 借貸記帳法與資金收付記帳法,有什麼區別?

A 在本書中,我們使用在貨幣和銀行業教科書中常見的「T型帳戶」(T Accounts)記帳方法。銀行貸款在銀行資產負債表上屬於資產一欄,活期存款則屬於負債一欄。而對於借款人資產負債表來說,則兩者相反。對於有商科教育背景的偏執者,我強烈建議你們閱讀這篇文章:〈資金流帳戶:一種新方法〉(*Journal of Finance*, May 1963)。勞倫斯・里特(Lawrence S. Ritter)在文章中討論了資產負債表、資金收付記帳法,以及資產處置,並將其融入了資金流量帳戶的會計方法中。從概念上看,這兩種方法殊途同歸,但T型帳戶記帳方法(即借貸記帳法)更為簡單。

Q 缺少準備金會限制貸款嗎?

A 不會。但請不要相信我的話。前紐約聯邦準備銀行副行長艾倫・霍姆斯(Alan Holmes)在 1969 年解釋了為什麼當時盛行的貨幣學派政策,即透過控制貨幣基數(準備金加現金)來控制通貨膨脹,最終走向失敗。他指出,這是由於該政策建立在一個「天真的假設」之上,即銀行系統僅在美聯準(或

市場因素）將準備金投入銀行系統後，才擴大貸款的投放。在現實世界中，銀行先提供信貸服務，在此過程中創造存款，最後才去尋找準備金。光看其題目是：「跟我念：銀行不能也不會借出準備金」，便可管中窺豹，可見一斑了。（參見 Paua Sheard, Standard & Poor, Credit Market Services, Global Economics and Research, New York, August 2013.）

Q 銀行在哪裡保存貨幣？是在金庫，還是在中央銀行？

A 　銀行不會在中央銀行或金庫來保存貨幣，事實上，銀行甚至並不「擁有」貨幣。銀行搶匪威利・薩頓（Willie Sutton）的所作所為是錯誤的。據報導，當他被問到為什麼要搶劫銀行時，他的回答是「因為錢在那裡」。不要試圖去搶銀行了，因為錢真的不在那裡。

　銀行在美聯準有其電子帳戶，而那只是在硬碟上的數字。此外，銀行只有很小的一筆「庫存現金」在金庫中。相信我，那一點錢絕對不值一「提」。如果你真的想去搶劫銀行，那麼我的同事比爾・布萊克（Bill Black）會說，搶銀行最好的辦法就是去擁有一家銀行（引自 University of Texas at Austin Press, April 2005）。接下來，你只需向自己的銀行帳戶中多貸記一些金額即可。那麼，當你擁有一家銀行時，你去哪裡獲得數百萬的美元來填充自己的帳戶呢？透過電腦按鍵輸入！就像是在橄欖球比賽中把比分輸入記分板一樣。事實上，儲戶的帳戶便是由「輸入」的記帳條目組成的「銀行貨幣」所構成的。

05▸外生利率和量化寬鬆

在經濟學中，外生和內生的區別，主要存在下列三個不同的層面：控制、理論、統計。只有計量經濟學家才會關注統計層面，這需要從誤差項中處理變數的獨立性，所以我們將統計層面略過不談。從控制層面而言，外生性（Exogeneity）意味著政府可以「控制」該變數，例如，政府可以控制貨幣供給、利率或物價水準等。

現代貨幣理論與「內生貨幣」（Endogenous Money）或「橫向主義」（Horizontalist，參見 201 頁的說明）的觀點一致，認為中央銀行不能控制貨幣供給或銀行準備金，而是必須滿足銀行對於準備金的超額需求（後文會提到量化寬鬆）。若要瞭解更多橫向主義相關觀點，請參閱貝西・莫爾（Basil J. Moore）於 1988 年所著的文章。另外，中央銀行的目標利率在控制層面上看顯然是外生的：中央銀行可以將其目標設置為 25 個基本點，或者提高到 150 個基本點。

理論層面與控制層面之間相關卻不完全相同。假設一個國家實行固定匯率制度，並使用其利率政策釘住該匯率制度，我們就可以說「利率是被外生控制的」（由中央銀行設定）。但由於主要政策目標是釘住匯率，這種外生控制並不是理論層面的外生控制。在理論層面上，中央銀行所關注的是達到匯率目標，因此將放棄對利率的控制（中央銀行將利率當作達到匯率目標的工具）。除此之外，假設中央銀行的目標是充分就業並使用其利率來幫助實現此目標，我們便可以說，在控制層面上利率是外生的。但由於主要政策目標是

充分就業，這顯然也不是理論層面的外生性。

　　前文曾討論過，我們通常將隔夜利率視為控制層面上外生的，但由於中央銀行是為了達到利率目標而滿足銀行對準備金的需求，所以準備金是內生的。這便是 1980 年前後流行的「讓貨幣內生，讓準備金保持橫向」（Endogenous Money, Horizontal Reserve）方法。

　　然而，這個理論建立的基礎在於，在美國，向準備金支付的利率為零，同時美聯準的隔夜利率目標則大大高於零。在這種情況下，超額準備導致市場利率（美國聯邦基金利率）低於目標，美聯準便需要透過在公開市場業務中出售國債的方式以消耗準備金。但在全球金融危機後，美聯準實施了接近於零的利率目標（如同日本一樣）。因此，美聯準便可以讓超額準備留在準備體系中，並向其支付 25 個基本點的利息。在這種情況下，不管銀行持有多少超額準備，市場利率均接近 25 個基本點，也就是任何銀行都可以從美聯準獲得超額準備的 25 個基本點的利息。在聯邦基金市場上，以低於該利率貸款給銀行將毫無意義。（在實務中，由於一些持有者並沒有獲得超額準備所帶來的利潤，美國聯邦基金利率已經跌破了美聯準的目標利率。但這只是一個很小的技術性問題，我們可以忽略不計。）

　　在量化寬鬆的背景下，美聯準「外生地」增加了銀行準備金，遠遠高於銀行希望持有的數量。但由於美聯準只能讓商業銀行充滿超額準備，卻不能讓其缺少準備金，這將導致市場利率高於目標利率，出現不對稱的情況。這可能會使美聯準在公開市場上購買國債以增加準備金，並將美國聯邦基金利率重新調整至目標利率。

　　透過上述分析，我們可以得出以下結論：在一般情況下，由於

中央銀行滿足對準備金的需求，準備金是「內生的」，而中央銀行設定隔夜利率目標，因此利率是「外生的」。但在量化寬鬆的背景下，中央銀行可以不斷增加準備金，遠遠超過銀行的持有意願，卻無法在控制隔夜利率的前提下減少準備金，使其低於銀行想要持有的規模。在量化寬鬆的背景下，中央銀行向所持有的準備金支付 25 個基本點（0.25%）的利息，向透支（貸出準備金）收取 50 個基本點（0.50%）的利息。即使銀行持有大量的超額準備，銀行間隔夜拆借市場利率仍將會保持在這個範圍（0.25% ～ 0.50%）。

Q 美聯準從何處貸款，貸款有限額嗎？將錢用來拯救緬因街
（Main Street，指市中心的大道）普通民眾豈不是更好嗎？
難道聯準會主席班‧柏南克不承認他透過敲擊了幾下鍵盤而
拯救了銀行嗎？

A 　　對於後兩個問題，我會給予肯定的答覆。美聯準確實透
過敲擊鍵盤創造了數萬億美元的準備金，也透過特殊貸款機
制，以購買國債和高投資風險的住房抵押貸款證券的方式，
貸出準備金。將這個過程稱為「借款」可能會導致誤解，所
以我沒有使用這個詞語。

　　美聯準深陷債務危機，「輸入」1 美元就會有 1 美元的
債務，因為準備金便是美聯準的借據。因此，你可以稱這個
行為是「借款」，稱債權人（擁有準備金的商業銀行）為「出
借人」。但是，這與我們借款買車是不一樣的，我們的借款
額度受到了限制，而美聯準則不受限制地敲擊鍵盤，將某些
數字輸入電子帳戶中，準備金則在敲擊鍵盤之後才會產生。
美聯準總計支出（購買資產）和貸出 29 兆美元，拯救了全
球金融危機後的整個金融體系（一系列的資料構成了總數，
詳見 http://www.levy.org）。

　　將錢用在拯救普通民眾和失業者的身上，豈不是更好
嗎？我也是這樣認為的。相信大多數的美國人都會同意這樣
的想法。

06 ▶ 中央銀行與財政部協作 的技術細節：美聯準

＊以下的討論基於斯科特・富爾懷勒的文章：〈財政部的債務行動：分析整合社會結構矩陣和社會核算矩陣〉，2010 年 9 月發表，2011 年 4 月修改，http://papers.ssrn.com/sol3/papers.cfm?abstract_id=1874795。

　　我們在之前曾討論過政府支出、稅收和出售債券的問題。簡單總結一下，在政府支出的同時，一筆帳目會貸記在某人的銀行存款中，以及商業銀行在中央銀行的存款準備金上；而如果政府獲得稅收，這一過程則相反：借記某人銀行存款以及商業銀行準備金，而出售債券只需借記銀行準備金。

　　為了簡化解釋過程，我們將財政部和中央銀行帳戶合併為一個「政府帳戶」。當然，現實世界中的情況更加複雜：有單獨的中央銀行與單獨的財政部，它們會採取特別的業務流程。此外，這些業務也存在一定的限制因素。兩個常見且最為重要的限制因素在於：（1）財政部在中央銀行擁有存款帳戶，且支出時必須要從帳戶中提款；（2）中央銀行被禁止直接從財政部手中購買債券，以及直接貸款給財政部（這將會直接增加財政部在中央銀行的存款）。

　　美國便是一個擁有這兩個限制因素的典型國家。在本單元中，我們將探討美聯準和美國財政部所採用的這些複雜的業務流程。斯科特・富爾懷勒是研究此類問題的最負盛名的經濟學家，後文將大

量引用其論文中的觀點。如果想要瞭解其更多研究內容，請參見其論文《使用存量—流量一致性方法》，其中清楚地提供了結果。

我們先來分析一個簡單的案例：以合併政府部門（中央銀行加財政部）為例，觀察其支出，隨後再以當今的美國為例，來討論真實世界中的情況。我們將在討論中運用一些簡單的 T 型帳戶，這可能需要讀者們耐心地研讀，但使用這些資產負債表，可以幫助讀者理解之前的例子。注意：這裡的資產負債表，實際上只是其中的一部分，書中僅提供盡量少的條目以簡潔地解釋究竟發生了什麼。

讓我們假設政府先增加了一筆納稅義務，隨後購買了一架噴氣式飛機。以此為案例 1a，如圖 3-2 所示。

（編註：以下圖表在實際作業上應為各單位分別一份，本書為方便讀者對照而合併在一起。）

圖 3-2：案例 1a

	資產	負債
政府	＋噴氣式飛機 ＋納稅義務	＋準備金 ＋資本淨值
私營銀行	＋準備金	＋活期存款
私營非銀行機構	＋活期存款 －噴氣式飛機	＋納稅義務 －資本淨值

政府增加一筆納稅義務，隨後透過在私營銀行的帳戶貸記的方式，購買了一架噴氣式飛機。

政府得到了飛機，私營賣方則獲得了活期存款。需要注意的是，納稅義務減少了賣方的資本淨值，增加了政府的資本淨值（這也就是稅收的目的：將資源往政府移動）。私營銀行得到了一筆政

府的存款準備金。

現在，透過借記納稅人的存款和銀行準備金，政府得到稅收收入。

圖 3-3：案例 1a 的最終資產負債表

	資產	負債
政府	－納稅義務	－準備金
私營銀行	－準備金	－活期存款
私營非銀行機構	－活期存款	－納稅義務

	資產	負債
政府	＋噴氣式飛機	＋資本淨值
私營銀行	－噴氣式飛機	－資本淨值

政府透過支出和稅收的「平衡預算」，使噴氣式飛機移向政府部門，同時減少私營部門的資本淨值。政府使用貨幣制度完成了「公共目的」，以獲得諸如噴氣式飛機這樣的資源。

現在，讓我們看看當政府赤字支出時會發生什麼，即案例 1b，如圖 3-4 所示。不要疑惑，我們並不是在說明不需要稅收；請謹記，正是「稅收驅動貨幣需求」，才導致了稅收制度的出現。但政府可以決定在本週買一架噴氣式飛機，而不是去徵收任何額外的稅款。

圖 3-4：案例 1b，政府赤字支出，創造私營淨財富

	資產	負債
政府	＋噴氣式飛機	＋準備金
私營銀行	＋準備金	＋活期存款
私營非銀行機構	＋活期存款 －噴氣式飛機	

現在，噴氣式飛機已移動到政府部門，政府赤字支出使私營部門產生了金融資產淨額（賣方擁有了與政府金融負債等值的活期存款「準備金」）。然而，銀行持有比其意願更多的準備金，將會使其獲得更多的利息收入。因此，政府將出售債券（出售債券是貨幣政策的一部分，可以使政府達到隔夜利率目標）。

圖 3-5：案例 1b 的最終資產負債表

	資產	負債
政府		－準備金 ＋債券
私營銀行	－準備金 ＋債券	

	資產	負債
政府	＋噴氣式飛機	＋債券
私營銀行	＋債券	＋活期存款
私營非銀行機構	－噴氣式飛機 ＋活期存款	

以國庫券的形式出現了金融資產淨額，而非準備金。與案例 1a 相比，私營部門更開心了！因為其總資產並未改變，卻將一項實物資產（噴氣式飛機）轉換成了一項金融資產（對政府的債權）。

這樣似乎有點太容易了，政府決定「自縛雙手」，透過出售債券，以避免赤字支出方式。下頁的圖 3-6 為第一張資產負債表，銀行購買債券並貸記政府活期存款帳戶。

圖 3-6：案例 2，政府必須在赤字支出前出售債券

	資產	負債
政府	＋活期存款	＋債券
私營銀行	＋債券	＋政府活期存款

圖 3-7：政府透過向私營銀行開支票的方式，購買噴氣式飛機

	資產	負債
政府	－活期存款 ＋噴氣式飛機	
私營銀行		－政府活期存款 ＋私營部門活期存款
私營非銀行機構	－噴氣式飛機 ＋活期存款	

銀行借記政府存款，貸記賣方存款。資產負債表的最終狀態如圖 3-8 所示。

圖 3-8：案例 2 的最終資產負債表

	資產	負債
政府	＋噴氣式飛機	＋債券
私營銀行	＋債券	＋活期存款
私營非銀行機構	－噴氣式飛機 ＋活期存款	

其結果與案例 1b 完全相同：只要私營銀行可以購買債券，政府可以透過其存款帳戶開出支票，那麼其在赤字支出前出售債券，對結果毫無影響。

這看起來也相當容易。那麼，讓我們把政府的鞋子綁在一起：政府只可以透過它在中央銀行的帳戶開出支票。因此，政府首先需要出售債券，從而在私營銀行獲得一筆存款。

圖 3-9：案例 3，財政部只能透過其中央銀行帳戶開出支票

	資產	負債
財政部	＋私營銀行活期存款	＋債券
私營銀行	＋債券	＋財政部活期存款

財政部必須先將其存款轉入中央銀行，才能用於購買噴氣式飛機。

圖 3-10：財政部將存款轉入中央銀行帳戶

	資產	負債
財政部（政府）	－私營銀行活期存款 ＋中央銀行活期存款	
中央銀行	＋貸出準備金	＋財政部活期存款
私營銀行		－財政部活期存款 ＋借入準備金

我們已經假設：當財政部轉移其儲蓄後，銀行沒有額外的準備金可以借記，因此，中央銀行不得不貸款給私營銀行（正如我們所看到的暫時貸款）。現在，財政部在中央銀行擁有了存款，可以透過開出支票來購買噴氣式飛機了。

圖 3-11：財政部購買噴氣式飛機

	資產	負債
財政部（政府）	－活期存款 ＋噴氣式飛機	
中央銀行	－貸出準備金	－財政部活期存款
私營銀行		＋活期存款 －借入準備金
私營非銀行機構	－噴氣式飛機 ＋活期存款	

當財政部以國庫券融資支出時，私人銀行獲得貸記準備金，允許它從中央銀行收回短期借款（請看私人銀行的資產負債表，我們可以將準備金貸記到其資產欄，然後同時借記其借入的準備金；我省略了中間的步驟，以使資產負債表更簡單）。私人銀行貸記飛機銷售商的帳戶。最終的資產負債表狀態如下：

圖 3-12：案例 3 資產負債表的最終狀態

	資產	負債
政府	＋噴氣式飛機	＋債券
私營銀行	＋債券	＋活期存款
私營非銀行機構	－噴氣式飛機 ＋活期存款	

令人意想不到的是，這與案例 2 和案例 1b 的結果完全相同！即使政府自縛雙手並把自己的鞋帶都綁在一起，也不會使結果產生任何變化。

當然，不可否認的是，這些都只是非常簡單的理想假設。那麼，讓我們來看看在美國發生的真實情況：財政部在私營銀行和美聯準均擁有帳戶，但僅能以美聯準帳戶開出支票。此外，美聯準不能從財政部直接購買國庫券（且不能透支其財政部帳戶）。財政部在私營銀行的存款（大多）來自稅收，但財政部不能以該存款開出支票。財政部需要在支出前，先將這些存款從私營銀行轉移出來，而且在稅收過低時，必須透過出售債券的方式來獲得存款。我們需要認真查看這些實際採取的操作和步驟，雖然它們可能會有些偏執。

Q 研究現代貨幣理論的學者，總是想要將美聯準和財政部合併在一起，但實際上，美聯準是一個私營機構，並不是政府的一部分，財政部也不能在美聯準尚未允許的情況下進行支出，除非它已經在支出前獲得了稅收收入。那麼，政府支出是否真的會像一個家庭或公司那樣受其收入的限制呢？

A 從創造出現代貨幣理論的一開始，所展示的便是無論合併或分開兩個部門，資產負債表都不會產生任何變化。現代貨幣理論的邏輯始終保持不變，即政府創造記帳貨幣，以其為計價單位來徵稅、支出，並收入以其貨幣所支付的稅款。

美聯準並不是一個私營機構，而是國會的產物，與財政部、國防部、交通部或是聯邦稅務局的獨立程度相似。通常，美聯準可以獨立設定隔夜利率目標，不受政策的影響，當然，許多政府部門機構也擁有相似的獨立性。

無論是合併還是分開，在進行 T 型帳戶的操作後，都將獲得完全相同的結果，財政部在美聯準的存款，只是一筆政府內部的紀錄。美聯準是一家銀行，將借據借出並兌現。財政部則是政府負責徵收稅款的一個分支，由國會授權立法產生，而這些稅收則是財政部貨幣的驅動力。財政部將價值賦予美聯準的借據（準備金和聯邦準備券〔FRnotes〕），並將接收準備金與聯邦準備券做為稅收支付。如果財政部拒絕

這樣做，那麼美聯準的負債便和一家小銀行一樣了。如果美聯準的背後沒有財政部在支持，那麼，我們將回到十九世紀，那時紙幣還沒有一個明確的票面價值。

那些習慣將美聯準和財政部分開討論研究的學者，非常樂意去相信美聯準擁有無上的權力，而可憐的財政部（乃至整個美國政府）都受制於美聯準這個「私營」部門。但實際上，美聯準也是國會的產物。在戰爭或危機時，美聯準直接服從於財政部。而在其他時候，美聯準則服務於國會與財政部的喜好，儘管這兩個單位對美聯準監管的力度並不大。當然，我認為這是一個錯誤，這既沒有讓美聯準完全獨立，也沒有讓它擁有統治地位。

07 ▸ 財政部的債務經營

　　《聯邦準備法》（Federal Reserve Act）規定，美聯準僅可以在「公開市場」購買財政部債務，但通常需要財政部在美聯準的帳戶結餘為正（《聯邦準備法》中規定，美聯準為財政部的財務代理，同時持有財政部結餘做為其資產負債表中負債的一部分）。因此，在支出前，財政部必須透過稅收、其他收入或對「公開市場」的債務保險，來補充其在美聯準的帳戶。

　　有鑑於財政部的存款帳戶是對美聯準的負債，資金流入該帳戶或從其流出，都將影響其準備餘額。例如，財政部支出將增加銀行準備結餘，獲得稅收將減少銀行準備結餘。通常，銀行體系準備的增加或減少，均將影響隔夜利率。因此，財政部的操作，與美聯準設定及保持目標利率的貨幣政策操作，是不可分割的。如果財政部帳戶金額與美聯準在當天滿足目標利率所需要的金額規模不相符，流向財政部帳戶或從該帳戶流出的資金數量，就必須被美聯準資產負債表上的其他條目所抵銷。正因如此，財政部將透過與數千個私營銀行存款帳戶（活期存款帳戶與定期存款帳戶）的交易來滿足其目的，這些帳戶通常被稱為「納稅帳戶」與「貸款帳戶」。

　　2008 年秋季前，財政部試圖維持大多數時間在美聯準的日終帳戶規模為 50 億美元。當財政部的帳戶低於 50 億美元時，它將從納稅帳戶和貸款帳戶中，將資金轉至在美聯準的帳戶；當其帳戶高於 50 億美元時，財政部將從在美聯準的帳戶中，將資金轉至納稅帳戶

和貸款帳戶。（全球金融危機與美聯準的應對，尤其是量化寬鬆政策的實施，導致了一些我們通常會忽視的異常情況的發生。）

換言之，財政部債務操作的時效性，需要與它對自己的支出與收入的時間序列之管理，以及美聯準對其利率目標管理的時間序列一致。因此，在全球金融危機之前，一般情況下，美聯準設定的目標利率大於其對銀行準備結餘支付的利率（2008 年 10 月前，利率是零，如今，由於美聯準為準備金支付利息，其設定利率大於零），財政部為了赤字支出，需要進行六筆必要的金融交易。

除非財政部在美聯準的帳戶中已經有充足的存款，否則必須要進行下列六筆交易來推動其支出。如果財政部沒有足夠的存款，便需要對新發行的債券進行一輪「拍賣」。

1. 美聯準承諾對一級交易商的回購協定（美聯準從一級交易商處購買國庫券，並承諾在指定日期重新賣給交易商），以確保有充足的儲蓄結餘流通，從而使財政部的「拍賣」結算得以運行（借記銀行帳戶的準備金結餘，貸記財政部帳戶），同時實現美聯準的目標利率。眾所周知，財政部拍賣結算的幾日是「高額支付流動日」，比往常需要更大規模的準備金結餘流通，美聯準需要滿足這些需求。

2. 財政部拍賣結算即是將國庫券換為準備金結餘，因此借記銀行準備金帳戶，貸記財政部帳戶，同時借記交易商在銀行的帳戶。

3. 財政部將從拍賣結算中貸記的結餘，注入其納稅帳戶和貸款帳戶，這一交易將貸記那些持有納稅帳戶和貸款帳戶之銀行的準備金帳戶。

4. （交易 4 與交易 5 是可以互換的，即實際上，交易 5 可能會發生在交易 4 之前）在一級交易商從美聯準回購國庫券，即第二輪回購協議生效時，美聯準的回購協定將實現反轉，交易 1 也將反轉。

5. 支出前，財政部將從其在銀行的納稅帳戶與貸款帳戶中調入資金，交易 3 將反向發生。

6. 財政部透過借記其在美聯準的帳戶而進行赤字支出，從而貸記它在美聯準的銀行準備金帳戶與支出接收方的銀行帳戶。

若赤字是因為減稅而非支出增加所致，分析也大致相同。也就是說，財政部因為減稅而使得支出大於收入的情況，就如同它主動進行赤字支出。

需要注意的是，最終結果也與前文使用合併政府部門（財政部加中央銀行）的例子完全相同：政府進行赤字支出，導致需要貸記某方的銀行帳戶與銀行的準備金，從而兌換為國庫券以消除其超額準備。然而，採取實際的程序後，這些交易會更加複雜，交易發生的順序也將不同。但資產負債表的最終狀態是相同的，即政府擁有噴氣式飛機，私營部門擁有一筆財富。

這個案例對於理解前文中提到的政府自縛手腳的「自我約束」，非常重要。只有準備金結餘，才能透過聯邦準備系統通信網路結算財政部的拍賣。請注意，久而久之（除了美聯準資產負債表自發的變化所帶來的短期影響外），準備金結餘的唯一來源是美聯準的貸款，以及美聯準直接或透過回購協議購買的金融資產。此外，美聯準經常購買國庫券，並以國庫券做為其回購協議的抵押品。（在全球金融危機之後，美聯準高度介入了一系列資產的非尋常購買，並

以一系列資產做為抵押而對外貸款。）由於現存的國庫券是先前政府針對財政預算赤字而發行的，那麼，購買國庫券所需的準備金結餘，則是先前政府赤字或美聯準向非政府部門提供貸款的產物。即使財政部必須在支出前擁有正的準備金結餘，並且美聯準被依法禁止向財政部透支其帳戶，這樣的表述也是正確的。

最後，請謹記：

1. 即使在美聯準的利率目標下，對準備金結餘支付的利息以及大量的超額準備結餘脫離了流通——如同在金融危機後美聯準處於量化寬鬆政策的不同階段——該分析也是不變的。美聯準不會積極參與以實現和維持其目標利率為目的的財政部拍賣的有關操作。正在流通的準備金結餘，是透過美聯準對私營部門的貸款（或購買私營部門的證券），或透過之前的赤字而產生的。

2. 總體來看，為實現美聯準業務的時效性而增加財政部必須向其公開市場業務注入資金這一條規定，導致了前文所述的為了實現財政部債務經營的六筆交易。財政部經營的複雜性的增加是非必需的，因為這並未改變以下事實：（1）準備金結餘必須透過先前的赤字，或美聯準對私營部門提供的貸款，才能結算財政部的拍賣；（2）伴隨著新國庫券發行的赤字所導致的存款流通，不會比不發行證券更少。此外，所增加的規定和複雜性，如果在總體經濟困難時期影響到政策制定者的決定，可能會適得其反。

總之，即使增加了自我約束的措施，以及仔細研究了美聯準與財政部經營的每一個細節，我們還是會發現，在前文所舉的簡化例子中的基本結論完全站得住腳。政府赤字支出增加了支出接收方的銀行存款。銀行準備金開始被創造出來，超額準備則（通常）會被轉換為國庫券。私營部門持有的金融資產淨額按赤字的數量增長（銀行持有的存款與欠款相等，所以，「金融資產淨額」等於「銀行持有的國庫券，加上額外的準備金或留存現金」）。該問題在「關於債務上限的討論」（見第 7 章）將進行詳細闡述，即債務上限是另一項自我約束措施。

Q 我對於「本國政府部門財政預算盈餘」的理解是：政府只是「摧毀」了先前政府支出所創造的美元而已。那麼，建議一個主權政府「儲蓄」自己的貨幣，不是沒有意義的嗎？

A 從實際的角度來講，確實沒有意義。在柯林頓執政的經濟繁榮期曾有一個預測，即美國所有的未償國庫券均會被贖回。這導致美聯準瘋狂地想要瞭解，在無政府借據可「摧毀」的前提下，聯邦政府如何才能繼續盈餘。如果真的出現了這樣的情況，那麼，私營部門可以持續使政府出現赤字的方法，便是以其資產（而非政府借據）向政府支付。你可能需要將汽車、房子、銀行帳戶，甚至兒童，都交給政府以支付稅款。這是政府出現無限多盈餘的符合邏輯之結果：政府將累積對私營部門無限多的債權。同時，你沒有犯錯，主權政府沒有也不能「儲蓄」自己的貨幣。

08 ▶ 結論：中央銀行與 財政部扮演的角色

　　正如前文所述，批判者通常都會抓住我們一開始所簡化的假設，即我們將中央銀行與財政部合併進行討論。我們隨後拋棄這一假設，分別研究兩者所扮演的角色，這樣會使討論更加複雜，但不會改變整體的邏輯，即主權政府需要在稅收前支出。

　　政府支出和銀行貸款之間存在一種對稱關係：政府需要在納稅人可以使用貨幣來支付稅款前，支出（或貸出）貨幣；銀行則需要在銀行的債務人可以使用存款償還貸款前，貸出存款。過去，財政部可以透過財政政策獨自進行這些操作：支出貨幣，隨後以稅收的方式收集貨幣。而現代政府則將這些職責進行分工，分給財政部和政府的銀行（中央銀行）。中央銀行向政府支付，並為政府接收稅收支付。財政部仍負責發行一些貨幣，但大多數的貨幣來自中央銀行（聯邦準備券）。

　　就像許多公司和家庭透過支票（或直接從帳戶扣款）的方式進行支付一樣，大多數的財政部支付也是透過支票或貸記銀行帳戶而完成的。

　　中央銀行擁有的第二個功能就是讓大多數觀察者明白：中央銀行是銀行的銀行，負責運行整個支付體系，維持平價結算。

　　這兩個功能與中央銀行的資產負債表密切相關。我們可以將財

政政策的相關操作分離出去，讓財政部去完成所有的財政政策。這樣做的複雜性在於，私營銀行需要在財政部擁有帳戶，這樣財政部才可以直接與它們的帳戶進行交易，在收取稅款時直接從其帳戶中扣除。但私營銀行仍要在中央銀行擁有帳戶，以進行銀行間的結算。

因此，如果我們真正分離了美聯準和財政部這兩個機構，銀行便需要分別在這兩處擁有帳戶。這當然可行，但何必這麼麻煩呢？為什麼不能繼續讓美聯準同時扮演財政部的銀行和銀行家們的銀行呢？哦，這太混亂了！這意味著美聯準要擁有兩個功能，它既是財政部的銀行，又是銀行家們的銀行。如果經濟學家可以理解這些，那麼他們便不會擔心美聯準和財政部之間存在內部紀錄了。

美聯準與財政部確切地知道自己在做什麼。那我們從何而知它們正在做正確的事呢？從支票不會被拒付，美聯準達到了目標利率。如果財政部的支票開始被拒付，我們便會知道國會在這時需要介入，並且好好地教訓聯準會主席一頓。在這之前，我認為所有支持分開討論兩者的人僅需要屏住呼吸等待就可以了。

同時需要注意，有大約四十個一級交易商需要去競價國庫券，這將讓利率保持盡可能低的水準。交易商這樣做的主要原因在於，他們的客戶僅能與一級交易商進行交易。這意味著，財政部為了支出，可以一直出售證券並在美聯準獲得存款。這樣一來，那些「自我約束」的措施將不再是約束，也就不會有那些透過拒絕給「山姆大叔」（美國政府）貸款而阻止其支出的「債券義勇軍」了。

Chapter 4

獨立貨幣發行國的財政運作

本章將對以下問題進行討論：政府支出、稅收、利率設置，以及債券發行。換言之，我們將探究發行獨立貨幣的政府所採用的財政政策。由於無法將財政政策與貨幣政策完全剝離開，我們將兼顧中央銀行以利息為主導的運作方式，特別是在政府發行國債方面。

　　需要時刻牢記的是：匯率制度可以映射出一個國家的國內政策。對於所有發行貨幣的政府，以及允許所發行的貨幣匯率浮動的政府，我們將區分兩者所適用的操作方式及限制。前文對此已有不少討論，在本章我們將對其本質進行深入研究。同時，我們也將一如既往地堅持以本書的基本目的為準則，對各貨幣發行國進行整體分析。對於只適用於特定匯率制度的部分，我們會予以註明。

　　在第 6 章，我們將具體研究匯率制度選擇的意義。

01 ▸ 基本原則

1.1 對於主權貨幣發行國的誤解

　　首先讓我們來看一些似是而非卻被人津津樂道的言論，換言之，以下論斷均不適用於發行主權貨幣的政府。

1. 有預算約束的政府（如房屋或公司），應透過稅收或借款的方式籌集資金。
2. 財政預算赤字只有在特殊情況（如經濟大蕭條）下，才不會被視為經濟的沉重負擔。
3. 政府財政赤字將促使利率上調，排擠社會經濟私營部門，並導致通貨膨脹。
4. 政府財政赤字將使可用於投資的存款總量減少。
5. 政府財政赤字的影響會波及後世，因此，政府需要在當下縮減開支或增加稅收，以削弱其不良影響。
6. 政府財政赤字越高，意味著未來的稅收越重，政府將以此償還赤字造成的債務的利息及本金。

　　儘管以上論斷很合乎常理，其中某些論斷也在那些不發行貨幣的政府那裡得到了或多或少的驗證，但對於發行貨幣的政府卻不具有任何借鑑意義。

1.2 主權貨幣發行國適用的原則

現在讓我們來羅列一下適用於發行貨幣的政府之觀點，這些觀點同樣適用於採用固定匯率制度的國家。

1. 政府可命名一個記帳單位，以該記帳單位徵稅，並發行以該記帳單位計價的貨幣，人民可透過此貨幣繳稅。
2. 政府透過貸記銀行準備金進行支出，透過借記銀行準備金進行徵稅。
3. 銀行將做為政府及非政府部門之間的媒介，貸記儲戶帳戶做為政府支出，借記儲戶所繳納的稅款。
4. 可將政府財政赤字視為銀行系統準備及銀行存款的貸記淨額。
5. 隔夜利率目標是由中央銀行設定的，因此是「外生的」，而準備金的規模則由私營銀行的需求決定（前文也提到，在量化寬鬆政策實行期間，中央銀行可以在為銀行提供額外準備金的同時，透過向準備金支付補償利率來達成利率目標），因此是「內生的」。
6. 「存款乘數」只是根據過去對經濟發展形勢的分析而得來的準備金與存款的比值。更好的做法是：將存款視為可以在以準備金為基礎發生槓桿效應時自發增加，而不是根據既定的槓桿比率而產生的。
7. 財政部需要與中央銀行協作，以確保支票不會被退回，以及其財政運作不會讓隔夜利率與目標利率相差越來越遠。
8. 發行國債並不是主權政府的一種借款行為（傳統觀念是如此認為的），而是幫助中央銀行達到目標利率的工具。

9. 儘管政府對於支出始終會有所約束，但財政部總是「支付得起」以其發行的貨幣為單位的任何事物。

儘管上述言論中有些已為人所熟知，但其中的含義依舊晦澀不明，我們在後文會對其進行深入剖析。

接下來，我們將闡述概括性的原理，以與將政府預算比喻為家庭預算的「傳統觀念」相對照。

不要急於認為以上觀點支持政府無節制的開銷，此觀點也並非表明，既然政府可以「支付得起」任何以自身所發行的貨幣為單位的事物，就理應將其全部買下。若這些事物僅以外幣形式出售，那麼，政府便無法使用自己的貨幣進行直接購買，而需要對「支付能力」進行考慮。

上述原理並未否認政府的過度開支會產生通貨膨脹的隱患。此外，我們也應一併對匯率進行討論。政府支出過高或將目標利率設置過低，都會使得貨幣面臨貶值的壓力，這意味著政府的利率設定政策以及財政預算政策，應該關注其對於匯率或通貨膨脹率可能產生的影響；利率設定政策和財政政策，受制於政府對匯率和通貨膨脹率的管控欲望。

這就需要我們探討匯率制度：上述觀點對於釘住貨幣匯率的政府很實用，它們也必須運用財政政策及貨幣政策，來維持匯率的固定。因此，即使政府可以承受更大的開支，也會為了穩定利率而選擇減少開支。此外，即使政府能夠依靠「外生」力量降低目標利率，也會與目標匯率發生衝突。由此，如果政府釘住其匯率，則應選擇將目標利率保持在較高水準。

在下一單元中，我們將會具體探究政府發行獨立貨幣時的政府預算。

Q 我們用於納稅的，難道不是活期存款嗎？

A 當你把支票交給徵稅機構（通常指財政部，在美國則指聯邦稅務局）時，銀行會將支票交給中央銀行，實際上是在使用準備金為你納稅，隨後，中央銀行會借記銀行準備金（同時增加財政部存款）。

02 ▶ 主權政府預算赤字對於儲蓄、準備金及利率的影響

現在我們來深入探究政府預算及其對非政府部門的影響。本單元中，我們將關注預算赤字與儲蓄的關係，以及預算赤字對銀行準備金及利率的影響。後文先進行一般性討論，接著再對一些特殊約束條件和其他細節進行探究。

2.1 預算赤字與儲蓄

在之前的討論中，我們發現，一個部門的赤字支出會帶來其他部門的盈餘（或儲蓄）。這是由於，當收入真正被創造出來時，出現赤字的部門在某種意義上是可以決定支出大於收入的部門，出現盈餘的部門單位則可以決定支出小於收入。用凱因斯的術語來說便是雙生理論——「支出產生收入」及「投資產生儲蓄」的又一版本。此處是指政府部門的赤字支出帶來了非政府部門的盈餘（或儲蓄）。

顯然，這一理論推翻了傳統觀念中的因果關係，實際上是因為政府的赤字支出為非政府部門的儲蓄提供了「資金」，即政府赤字支出為非政府部門提供了收入以實現盈餘。在股市中，正是由於政府發行的借據，才使得非政府部門累積了對政府的債權。

這聽起來似乎有些玄妙，但整個過程卻不難理解。政府透過貸記支出接收者的銀行帳戶，進行支出（購買商品及服務，或是進行社會保險及福利金等的轉移支付），同時貸記它們在中央銀行的準備金。政府透過借記納稅人帳戶（中央銀行貸記帳戶所在商業銀行的銀行準備金）來徵稅。一段時間的赤字（假定時限為一年），意味著貸記的銀行帳戶多於借記的銀行帳戶，非政府部門會發現它們的盈餘最初來自對銀行帳戶的貸記淨額。因此，上述理論就變得簡單易懂了：政府赤字產生非政府部門盈餘。

在政府出現盈餘時，上述理論恰好相反：政府盈餘意味著非政府部門出現赤字，銀行帳戶（及準備金）存在借記淨額。這種對於非政府部門金融資產淨額的消耗（淨借記），等於政府的預算盈餘。

2.2 預算赤字對準備金及利率的影響

預算赤字最開始會造成準備金的等量增加，這是由於在財政部支出的同時，需要貸記支出接收者的銀行存款帳戶，以及在中央銀行的銀行準備金帳戶。

讓我們回顧一個曾經存在多時，但直到最近才得以改變的體系：在聯邦政府採取量化寬鬆政策之前，中央銀行是不為準備金支付利息的。那些創造了銀行準備金的赤字支出，將（最終）導致準備金過量，而銀行將擁有數額超過其持有意願的準備金。對此的解決辦法便是：立即在隔夜銀行同業拆借市場（在美國叫作聯邦基金市場）出借準備金。

如果整個銀行系統擁有超額準備，那麼，出借準備金將無法

在現存的隔夜拆借利率（通常叫作銀行利率，在美國叫作聯邦基金利率）基礎上實現。因此，擁有超額準備的銀行，將會以極低的利率出借準備金，使得實際市場利率低於中央銀行隔夜資金的目標利率。

由於對準備金的需求缺乏利率彈性，故單純降低市場利率無法提升對準備金的需求。換言之，透過降低隔夜利率，無法消除整個銀行系統內準備金超額的狀況。一旦利率跌破了中央銀行的容忍底線，中央銀行便會介入。

透過出售財政部債券儲備，來消除超額準備，這便是公開市場出售。公開市場出售導致債券代替了超額準備：借記中央銀行負債（準備金），也借記購買債券之銀行的準備金帳戶；同時，借記中央銀行持有的國庫券，銀行資產得以等量增加。

由於銀行的國庫券數量增加，準備金開始等量減少，這就等於進行了有效的資產替代。現在，銀行以對國庫券（債券）的債權，代替了對中央銀行（準備金）的債權，而中央銀行掌握的資產（債券）減少，負債（準備金）也因此減少。由於可以從債券的利息中得利，銀行從業者會非常開心。

一直以來，儘管美國和加拿大等國所做的，是由中央銀行為準備金支付利息，同樣的過程也會發生。一旦銀行的準備金達到了它們的預期，它們就會將其轉化為收益更高的國庫券。它們不會將隔夜利率降低至中央銀行的「補償利率」（中央銀行向準備金支付的利率）以下，因為沒有一家銀行會願意收取比原本能向中央銀行收取的利息更低的利息。因此，銀行會立即將非意願持有的準備金投入國庫券市場，以尋求更高的收益。

實際上，採取如此做法的中央銀行，通常支付的利息比貸出準備金稍低。舉個例子，如今在美國和加拿大，中央銀行透過「貼現窗口」貸款獲得的「貼現利率」（也稱為銀行利率或隔夜利率），比向準備金支付的利率高出 25 個基本點（0.25%）。例如，中央銀行收取的貸款利率為 2%，而支付給準備金的利率則為 1.75%。銀行同業拆借的「市場」利率也在這個區間，那些有準備金需求的銀行，可以選擇以 2% 的利率向中央銀行貸款，而那些擁有過剩準備金的銀行，則可則可將準備金放在中央銀行而賺取 1.75% 的利息。

2.3 複雜性與私人偏好

對於「政府支出同時貸記支出接收者的銀行帳戶與銀行的準備金」的言論，通常有兩種質疑：（1）這一原理過於簡單；（2）如果私營部門的支出與投資組合偏好，與政府財政預算結果不匹配，將會怎樣？

對於第一種質疑，一系列出版物與論文均進行了細緻的討論，史蒂芬妮·凱爾頓、蘭德爾·雷、富爾懷勒與費利佩·雷森德等多組作者，在文章中都關注了美國、加拿大和巴西的實際經濟運行過程，詳見第 3 章第 6、7 單元（166 頁起）。實際上，由於銀行在財政部沒有帳戶，財政部通常無法直接貸記銀行帳戶。

財政部在每一次支出和徵稅時，均需要與中央銀行、私營銀行進行一系列複雜的協作。中央銀行與財政部協作，可以確保政府有能力支出，以及納稅人向財政部繳納的稅款不會帶來空頭支票，更重要的是，不會對銀行系統準備金產生負面影響。儘管最終的結果

如前文所述一致（國庫的開支貸記銀行帳戶，稅收借記銀行帳戶，「預算赤字」等於「活期存款和銀行準備金的貸記淨額」），其過程卻更為複雜（詳見第 3 章第 6 單元，166 頁）。

　　這就引出另一個問題：如果中央銀行拒絕與財政部合作會怎麼樣？答案是：中央銀行將無法達成隔夜利率目標（因為支票將會無法兌現，最終殃及支付體系）。讀者可以參考大量有關兩者協作的文獻或是參見第 3 章第 6 單元（及其最後的「聚焦探討」部分）。對業餘讀者來說，以上簡潔的解釋就已經足夠，即政府財政赤字的確是準備金的貸記淨額，如果出現非意願的超額準備，則將透過出售債券來吸收，以維持中央銀行目標利率的穩定。而中央銀行能夠達成利率目標，國庫債券不會遭到退票，這便是中央銀行與財政部合作的證明。

　　出售債券這一運作產生的影響，便是政府債券代替了準備金，就像是在中央銀行為銀行設立存款帳戶（政府債券），而不是活期存款帳戶（中央銀行準備金）。如此一來，就減輕了隔夜利率的下行壓力。

　　對於第二種質疑，如果政府的財政態勢與非政府部門願意持有的儲蓄不匹配，那麼支出和收入會自行調整，直至政府財政結餘與非政府部門結餘一致。例如，如果政府的赤字大於非政府部門的盈餘意願，那麼通常會打出一套增加非政府部門支出（減少非政府部門儲蓄與政府預算赤字）、擴大稅收收入（達到縮減政府預算赤字，並減少非政府部門儲蓄的目的）、提高非政府部門的收入（使其持有儲蓄的意願增加就等同於赤字增加）等的「組合拳」。

　　由於稅收收入（以及一些政府支出）由經濟表現決定，因此，

財政態勢或多或少也存在內生性。同理，非政府部門取得的實際結餘，也由內部的收入和儲蓄傾向而決定。根據會計恆等式（前文所述的三部門收支平衡理論），非政府部門結餘與政府部門結餘不可能相異（表現相反：一方出現赤字，另一方便出現盈餘），非政府部門的儲蓄總量也不可能少於（或多於）預算赤字。因此，結餘一定是平衡的！

在下一個單元中，我們將具體探討私營儲蓄決策，以便更好地回應第二種質疑。

Q 隔夜利率由中央銀行設定，那其他利率由誰決定？假如市場對於預算赤字的反應恰恰相反，導致債券市場的「義勇軍」要求更高的利率，該怎麼辦？

A 　中央銀行有權設定隔夜利率，以及其他計畫出售或購買的金融資產的利率，可以限定十年期政府債券利率或三十年期政府債券利率。在美國，美聯準在二次大戰期間的確是這麼做的，但如今通常不會這樣了。

　即使在量化寬鬆政策實行期間（本該降低長期利率時），美聯準也只是採取了一種迂迴戰術來降低國庫券的長期利率。美聯準試圖用數量而非價格來達成價格目標，也就是公布會用多少錢購買國庫券，希望借此顯著降低利率。而更有效的做法則應當是：宣布要買入足夠數量的國庫券，以將長期國庫券的利率降低至目標水準（隨後便著手買入必要數量的國庫券）。

　中央銀行對於沒有目標的利率有更複雜的設定方法。美國是透過政策來設定儲蓄存款和活期存款利率的。這便是 Q 條例（Regulation Q），即活期存款利率為零，儲蓄存款利率根據機構類型區分，最高不超過 5.25% 或 5.5%。美國的政策也同樣會設定一些貸款利率。

　除了政府管控的利率外，其餘利率由更為複雜的控制因素所決定，包括管制利率的升降、信貸與流動性風險、中央

銀行政策預期、預期匯率變動等。由於利率理論實在太過複雜，在此不做詳細剖析。

「債券義勇軍」？如果他們要求的利率高於政府預期，便不要將債券賣給他們。主權政府從不需要出售債券，其完全可以以準備金的形式留給銀行，中央銀行可以為準備金支付任何補償利率，甚至零利率。這樣的做法是凱因斯所推崇的，他稱之為「食利者的安樂死」：將零風險的利率永遠固定為零。

03 ▸ 政府預算赤字與儲蓄的「兩步式」過程

　　我們在前文中提到，政府預算赤字是以中央銀行的銀行準備金的貸記淨額，以及貸記接收政府支出淨額的銀行帳戶的形式出現的。這通常會造成超額準備，而超額準備能以政府債券的形式由中央銀行或財政部出售，從而被吸收。因此，預算赤字通常帶來的結果，便是非政府部門的國庫券淨正值累積。但即使非政府部門不購買債券，淨儲蓄也會以政府債權（現金或準備金）的形式存在。

　　簡單來說，政府赤字支出為非政府部門創造了以本國貨幣形式存在的儲蓄（現金、準備金及國庫券），因為政府赤字意味著：政府透過支出所貸記的銀行帳戶的金額，超過了透過稅收所借記的部分。

　　我們需要明白的是：我們正在討論本國貨幣的淨儲蓄，而本國非政府部門也可以使用外幣進行淨儲蓄。此外，一些非政府部門也可以透過擁有其他非政府部門債權的形式進行儲蓄，但所有的總和為零（即我們所說的「內部財富」）。

　　讓我們回到前文提出的對於「政府支出同時貸記支出接收者的銀行帳戶與銀行的準備金」的兩種質疑：（1）這一原理過於簡單；（2）如果私營部門的支出與投資組合偏好，與政府財政預算結果不匹配，將會怎樣？在上一個單元，以及第 3 章第 6 單元（166 頁）中，我們解決了第一種質疑，現在我們來回應第二種質疑。

根據前文所述，非政府部門的本國貨幣儲蓄無法在預算赤字之前產生，因此我們不應該認定政府在支出前需要先向非政府部門借貸。相反的，我們應該認識到，是政府先進行支出，並貸記銀行帳戶，此外，預算赤字，以及非政府部門的淨金融資產儲蓄（預算盈餘），在這個意義上都是餘量，且兩者數量相等。

　　所以我們應當視非政府部門的淨儲蓄是政府赤字支出的結果，是赤字支出創造了收入和儲蓄。由於只有政府的貸記淨額才能創造儲蓄，因此它不會早於赤字出現。儲蓄並不會為赤字埋單，反而是赤字創造了等量的儲蓄。本書一再強調，一個巴掌拍不響，且其調節過程極為複雜。非政府部門必定存在持有淨儲蓄的需求，而該需求由政府赤字來滿足。

　　總體來講，正如凱因斯所言，儲蓄過程分為兩步：預設收入，決定儲蓄多少；預設儲蓄金額，選擇以何種形式持有儲蓄。因此，提出第二種質疑，認為非政府部門投資組合偏好可以與政府支出計畫相偏離的人，在內心其實已經承認非政府部門的投資組合偏好了（即儲蓄的第二步）。如果非政府部門的儲蓄情況與其儲蓄意願相匹配，我們如何確定那產生政府債權累積的預算赤字是否與投資組合偏好也相匹配？答案在於：利率（因此導致的資產價格）調節的方向，可以確保非政府部門樂於以既定投資組合來持有儲蓄。

　　在此，我們必須透過政府用以賺取利息的債務（「國庫券」，或長期國債與短期國債）所扮演的角色來理解。

　　為了滿足討論這個問題的目的，我們假設向政府出售商品或服務的任何人，都是完全出於自願而完成交易的（不存在「強制」交易），並假設政府「轉移」支付（如社會保險等）的所有接收者，

都自願接收該存款。接收者可以透過銀行存款的形式持有政府開支，可以支取現金或是使用存款購買商品、服務或資產。

第一種情況是儲戶沒有對投資組合做出任何改變。第二種情況是銀行準備金和存款負債等量減少（如果銀行系統的準備金總量因此降到了願意持有或要求持有的標準之下，則需要採取後續措施，但銀行的意願標準通常由中央銀行調整，避免銀行自行調整準備金儲備而造成目標利率發生大幅度波動）。第三種情況是存款方變成出售方（出售商品、服務或資產）。只有支取現金或還貸，才能減少銀行存款，否則只是銀行帳戶的持有人發生改變而已。

這些過程也會影響商品價格、服務價格以及最重要的資產價格。如果政府的預算赤字所創造的存款和準備金，多於預期總量，那麼「存款轉移」將會抬高商品、服務和資產的價格，降低利率。擁有超額存款的一方可以還貸，還貸後，便同時清空了銀行負債表上的貸款與存款。當商品、服務與資產價格調整到所有多餘存款都被意願持有後，非政府部門才會停止移出銀行存款。

現代中央銀行根據隔夜利率目標運行。因此，若隔夜利率偏離了目標，中央銀行就會採取措施。例如，當銀行因為超額準備而著手降低實際隔夜利率時，政府將在公開市場出售債券，從而吸收超額準備。

請謹記，在銀行的資產負債表中，準備金是資產，存款則是負債。當政府支出時，兩者均會增加，也就是貸記中央銀行的銀行準備金，同時貸記支出接收者的活期存款。若大多數的額外準備金構成了超額準備（當準備金需求延遲計算時會更加複雜，此處我們不做深入探討），銀行會做出投資組合決策：購買利率較高的投資品。

首先，銀行向隔夜市場借出準備金以壓低利率。其次，銀行購入替代品，如國庫券（政府債券），並完成資產形式轉化（注意：除非銀行從財政部或中央銀行購買國庫券，否則準備金只是在銀行間周轉，總量並未減少）。由於中央銀行需要保持利率目標，所以，當利率低於目標時，中央銀行會開始出售國庫券，以此消耗超額準備並釋放利率的下行壓力。（前文也提到：當目標利率為零，或是中央銀行的補償利率低，使得超額準備無法推動市場利率時，我們將對此做出調整。）

因此，針對投資偏好不匹配的解釋很簡單：資產價格與利率的比例調整，是根據政府支出導致的準備金和存款的數量而進行的，以確保非政府投資組合偏好與之相匹配，如果中央銀行不希望短期利率偏離目標，便會介入公開市場。（注意：資產價格和利率此增彼減。債券價格上升，其收益〔即利率〕就會下降。如果銀行有超額準備，便會抬高債券價格，試圖獲得比準備金的利息更高的收益，並降低債券的實際收益。在公開市場出售中央銀行債券，將阻止債券價格的上漲和利率的下跌。）

對於政府在財政低迷時會「印鈔」的擔憂是沒有根據的。所有的政府支出都會增加私營銀行帳戶的存款，這就相當於增加了貨幣供給（最初存款和準備金的增長量，等於政府支出）。然而，非政府部門的投資偏好，將會決定用多少準備金來購買債券，而增加的稅款將會決定減少多少準備金和存款。

3.1 銷售債券是用準備金賺取利率的替代性方式

　　我們可以認為，短期國庫券能比銀行準備金獲取更多的利益（正如前文提過的，中央銀行通常不會為準備金支付利息，即使準備金可以獲利，其利息也不會高於政府債券）。無論是由中央銀行（公開市場業務）還是財政部（新券發行市場）出售國庫券，其效果均相同：都是將準備金轉換為國庫券。這是為了讓中央銀行能達成利率目標，因此，無論是中央銀行還是財政部出售債券，都應當被視為一種貨幣政策操作。

　　從政府的角度來看，準備金是不能被任意支配的。在文獻中，這被稱為「調和主義者」（accommodationists）或「橫向主義者」（horizonists，編註：這是由莫爾所提出描述貨幣創造的途徑，意指私人銀行的準備金並不是中央銀行所管理，而是在中央銀行設定的銀行利率之下，應市場所需的放款。因為先放款，才有存款，才有準備金。）如果銀行擁有超額準備，隔夜銀行間借貸利率會低於目標利率（只需保持在準備金補償利率之上），這刺激了債券的出售；如果銀行系統出現資金短缺，市場利率就會高於目標利率，這刺激了債券的購買。此處唯一需要注意的是：中央銀行與財政部在這一方面沒有區別，債券的出售和購入（或贖回）的效果也是相同的。

　　這一論斷或許有些出人意料。由於政府預算赤字是銀行存款和準備金的貸記淨額，這很有可能使銀行產生超額準備。如果此時不採取行動，銀行就會壓低隔夜利率。換言之，預算赤字的最初影響是壓低（而非抬高）利率，為此，中央銀行和財政部會將出售債券做為超額準備的替代措施，以防止利率跌破目標。如果中央銀行為

準備金支付補償利率（為銀行持有的準備金支付利息），那麼，預算赤字可能會促使銀行累積準備金，以抬高國庫券價格（希望以此形成具有更高利息的債券做為準備金的替代品），降低銀行利率。這與大多數人的認知是相反的，即其他所有條件相同的情況下，財政預算赤字會壓低（而非抬高）利率。

3.2 中央銀行滿足準備金需求

中央銀行不能單純地透過提供或拒發準備金，來激勵或抑制銀行放貸。相反的，中央銀行應協調銀行系統，按其意願提供準備金。只有利率目標可任意支配，準備金的量卻不可任意支配。

如果中央銀行將超額準備「注入」銀行系統並儲存在那裡，那麼，隔夜利率就會跌至零（如果中央銀行為準備金支付利息，則隔夜利率將往中央銀行補償利率的方向移動）。這就是日本金融危機後十幾年間的實際情況，也是美國自 2007 年金融危機後美聯準實行量化寬鬆政策時的真實寫照。2015 年，歐洲中央銀行也決定採取量化寬鬆政策。在美國，只要美聯準支付少量正準備金利率（如 25 個基本點），「市場利率」（聯邦基金利率）將會在存在超額準備的情況下，維持在該利率水準附近。

中央銀行如今在明確的利率目標下進行運作，同時也允許隔夜利率在一定區間內波動，若其超出可容忍範圍，中央銀行便會對市場進行干預。換言之，現代中央銀行的運行準則為一定的價格準則（目標利率），而非數量準則（準備金或貨幣總量）。

在金融危機中，銀行對超額準備的需求量急劇增加，美聯準必

須滿足這一需求。儘管一些評論員困惑於「注入」的「流動資金」（透過量化寬鬆政策創造的超額準備）為何無法刺激銀行放貸，但通常可以確定的是：銀行放貸前的決定，不受持有準備金數量的限制（甚至與之完全無關）。

銀行向有信用的借方放貸，創造存款並持有借款方的借據。如果銀行需要或想要準備金，它們會從隔夜銀行同業拆借市場或是中央銀行貼現窗口獲取。如果整個系統都出現短缺，隔夜利率會放出遭受上行壓力的信號，提醒中央銀行透過公開市場購買的方式供給準備金。

3.3 政府赤字與全球儲蓄

許多分析師擔心國家政府赤字需要全球儲蓄的持續流入（例如美國政府赤字透過以中國為首的各國儲蓄的持續注入來緩解），普遍認為，當全球儲蓄流入不足時，政府很可能會透過「加印鈔票」的方式來彌補赤字，而這將導致通貨膨脹。更糟糕的是，在未來的某個時刻，政府將會發現自己已無法支付各方債務的利息並因此被迫違約。

我們先將外國儲蓄與本國儲蓄分開討論。問題的核心在於：以本國貨幣計算（本國儲蓄加上世界其他國家儲蓄）時，國內政府赤字是否超過了非政府部門的儲蓄。我們根據上文的分析可知，這是不可能的。首先，會計恆等式中，「政府赤字」等於「非政府盈餘（或儲蓄）」。其次，「政府以本國貨幣進行的支出」等於「銀行帳戶的貸記金額」。稅收導致借記銀行帳戶，所以「政府赤字」完全

等於「銀行帳戶的貸記淨額」。

如前所述，投資組合的偏好相互協調，並共同決定政府（中央銀行或財政部）是否應該出售債券以吸收準備金。這些貸記淨額（即現金、準備金和債券的增加），完全等於非政府部門所持有的、以本國貨幣為單位的金融資產的淨累積。

那些主張美國政府必須向節儉的中國人借美元的人，顯然沒有理解基本會計原理。中國並不發行美元，美國才是美元的發行者。中國「借」給美國的每一美元，都是從美國流出的。實際上，中國最開始是透過向美國出口商品（在大多數情況下）獲取美元（美聯準貸記準備），隨後，他們購買更高收益的美元資產（多為國庫券），來調整投資組合。美國政府從不向中國借錢來解決財政赤字問題。美國經常帳赤字是向中國提供的美元債權，美國的預算赤字使這些債權以「貨幣」（廣義上包括現金、準備金和國庫券）的形式存在。

結論：政府赤字創造等量的非政府儲蓄，因此，政府不可能面臨儲蓄供應不足的情況。

在下一單元中，我們會具體探討外國債券的持有問題。

Q 我們是否能斷定，日本本國儲蓄的高利率，是由政府的巨大赤字及其經常帳盈餘所導致的，以及幾乎沒有儲蓄外流所造成的？我們是否可以認為，日本的儲蓄利率在很大程度上是由政府赤字決定的？難道是赤字「造成」儲蓄的出現，而非儲蓄的存在「允許」出現赤字嗎？

A 沒錯！日本政府赤字＋經常帳盈餘＝大量本國儲蓄，恆等式中的每一項都以日圓為計算單位。其因果關係的確是由支出到收入再到儲蓄，或者用凱因斯的話來說，資金的注入帶來外流。日本「失落的二十年」經濟增長緩慢，滋生了大量的預算赤字。由於預算赤字加上貿易順差，滿足了國內淨儲蓄的意願，所以該赤字防止了經濟的完全崩塌。

可以肯定的是，一個巴掌拍不響。透過努力，當今政府預算結果具有調和性：在經濟衰退期，稅收下降，支出上升。於是，經濟的衰退可以被視為總需求不足所導致的不願意支出，也就是人們偏好儲蓄，尤其是以流動資金形式存在的儲蓄的結果。因此，私營部門希望以政府借據做為淨儲蓄時，便不會進行支出，而產生預算赤字來滿足對儲蓄的意願。

當然，因果關係總是複雜的，但是總有基本的解釋。日本在經濟增長緩慢的二十年間，其安全保障體系並不完備，因此會理性地選擇儲蓄，從而使經濟增長率放緩並產生預算赤字（及貿易盈餘）。然而，由於儲蓄無法在財政赤字（及貿易順差）前出現，我們有理由認為，是由於預算赤字的「允許」，意願儲蓄才得以實現的。

04 ▸ 假如外國人持有我國 政府債券

　　前文說到，政府赤字為非政府部門帶來了等量的非政府部門儲蓄，這些儲蓄便是對政府的債權。通常，非政府部門更願意持有一些帶有保證利息的政府借據做為儲蓄，而不是如現金那樣無利可圖的借據。此外，我們給出了「預算赤字會創造等量準備金」的結論。銀行更希望持有高回報的資產，而不是幾乎無利可圖的準備金（不久前，美國還不為準備金支付利息），因此，儲戶和銀行都願意購買政府債券。通常，政府發放的可獲利債券的總量，大約等於赤字規模（兩者的差值由銀行的準備金累積和私營部門的貨幣累積彌補）。

　　然而，政府進行赤字支出時，某些政府債券最終將被外國人持有。這有什麼關係嗎？大多數人都會認為當然有關係。

　　第一，許多評論員擔憂美國政府在未來進行赤字支出時，會發現中國向美國政府放貸的意願，不足以吸收美國所發行的債券。

　　第二，雖然日本能夠以國內生產總值兩倍的負債，對國內生產總值比率進行赤字支出，但這是因為其超過 90% 的債務都是由本國持有。而美國無法如此累積債務的原因，在於其大多數的「借款」都是從外國而來，外國持有者很有可能會「罷工」。

　　第三，還有一部分人擔心美國政府的能力，如是否能夠向外國

持有者支付利息等。如果外國持有者要求更高的利息呢？這將會對匯率產生怎樣的影響？

我們現在就來討論這幾個問題。

4.1 外國持有本國政府債務

政府赤字支出創造等值的非政府部門儲蓄（貨幣單位相同）。然而，由於外國人也可以累積政府以本國貨幣計價的債務，因此，部分儲蓄將在外國人的手中累積。

外國持有者除了可以實際持有現金與準備金外，也可以持有政府債券，通常以在發行政府的中央銀行帳簿上的一筆電子帳目的形式存在。無論是外國人還是本國居民持有這些「債券」，均能獲得利息收入，也就是將一筆電子帳目加在債券（其本身為電子記帳條目）的票面價值之上即可。外國持有者的投資組合偏好，將決定其持有債券還是準備金。正如前文所討論的，從準備金轉為債券，僅需電子轉帳即可完成，就像是從「活期存款帳戶」（準備金）轉到「儲蓄帳戶」（債券）那樣簡單。

下頁圖4-1顯示了美國經常帳赤字與外國持有美國國債的比例。

如圖 4-1 所示，當經常帳赤字（符號正負相反，因此赤字在圖中為正值）從 1970 年代的基本為「0」，增加到全球金融危機時國內生產總值的 6%，世界其他國家所持有的國庫券（大多為外國政府的「外國官方持有」）也在穩健攀升，占美國未償國庫券一半以上。下頁圖 4-2 列示了各國所持有的數量。

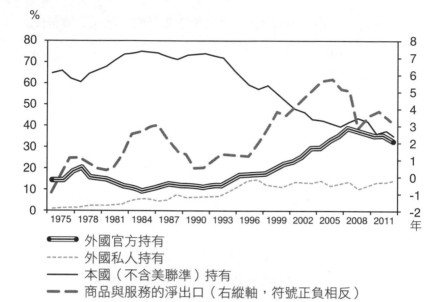

%

外國官方持有

------ 外國私人持有

——— 本國（不含美聯準）持有

━ ━ 商品與服務的淨出口（右縱軸，符號正負相反）

圖 4-1：1975 ～ 2013 年國庫券所有權結構與淨出口
資料來源：美國國庫券所有權流量資料；美國經濟分析局淨出口資料

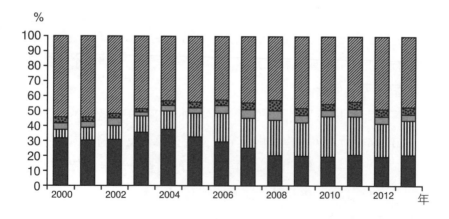

■ 日本　▥ 中國　▨ 石油輸出國　▧ 加勒比銀行中心　▨ 其他

圖 4-2：2000 ～ 2013 年外國持有美國國庫券情況
資料來源：美國財政部，每年 11 月資料

外國持有美國國庫券，通常由該國家對美國產生經常帳盈餘而實現，而基於之前的討論，我們對於這一點並不驚訝。在二十世紀初，美國國債最大的持有者是日本，但隨著中國對美國出口的上升，中國成為美國國債最大的持有者。

普遍認為，國債的持有者是本國居民還是外國人，會存在巨大的差別。其原因在於，本國居民將其轉變為以其他貨幣計價的資產的意願不強。此外，對本國居民支付利息會增加國內收入，政府也將得到更高的稅收收入，以便政府更能支付債務利息。

假設由於某種原因，外國國債持有者決定將其轉變為以其他貨幣計價的資產。在這種情況下，他們可以讓債券自然到期（拒絕將其延期成為另一個票據）或選擇出售債券。人們擔心的是，這可能會對利率和匯率產生影響：當債務到期時，政府可能會以更高的利率發行新的債務，債務的出售壓力可能會導致匯率的貶值。讓我們來分別看看這兩種可能性。

❶ 利率壓力

讓我們假設大量的政府債券由外國人外部持有。當外國人決定持有更多的準備金時（可能由於他們不滿意債券利率過低），那麼，他們可以推動政府為債券支付更高的利息嗎？

外國持有者對政府債券投資組合偏好的這種改變，將減少對政府債券的購買行為。看上去，政府只有承諾更高利率，才能重新恢復債券的國外需求。

然而，回顧前文的討論，債券是出售低利率甚至零利率準備金以賺取利息的一種替代性方式。當政府債券比準備金更具有吸引力

時，外國人和本國居民便會開始購買債券。拒絕對到期債券的「延期」，意味著銀行在全球範圍內將會有更多的準備金（貸記發行政府中央銀行帳戶）以及更少的債券；出售未到期債券，將會促使準備金從買方向賣方轉移。

上述的這些活動，均無法迫使債券發行政府採取措施，政府沒有尋找債券買家的壓力，不會提供更高的利率。從政府的角度來看，讓銀行持有更多的準備金，同時發行更少的債券，是極其明智之舉。請注意，這意味著政府事實上是在支付更低的利率，而非更高。

政府當然也可以提供更高的利率，以售出更多的債券（即使沒有必要這樣做），但這意味著要在電腦前給債券持有者增加更多的利息。政府當然總是「負擔得起」這樣高利率的交易，但由於政府可以輕易地停止出售債券，從而為市場累積準備金，這使得市場無法迫使政府去提高利率。

❷ 匯率壓力

更重要的問題在於，如果外國人不想持有以某些貨幣計價的準備金或債券，將會怎樣？

當外國持有者決定出售政府債券時，他們必須找到願意購買的買家。假設他們想要更換貨幣單位，就必須找到持有以其他貨幣計價的準備金信貸並願意交換為債券的交易方，而潛在買家很有可能僅在較低的匯率下購買債券（透過比較政府所售債權對應的貨幣價值與賣方願意持有的貨幣價值來衡量）。

因此，外國人銷售政府債務時，很可能影響匯率。然而，只要一個政府願意讓其匯率「浮動」，那麼便無須為預防貨幣貶值而採

取措施。

　　我們可以得出結論，外國持有者改變投資組合偏好，實際上可能導致貨幣貶值，但只要匯率是浮動的，政府便無須在出現貶值時採取措施。

4.2 經常帳與外國債權的累積

　　外國人如何持有以另一個國家的貨幣計價的準備金和債券呢？

　　我們在前文中提到，如果本國私營部門收支為零，總體經濟部門收支確保了「政府財政赤字」等於「經常帳赤字」，經常帳赤字將導致以政府債務形式出現的外國金融資產的淨累積。這便是美國政府通常會出現赤字，而且發行那些在中國或其他地方累積的政府債務之原因。

　　當然，許多年來（比爾・柯林頓和小布希任職總統期間）美國私營部門均出現了預算赤字，外國持有者也累積了對美國家庭和公司的淨債權，大多透過證券化貸款完成。而美國經常帳赤字透過會計恆等式，擔保外國持有者將會累積對美元的債權。

　　在金融危機後，美國的本國部門平衡了預算，且開始出現盈餘，然而經常帳赤字卻仍然存在。根據恆等式，「預算赤字」等於「經常帳赤字加私營部門盈餘」，因此美國政府預算赤字增長。此時，美國政府已成為以美元計價的金融資產的淨來源（美國私營部門出現盈餘），外國人開始累積美國政府債務。

　　如前所述，一些人擔心中國會突然決定停止購買美國政府債務。2014 年底，中國外匯儲備已達約 4 兆美元，多為美元儲備，

持有美國國庫券達 1.2 兆美元（超過外國國庫券持有總量的四分之一）。中國很可能會說「夠了」，這便會為美國帶來潛在的風險。但必須明白的是，我們不能輕易改變會計恆等式，也絕不能忽視由其產生的「存量—流量」一致性。

若世界其他國家停止持有美元資產，那麼它們對美國的經常帳盈餘也必將停止。因此，如果中國停止持有美元外匯，也就表明中國將停止對美國的淨出口。這有可能發生，但可能性並不大。

此外，若中國試圖在去除對美國經常帳盈餘的同時，避免累積美元計價資產，則必須處理掉透過向美國出口而獲得的美元，將其交易為其他貨幣。當然，這需要中國找到願意接受美元的買家。正如許多評論員所擔心的那樣，這將導致美元貶值，從而導致中國所持有的美元資產的貶值，但這也不會是中國銀行想看到的局面。

美元的貶值將增加中國出口的成本，危及其繼續向美國出口的能力。根據上述種種原因，中國突然停止持有美元的可能性微乎其微，但慢慢轉變為持有其他貨幣的可能性還是存在的。如果中國找到可以替代美國的出口市場，那麼這種可能性會增大很多。

綜上所述，那些可能出現的外國「債券義勇軍」，不會對美國造成太大的風險。

接下來，我們將關注那些總是聲稱美國非常「特殊」的觀點，即認為美國能夠持續在政府赤字和貿易逆差下營運，而其他國家不能。

Q 如果中國或其他國家透過貸記本國帳戶獲得美元,來購買美國資產,會如何?它們難道不會控制美國的公司、家庭,甚至美國政府嗎?

A 我想起在 1980 年代的一些討論,那時日本人正在努力「購買」夏威夷和紐約。但是,一旦外國人購買美國資產,他們便需要遵從美國法律。如果美國選民不喜歡外國人對其資產的所作所為,便會更改法律。一般情況下,大多數的「中國美元」以準備金或美國國庫券的形式,被安全地保存在美聯準。除了美國自己決定給予中國的好處之外,中國對於美國沒有任何明顯的控制。

Q 當外國中央銀行購買美元時,從它們的角度看,會計分錄會如何變化?

A 舉一個典型的例子,一個國家(假設為中國)向美國出口商品。中國賺得美元,但仍然需要用本國貨幣,即人民幣支付勞工工資、購買原材料、為債務支付利息等。中國銀行獲得人民幣,並貸記其存款帳戶,中國中央銀行以人民幣貸記銀行準備金。美元準備金最終來到中國銀行(成為中國銀行的資產、美聯準的負債)。中國銀行隨後購買美國國庫券以獲得利息,美聯準借記準備金,並在中國銀行帳戶上貸記

國庫券。此時對美國產生的影響包括：借記部分美國銀行準備金；貸記中國銀行準備金；在中國銀行購買國庫券前，不會改變準備金的總量。而購買國庫券後，準備金消失，美聯準對中國的負債減少，美國財政部對中國的負債增加。

由於進出口交易是自願進行的，因此美元—人民幣的匯率不會出現變化。中國僅進行出口，因為其想獲得美元（最初為外匯儲備的形式，隨後為國庫券的形式）。

那麼，下一個問題便是：如果中國決定擺脫美元並拋售美國國庫券，又該怎麼辦？好，如果真的出現了這樣的行為，那麼美元當然會面臨著貶值壓力，但中國同時也會遭受損失，其美元資產相對於人民幣貶值。幸運的是，中國並不想讓美元崩潰。在某種程度上，中國也不會停止持有美元，中國希望美元保持價格強勢，從而使美國人持續購買中國出口的商品。

05▸貨幣償付能力與美元的特殊性

在前文中，我們探討了主權政府債券的發行。我們認為，這並不是一個「借貸」式的操作，而是選擇了一個替代方案，以代替中央銀行存款準備金並獲得更高的利息。同時，無論政府債券是本國持有還是外國持有，實際差別並不大。

然而，在浮動匯率制度下，持有準備金或政府債券的外國人可能決定出售這些資產，對匯率產生影響。同樣的，想要對某國（如美國）實現淨出口的國家，又非常喜歡累積美元債權，這大多是因為其國內需求太低，以至於無法吸收潛在產出，或是這些國家希望將其貨幣釘住美元。因此，「拋售美元」的機率極低。

因此，許多人便會產生美元是一個特例的觀點。是的，由於世界其他國家想要持有美元，美國可以透過預算赤字來幫助實現經常帳赤字，而不用擔心政府或國家的償付能力。

如今的美元是國際準備貨幣，這一地位使得美元變得特殊。

但這真的不可能被別的國家所複製嗎？讓我們來討論一下這個觀點。

5.1 美國難道不是特殊的嗎？

是，又不是。會計恆等式恆等，對於每個國家均一視同仁。如果一個國家出現了經常帳赤字，那麼根據恆等式，某處必然會出現對該國資產（實物資產或金融資產）的需求。一個國家的國人可能需要另一個國家的貨幣以進行「對外直接投資」，包括購買原材料、工廠及設備等，或是需要以該國貨幣計價的金融資產。如果對資產的外部需求下降，經常帳赤字也必定會下降。

毋庸置疑的是，以美元計價的資產，在世界範圍內享有高度的持有意願；另外，以英鎊、日圓、歐元、加元及澳元等計價的金融資產，也享有較高的持有意願。通常，以這些貨幣計價的資產，會以由保險和養老基金所組成的多元化投資組合的形式被持有，這也使這些國家更易於透過發行本國貨幣計價之負債的方式，產生經常帳赤字。因此，這些貨幣在不同程度上就變得「特殊」了。

許多開發中國家無法找到對其本國貨幣計價之負債的外國需求。事實上，許多國家因此受到了極大的限制，必須發行以具有高持有意願的國家貨幣計價的負債，才能進行進口交易。這將會導致許多問題並對該國產生限制，例如當一個國家發行了以外幣計價的債務，該國就必須透過賺得或借入外幣，才能為債務支付利息。這些問題至關重要，而且無法輕易被解決。

如果沒有外國投資者需要開發中國家以本國貨幣發行的借據（政府貨幣或債券，以及私有金融資產），那麼開發中國家的對外貿易將近乎以物易物：可以獲得一些外國產品，也可以將一些產品售出國外，包括國內實物資產（實際資本或房地產），更可能是產

品和服務（如日用品）。這些國家會出現平衡的經常帳（即出口收入正好支持進口支出），或其經常帳赤字被外國直接投資抵銷。

這些國家也可以透過發行以外國貨幣計價之負債的方式，幫助其在經常帳赤字下運行。這樣做的國家必須在產生以外國貨幣計價的收入時，才可以為債務支付利息。如果其進口交易提高了該國的生產能力，促使其可以在將來進行更多出口交易，那麼該國很有可能透過淨出口所得，便足以支付外幣債務利息。然而，如果該國持續出現經常帳赤字，卻不同時提升出口能力，就會陷入債務償還危機（另一個選擇便是依靠外國人的慈善機構）。

當然，美國正在經歷持續的貿易逆差，部分被正的淨利潤和利息所沖抵（美國的對外投資，比對美國的外國投資獲利更多）。但美國可以持續出現經常帳赤字的兩個主要原因是：（1）美國幾乎所有被外國持有的債務，皆以美元計價；（2）以美元計價之資產的外部需求很高，原因前文已討論過，在此不再贅述。

第一個原因表明了美國透過美元為債務支付利息，而美元則是負債累累的美國家庭、公司及政府，最容易獲得的貨幣。第二個原因表明了外國人想要對美國出口，以獲得美元計價之資產，這意味著，只要世界其他國家還想要持有美元資產，那麼貿易逆差便可以一直持續下去。

大多數國家處於這兩種極端「特殊」國家之間的位置，一端是發行準備貨幣的國家（如美國、英國、日本、歐盟、加拿大及澳洲等），另一極是沒有外國想持有其貨幣的開發中國家。處在「中間位置」的國家在找到對以其貨幣計價之資產的外部需求時，便可以透過資本帳盈餘來平衡經常帳赤字。而這些「中間」國家的政府，

可以透過發行自己的貨幣，來購買以其貨幣出售的任何事物（即國內產出），以及先兌換貨幣後再購買以外幣出售的事物，但這也將依賴於對以其貨幣計價之資產的外部需求。那麼，對比發行準備貨幣的「特殊」國家，這些國家更受限制嗎？

答案是確定的。然而，你可以在世界上任何一個國際機場找到匯率牌，上面列示了一大堆貨幣的匯率牌價，你甚至不需要前往機場，點擊以下連結便可查詢：http://www.xe.com/currencyconverter/。你可以試著查一下吉布地法郎（Djboutian Franc）的匯率。上面所有的貨幣（甚至更多貨幣）均存在外匯交易市場。問題不在於這些「不特殊」的國家能否兌換其貨幣來購買進口商品，而在於以怎樣的匯率來進行兌換。

5.2 對於那些借入外國貨幣的政府來說，會怎樣呢？

對於那些發行以外幣計價之資產的國家來說，會怎樣呢？對於一個發行外幣計價之債務的國家來說，如果債務人無法得到用來為債務支付利息的外幣時，會發生什麼事？

對此，我們需要先考慮一個問題，究竟是誰會常發行以外幣計價的債務？如果是一個公司或家庭，那麼當他們無法賺得所需外幣來支付債務利息，可能會導致違約與破產，這樣的問題將呈交法院解決（通常，當債務發行時，債務需要遵守一個特定法院的司法管轄），不會發生任何難以解決的問題。如果債務規模過於龐大，破產結果與債務將被記錄下來。

但有時政府會介入，透過承接債務來保護本國債務人（全球金

融危機後的愛爾蘭便是一個很好的例子）。此外，政府有時會直接發行外幣債務。這兩種情況下，要處理政府外幣債務違約之事通常更加困難，其原因在於主權政府破產是一個法律問題，而主權債務違約則是一個政治問題。

實際上，主權債務違約（尤其是外幣債務違約）並不罕見，通常會有比繼續支付債務利息傷害更小的替代方法出現。主權政府往往會選擇在何時違約，此時它們通常可以再繼續為債務支付一段時間的利息（例如，透過財政緊縮來增加出口，或求助於國際貸款人）。但很顯然，它們認為違約的利益大於成本。儘管這會導致不良的政治影響，但歷史上還是充斥著各國政府對外幣債務違約的現象。

一些政府認為，由於美元利率比本國貨幣利率低，發行外幣債務將降低借款成本。然而，外幣債務伴隨著違約風險。政府玩弄利息差額的現象並不罕見，這些政府發行擁有更低利率的外國貨幣債務。不幸的是，這樣的想法如同海市蜃樓。市場察覺了外幣具有更高的違約風險後，將會抵銷其存在的任何利率優勢。

此外，正如前文所述，對於一個主權政府來說，本國利率（至少本國記帳貨幣的短期利率）是一個政策變數。如果政府在本國支出自己的貨幣，便可以選擇在銀行系統中增加準備金或發行債券。換言之，如果政府不希望支付高額的本國利率，便可以不支付，轉而讓銀行持有低利率（或零利率）準備金。這個方法對於任何貨幣發行政府來說均適用，只要該政府使用本國貨幣進行支出。

如前文所述，政府將僅限於購買以其貨幣出售的物品，而如果其徵稅和收稅的能力受到限制，那麼本國對於其貨幣的需求也將受

到相似的限制。因此，即使對於發行自己貨幣的主權國家，我們也不想暗示其政府支出是不受限制的。政府只能購買以其貨幣出售的物品。

但如果一國政府發行以外國貨幣計價的借據，它支付的利率是由「市場決定」的，即市場將會以外國貨幣的基礎利率為標準，加上承擔外國貨幣債務違約風險的加價。到頭來，外幣借貸成本很可能會高於政府為了讓外國（與本國）持有者願意接受政府借據而以本幣支付的成本。

由於政府債務的本國貨幣利率是一個政策變數（通常由中央銀行設定），但政策制定者認為，當預算赤字上升時，他們必須上調本國利率，而這樣的想法通常很難被理解。這樣做是為了對抗通貨膨脹壓力或匯率的下行壓力，政策制定者堅信，這是出現預算赤字後的正確舉動。正如前文所述，事實上，如果一個國家試圖釘住匯率，隨後預算赤字對匯率又造成了壓力，這時便有了嘗試透過收緊貨幣政策（以更高的本國利率來穩住匯率不再下跌）而抵銷預算赤字的理由。

但關鍵在於：政府對隔夜資金設置本國利率，並嚴格控制短期政府債券利率。如果政府想要降低本國貨幣債務的利率，總能透過本國貨幣政策來實現這個目標。不幸的是，這樣的想法很難被廣泛理解，因此，政府才會發行以外國貨幣計價之債務，卻又因必須持有外國貨幣來為債務支付利息，所以需要承擔違約風險。因此，政府發行外幣債務就是一個錯誤的決定。

5.3 對於美國特殊性的結論

是的，美國（以及其他已開發國家在不同程度上）是「特殊」的，但這對於那些沒有那麼「特殊」的國家來說並不是末日。只有本國人民必須以政府貨幣繳納稅款以及完成其他義務，政府才能將其貨幣投入市場並流通。當對於本國貨幣資產的外國需求受到限制時，為了促進經濟發展（增加出口能力），非政府部門可能會借入外國貨幣。

同時，還有收到外幣形式的國際援助的可能性；也可以透過匯款的方式接收外國貨幣（外國勞工將外國貨幣寄回國內）；外國直接投資也提供了一個額外的外幣來源。

在下一單元中，我們將討論政府政策在開放經濟中對經濟活動的影響：貿易逆差與匯率效應。

Q 現代貨幣理論中，關於準備貨幣（reserve currency）的觀點是什麼？

A 從當今世界來看是「美元」，在一個世紀之前是「英鎊」。現代貨幣理論的原則是，這是透過按鍵輸入而發行的主權貨幣；準備貨幣的發行者可以實施浮動匯率制（發行者不承諾以固定匯率兌換）或固定匯率制。正如我所言，固定匯率制減少了國內政策的空間。準備貨幣的地位則會增加對本國貨幣的外部需求，以用於國際結算。為了滿足這種需求，準備貨幣的發行國（即現在的美國），可以透過資本帳（貸出）或經常帳（貿易逆差）供應貨幣。

許多人認為這將使許多發行準備貨幣的國家「空手套白狼」，即收取所謂的「鑄幣稅」（Seigniorage）。這在很大程度上是錯誤的看法。當美國出現經常帳赤字時，是因為美國消費者得到免費的商品和服務而導致全球金融危機嗎？當然不是。他們所得到的只是堆積如山的債務。

那麼美國政府是否在「空手套白狼」呢？如果由美國政府來購買進口商品，確實是這樣的。但這樣便可以說所有的主權政府都是在「空手套白狼」，因為他們僅需要在電腦上敲擊幾個數字，便可以進行購買。

這與鑄幣稅不同，鑄幣稅來自主權政府加在其國民身上的負債：稅收、各項費用及罰款。美國是這樣做的，土耳其

也是如此。主權政府首先將其國民置於負債中，隨後在電腦上敲擊幾個數字，便把資源轉移到公共部門，同時這樣的敲擊操作創造了政府借據，為納稅人提供了可以清償其稅款債務的手段。由於人們通常不會繳納別國政府的稅款，主權貨幣能夠在國外不同程度地流通，歸根結底是因為主權公民需要向本國納稅。

因此，從原則上來看，儘管對準備貨幣的外部需求很高，準備貨幣的發行者卻不特殊。國家之間的差別只在於準備程度不同。主權政府總是在鍵盤上動動手指，便可以獲得「免費的午餐」。而對於美國政府來說，則會得到比別國更加豐盛的「午餐」。然而，事實是，幾乎所有的政府（包括美國政府）都拒絕可以得到的「免費的午餐」，而把自己置於瀕臨餓死的處境中！

06▸ 主權貨幣和開放經濟中的政府政策

6.1 政府政策與開放經濟

如果預算赤字提升了總需求，政府赤字則會有助於經常帳赤字，從而擴大進口。政府甚至可以透過直接購買外國產出的方式，增加經常帳赤字。經常帳赤字意味著世界其他國家正在累積對本國私營部門或政府的債權，這通常被稱為「資本流入」。

匯率壓力通常是由持續的經常帳赤字而導致的。儘管我們一般假設經常帳赤字會直接導致或多或少的貨幣貶值，但並沒有明確的證據來證明這一點。不過，這仍是人們通常所擔心的，所以我們先假設會出現貶值壓力。

這取決於貨幣制度。根據知名的三元悖論，政府只能在以下的三個目標中同時達到兩個目標：獨立的國內政策（通常與利率掛鉤）、固定匯率制度、資本的自由流動。一個實行浮動匯率制度的國家，可以同時享受國內政策的獨立性和資本的自由流動；一個實行釘住匯率制度的國家，必須在監管資本流動或放棄國內政策的獨立性上二選一。如果一個國家希望能夠使用國內政策（如利率政策或預算赤字）實現充分就業，則會導致經常帳赤字，那麼該國需選擇控制資本流動或放棄釘住匯率。

因此，浮動匯率制度會創造更多的國內政策空間，資本控制則

在保護匯率的同時，為追求本國政策獨立提供了一個替代方法。

很顯然，這樣的政策最終必然進入政治程序，但政策制定者需要意識到會計恆等式與三元悖論的存在。大多數國家無法同時追求本國充分就業、固定匯率制度及資本自由流動，特例是幾個持續維持經常帳盈餘的亞洲國家。由於這些國家擁有穩定的外幣儲備流入，它們可以在保持釘住匯率的同時，追求國內政策的獨立性和資本自由流動（如果它們想這樣做的話）。

實際上，許多貿易順差國家並沒有解放其資本市場。透過管控資本市場和貿易順差，這些國家可以累積大量國際儲備做為緩衝，以保護其固定匯率制度。從某種程度上看，這便是面對類似「亞洲四小龍」匯率危機時應採取的應對措施。當時，由於「亞洲四小龍」持有過少的外幣儲備，外匯市場對其失去了信心。我們從中得到的教訓便是，龐大的外匯儲備是擊退投機者的必要武器。

6.2 浮動匯率可以消除「失衡」現象嗎？

在全球經濟中，每一處的經常帳盈餘，都必須由另一處的經常帳赤字來抵銷。與外幣儲備累積相對的，便是經常帳赤字國家債務的累積，這將會使全球經濟產生通貨緊縮的趨勢。那些希望保持貿易順差的國家，將抑制本國需求，以防止工資與商品價格的提高，進而避免降低其產品在國際市場上的競爭力。

同時，那些貿易逆差的國家，可能會削減國內需求，以壓低工資和商品價格，從而減少進口，增加出口。出口國和進口國同時抑制需求時，會導致全球的需求不足以實現（勞動力、工廠及設備的）

充分就業。更糟的是，這樣的競爭壓力將導致貿易戰，即各國推動出口，抵制進口，使國際貿易面臨下行壓力。這對於那些試圖實行釘住匯率制的國家來說，更為不利。

一些經濟學家（特別是米爾頓・傅利曼）曾在 1960 年代討論浮動匯率制度將消除貿易「失衡」，也就是每個國家的匯率都會往經常帳平衡的方向調整。當布雷頓森林體系（Bretton Woods system，編註：1944 年 7 月至 1973 年間，大部分國家加入以美元做為國際貨幣中心的貨幣體系；以舉辦會議的地點命名）的固定匯率制度在 1970 年代早期崩潰時，很多已開發國家確實開始往浮動匯率制度靠攏，但經常帳卻未往收支平衡的方向移動（事實上，美國及其交易夥伴〔如日本〕的「失衡」現象反而增加了）。

原因在於，有的經濟學家曾認為，透過匯率調整，可以消除經常帳盈餘和赤字，但他們忽略了一點：「不平衡」並非「失去平衡」。如前文所述，只要世界其他國家想要累積某個國家的借據，該國便可以運行經常帳赤字。一個國家的資本帳盈餘會「平衡」其經常帳赤字。

因此，稱經常帳赤字為「不平衡」，會造成人們的誤解。根據定義，資本帳流量將「平衡」經常帳赤字。由此來看，「一個巴掌拍不響」：除非有人想要持有某個國家的借據，否則該國無法出現經常帳赤字。我們甚至可以將「一國的經常帳赤字」視為「世界其他國家以該國債權形式而累積的淨儲蓄」。對於美元來說，這是一個非常恰當的比喻。由於世界其他國家想要累積美元資產，所以向美國出口。即使美國曾試圖緊縮經濟以減少貿易逆差，但由於世界其他國家會調整政策以繼續保持對美國的淨出口，美國的所作所為

一般都是徒勞的。

　　一些現代貨幣理論的批評家曾錯誤地聲稱：現代貨幣理論因浮動利率會「平衡」經常帳，所以支持浮動利率。這不是現代貨幣理論的觀點。相反的，現代貨幣理論支持浮動利率，是因為它給予本國政策更多空間，而不是去消除「不平衡」。正如我們所看到的，經常帳赤字並非「失去平衡」，該赤字透過資本帳盈餘而實現「收支平衡」。現代貨幣理論從未表示浮動利率將消除經常帳赤字，事實上，現代貨幣理論甚至不認為消除經常帳赤字這一行為是可取的。由於經常帳赤字已經透過世界其他國家持有該國資產的意願（產生資本帳盈餘），實現了「收支平衡」，因此，沒有任何自發的市場調節力量可以消除經常帳赤字。

6.3 主權貨幣與非主權貨幣

　　瞭解「完全主權、不可兌換的貨幣」和「非主權、可兌換的貨幣」的區別，非常重要，因為使用外幣或可兌換為外幣的本國貨幣（或可兌換為固定匯率下的貴金屬）等非主權貨幣的政府，面臨著償付危機。然而，使用浮動且不可兌換之貨幣進行支出的政府，無法被迫違約。這一特點是由市場，甚至信用評等機構所認可（至少部分認可）的。這也解釋了為何像日本這樣的國家負債對國內生產總值的比率，可以是高負債歐元區國家（如「歐豬五國」）的兩倍，卻仍享受著對主權債務極低的利率。

　　與此相反的是，美國各州或像阿根廷這樣採取貨幣發行局制度的國家（如其在 1990 年代末所做的那樣），以及歐元區國家（採用

歐元，其本質上是外國貨幣）面臨降級和利率上升的危機，但赤字比率卻遠低於日本或美國。這是由於，使用本國貨幣的國家，總是可以透過貸記銀行帳戶來進行支出，也可以透過相同的手段進行利率支出，從而不會出現非自願性違約的風險。但釘住匯率或採用貨幣發行局制度的國家，有可能被迫違約，正如美國政府在 1933 年廢除其兌換黃金的承諾那樣。（編註：貨幣發行局制度〔Currency Board〕是固定匯率制的一種，即固定本國貨幣與某特定外幣之匯率，按照固定比例兌換，同時貨幣發行量隨外匯存儲量聯動，即當地所發行的貨幣要與等值的外匯一致，以確保其支付能力。）

我們將在第 5 章中更詳細地討論歐元，在這裡先簡要談一下歐元區的問題，即歐元區國家放棄了主權貨幣，轉而使用歐元，對其所產生的影響。對於單個國家來說，歐元就如同外幣一樣。單個國家政府透過貸記賣方銀行帳戶進行支出，而這將導致其貸記在國家中央銀行的準備金，這與發行主權貨幣的政府相同。問題在於，這些國家的中央銀行，需要在歐洲中央銀行獲得歐元準備金以用來結算，但歐洲中央銀行又被禁止直接購買政府公債，因此，這些國家的中央銀行只有在歐洲中央銀行向其放貸，或者歐洲中央銀行在二級市場購買該國政府債務時，才能獲得準備金。

這意味著，儘管國家中央銀行可以促進「貨幣化」而使政府有能力支出，但其結算業務仍然受到限制。這與美國的各個州有些相似，這些州政府需要稅收或借款才能進行支出。當然，這一機制與美國各州還是有所不同的（各州當然沒有自己的中央銀行），但它帶給人們的啟示是相同的：歐元區國家政府和美國各州非常需要貸款，從而會受到市場利率的約束。

相反的，諸如美國、日本或是英國這樣的主權國家，並不需要借入本國貨幣。這些政府透過貸記銀行帳戶來進行支出。當一個國家使用其主權貨幣運作時，該國將不需要發行債券來為其支出「提供資金」。如果一個人可以理解「發行債券是主權政府意願性的運作，債券只是同一個政府下同一個中央銀行的替代帳戶」，那麼，無論是否有人持有政府債券，或債券是由本國人還是外國人持有，債券都與政府的償付能力和利率無關。

　　當然，正如前文所述，政府可以對其自身行為制定規則，例如，要求政府出售國庫券，並在政府開出支票前在其於中央銀行的帳戶中獲得存款。一旦政府採納了這樣的規則，政府便「別無選擇」了。就像傑克‧尼克遜（Jack Nicholson）在《愛在心裡口難開》（*As Good As It Gets*）中所扮演的角色那樣，他為自己制定了在開門前需要完成的一系列動作的規則，而這類問題由行為心理學家來解決，可能會比由經濟學家來解決，效果更好。

Q 是什麼原因讓外國人願意持有一個國家的貨幣？

A 　　通常是因為外國人想要購買該國的產出、到該國旅遊，或是購買以該國貨幣計價的金融資產。例如，當全球養老基金及其他管理基金，決定在投資組合計畫中增加一部分澳元時，其對澳元的需求便會增加。當然，商品市場的繁榮也有助於此，即世界其他國家想要擁有澳洲的商品。但我們必須要現實一些，世界上許多國家不想生產那些其他國家想要其生產的商品或提供的服務，即使利率持續在高檔，這些國家的資產也具有很高的風險。

　　不幸的是，許多國家隨後發現了增加其商品和資產利益的方式，即「美元化」（通常為釘住匯率制度，但最好採用貨幣發行局制度）。然而，這其實也不會有太大的幫助，充其量就是透過增加違約風險而取代了貨幣風險（該國可能無法保證將其兌換成為美元，因此即使匯率是固定的，該國的資產仍具有風險）。同時，這還會鼓勵人們去國外度假，或者鼓勵富有的國民瘋狂購物。對於這個問題，沒有一個簡單的答案。

　　持有以開發中國家貨幣計價的資產具有多重風險，但多數不是經濟風險。顯然，政治風險尤為重要，其政治在某些情況下甚至會演變成腐敗。我強烈建議從內部尋找解決措施，即發展國家的生產能力與消費本國產品的能力。

Q 美元走弱會降低美國就業機會出口的吸引力，甚至可能將一些工作機會帶回國內，這難道不是有益於美國經濟嗎？美元走弱所帶來的積極影響，是否足以沖抵其所帶來的消極影響（如更高的原油價格及進口價格等）？

A 美元貶值所帶來的貿易利益有些被誇大了。

第一，美國的許多交易夥伴國釘住美元，如果這些國家保持與美元掛鉤，那麼貶值不會對其產生任何直接影響。第二，那些不與美元掛鉤的國家，僅希望獲得較低的利益（保持美元價格的穩定），以保持其市場份額（這是一些對美出口國所採用的策略）。第三，出口是成本，進口是利潤，所以，最大化貿易順差就是最大化淨成本戰略（見第 7 章第 9 單元，368 頁）。

第四，這些工廠的工作機會回到美國的可能性極低。現在，開發中國家的低工資勞工占據著這些職位；未來，這些工作將被不介意無工資還會辛勤勞動的機器人所替代。第五，製造業勢不可擋的進步，意味著其勞動生產率的上升，這將減少對勞工的需求。當然，還有一個更好的辦法：直接在美國創造就業機會（見第 8 章中「就業保障」部分），而不是依靠以鄰為壑的貨幣貶值政策。

Q 在我看來，當前國際貿易體系已經建立，因此，那些淨出口國始終會「贏得」國際貿易博弈，它們透過從目標國吸收流動資金的方式，來達到這個目的。但此舉會令國內經濟蕭條，因為本國政府不敢以新的負債來代替流動資金。

A 它們會「贏得」會計遊戲卻「輸掉」真正的博弈。它們無法理解經濟究竟為了什麼，也就無法理解出口就是成本。但我同意你的說法，許多國家都是這麼做的。

07 ▸ 使用外國貨幣的國家會怎樣呢？

　　一個國家可能會選擇使用外幣來滿足其國內政策的目的。即使是美國政府，在十九世紀中期也接受外幣支付。在許多國家，為了一些特定目標而使用外幣是十分常見的，但我們在此討論的對象則是從不發行本國貨幣的國家。在本單元中，我們將研究使用外國貨幣而拋棄本國貨幣的國家。

　　比如，一些國家政府採用美元做為官方貨幣，在公共部門接受以美元計價的稅款和商品價款（厄瓜多便是一個典型的例子），銀行皆以美元發放貸款和創造存款，政府以美元支出。儘管該國無法創造美元，但其家庭、公司及政府卻可以創造以美元計價的借據（厄瓜多實際上會創造一些自己的貨幣在國內流通，但可以兌換為美元），這些借據便是債務金字塔的一部分，使用真正的美元來負債經營。一些借據（如銀行存款）可以直接兌換為美元。流通中的貨幣是美元（美元硬幣與紙幣），但多數支付則是透過電子交易完成的。支票結算將在國家的中央銀行透過轉化為以美元計價的中央銀行準備金來完成，借記一個銀行的準備金，同時貸記另一個銀行的準備金。以上情況基本與厄瓜多的現狀相符。

　　但是，若要從銀行取出實際的美元，同時國際支付也可以透過美元來完成（經常帳赤字要求該國向外國進行美元的轉帳），就需

要本國中央銀行在美聯準擁有一個美元帳戶。當進行國際支付時，借記中央銀行帳戶，貸記外國中央銀行帳戶（如果是向一家在美聯準有帳戶的私營銀行進行支付時，則貸記該銀行在美聯準的帳戶）。

因為這個國家不發行美元，只是使用美元，它必須獲得美元以確保可以使用美元進行國際支付，同時，它要保證滿足國內的現金提款，使美元可以在國內流通。從該國獲得美元現金和儲備的能力來看，美元對它來說仍是外幣。該國獲得美元的方式，與任何一個國家獲得外幣的方式相同，即該國可以透過出口、借貸、出售資產（包括外國直接投資）以及匯款等方式獲得美元。

很顯然，使用外幣相當於實行非常嚴格的固定匯率制度，無法讓貨幣貶值，從而沒有任何調整空間。在所有匯率制度中，此舉提供的政策空間最小。這並不意味著這是一條不明智的政策，只不過，該國的國內政策受其獲得「外幣」美元的能力所限制。在必要時，該國可以向美國請求國外援助（轉帳或美元貸款），或者向外國銀行貸款，以得到美元。但這將由「市場」對於向該國借貸的風險感知來決定。

非主權貨幣的償付問題與龐氏融資

還有一個問題值得進一步考慮：當一個私營企業背負債務時，其負債是另一個企業的資產。兩者相抵，沒有創造任何的金融資產淨額。當主權政府發行債務時，將為私營部門創造資產且不會被另一筆私營部門的負債所抵銷。因此，政府債務的發行，將為私營部門創造金融資產淨額。私營債務僅僅是債務，而政府債務則是私營

部門的金融財富。

　　由於私營部門的債務可能會達到無法付息的規模，它的不斷累積便會引起人們的擔心。但主權政府是本國貨幣的壟斷發行者，總是可以透過貸記其銀行帳戶來支付債務；那些支付的利息是非政府收入，政府債務則是非政府資產。

　　當私營部門的債務人不能透過收入流量來為債務支付利息時，必須進一步擴大負債規模，也就是透過借款來支付，這便是通常所說的龐氏融資。由於未償債務的不斷累積，龐氏融資通常很危險，這是由經濟學家海曼‧明斯基所提出的知名「金字塔騙局」案例，以詐騙者查理斯‧龐茲（Charles Ponzi）的姓氏來命名。最近一次的「金字塔騙局」是由伯納‧馬多夫（Bernie Madoff）一手策畫的。

　　在海曼‧明斯基的術語中，龐氏融資指的是債務人必須透過借款才能支付利息，這將導致債務不斷累積，通常以難以為繼的趨勢不斷出現。對於擁有主權貨幣的政府來說，並不需要如此借款。由於政府總是可以透過在電腦上敲擊幾個數字即可付清債務利息，它永遠都不會處於「龐氏」的位置。

　　主權政府是貨幣的壟斷發行者，不會在貨幣上面臨金融限制（除了那些政府透過預算、債務上限以及運作流程等給自身加上的限制外）。主權政府可以支付任何到期債務，包括透過貸記銀行帳戶來為債務支付利息和償還本金，這意味著，從操作上看，主權政府的支出不受任何限制。由於發行債券是自發行為，一個主權政府不需要讓市場來決定其對債券支付的利率。它們通常也不會借入自己發行的貨幣。

　　另外，像希臘這樣放棄貨幣主權的非主權政府，正面臨著金融

限制，不得不以市場利率向資本市場借款來融通其赤字。希臘的債務危機表明，這種貨幣協定允許市場和信用評等機構（或其他國家和國際貸款人，如希臘此例中的三頭馬車：歐盟、歐洲中央銀行和國際貨幣基金組織）支配一個政治主權國家的國內政策。非主權政府則可能成為「龐氏」：由於無法透過稅收收入為現有債務支付利息，這些政府必須向市場借款來支付。

顯然，這種債務情況嚴重限制了非主權政府。當其借款增多時，市場會要求更高的利率，來補償其不斷提升的無償付能力的風險，政府則必須借越來越多的錢來支付不斷增加的利息，很容易陷入惡性循環，而市場可能會在真正的龐氏融資開始前，便切斷對它的貸款。加州橘子郡（美國最富有的郡之一）便曾面臨市場不肯對其貸款的局面。雖然如希臘這樣的歐元區國家還沒有達到那樣的地步（截至 2015 年春），但它們已經要求歐洲中央銀行（以及其他可以提供一系列准緊急援助的機構）介入。

一個使用外幣的國家，將會在很大程度上放棄其主權。在第 5 章中，我們將繼續討論匯率制度選擇，同時探究歐洲市場的現狀。

Q 中國以外的國家透過持有美元,可以在多大程度上保護本國
貨幣?如果美元出於某種原因突然貶值,那麼,是否存在其
他某種穩定的貨幣可以代替美元,來保護那些正在使用美元
保護本國貨幣的政府?

A 許多國家持有美元,以便能夠管理其貨幣或與其貨幣掛
鉤。在「亞洲四小龍」危機後,許多國家那時才意識到它們
需要一種牢不可破的貨幣儲備,來幫助它們成功釘住匯率,
因此外國對美元的持有量增加。這便提升了對美元的需求。
而且,現在還沒有可以替代美元的貨幣。

你無法獲得足夠多的安全的歐元債務,因為整個歐元區
都是一個淨出口地區。此外,當你需要以安全的歐元計價的
國庫券時,市場卻在小心提防著大多數的歐元區國家,尤其
是那些正運作財政預算赤字與貿易逆差的國家(即發行大量
歐元債務的國家)。德國是一個淨出口國,同時是財政廉潔
的典範,所以德國並不會發行大量的歐元債務。

那麼,中國的人民幣可以替代美元嗎?不能。因為它
的貨幣供應同樣太低,而且中國是一個比德國還要典型的國
家 —— 一個更大的淨出口國,同時不發行大量的國債。日
圓呢?由於中國和日本均為出口國,因此它們都創造了充足
的本國儲蓄,以吸收其政府債務。

我們別無選擇,因為當今世界還沒有可以替代美元的貨
幣。這樣的現狀可能終究會改變,但短時間內還不會發生。

Chapter 5
主權貨幣國家的稅收政策

我們已經得出一個結論：稅收驅動貨幣需求。主權政府不需要用稅收創造收入，而是要為本國貨幣創造需求。理解這些以後，我們要重新思考稅收政策。怎樣才能更好地驅動貨幣需求？哪種稅收最好？除了驅動貨幣需求，稅收還有什麼其他作用？在本章中我們將探討以上問題。

01▸我們為什麼需要稅收？
現代貨幣理論的觀點

首先，我們簡要概述一下現代貨幣理論中關於稅收的觀點。

該理論認為，政府透過「按鍵」（即銀行輸入電子紀錄）進行支出。有些人初次聽到這一觀點時，就會馬上得出結論：現代貨幣理論認為政府不需要稅收。既然沒人願意繳稅，為什麼不直接取消徵稅呢？

當你丟下稅收時，會得到什麼呢？答案是：比特幣（譯註：其概念最初由中本聰在 2009 年提出，是一種 P2P 形式的數字貨幣，沒有特定貨幣發行機構，而是依據特定演算法、透過大量的計算而產生）。

現代貨幣理論是如何解釋政府貨幣的呢？答案是：稅收驅動貨幣需求。我們一再強調，如果沒有納稅義務，接受政府貨幣就可以歸結為《阿呆與阿瓜》（*Dumb the Dumber*）般的「更傻的傻瓜」理論：我接受貨幣，是因為我認為有更傻的傻瓜會接受它。

當然，可以驅動貨幣需求的義務不只稅收一種。我們已經強調了無數遍，隨著歷史向前追溯，你就會發現還有其他義務驅動著貨幣需求，如什一稅、貢品、費用、罰款等。歷史和我們站在同一邊，很少有例子表明貨幣需求不需要這種義務的支撐。

至於比特幣，它是一種貨幣嗎？我們稍後解釋。

有的人接受貨幣，是因為他相信還會有傻瓜接受自己的貨幣，如果除此之外沒有更好的理由的話，為什麼還會有人接受「法定貨幣」呢？

　　華倫・莫斯勒很早就意識到，如果他能向孩子徵收名片形式的稅，孩子為了賺錢來繳納稅款，就會幫他洗車。如果他把名片當作工資付給孩子，他們不會擔心是否會有傻瓜接收這些名片。但是他們明白，如果自己不繳稅的話，就會面臨懲罰，也許不是進監獄，但可能吃完晚飯後不能看電視了，而是必須直接上床睡覺。

　　稅收驅動名片需求，也驅動貨幣需求。

　　為了支付孩子洗車的報酬，莫斯勒需要收回自己的名片做為稅收嗎？當然不需要。他只是先支付名片，然後得到稅收。

　　什麼？你是說政府不需要為支出而收稅？正是這樣，福爾摩斯。這聽起來也許很駭人，但對於從建國開始就住在美國的人來說，這個結論卻顯而易見。除了七段很短的時間外，美國政府一直入不敷出。

　　這意味著什麼呢？收入並不是支出的必要條件。現在我們已經知道：沒有收入，政府也可以支出。那麼，支出多於收入的危害是什麼呢？

　　我們第一個想到的危害就是：如果經濟超負荷運行，會有通貨膨脹的可能性。當然，如果政府只針對無法繼續擴大產出的部門進行支出，通貨膨脹也可能在實現充分就業之前就發生了。因此，應對這種危險的對策：一是增加稅收，二是縮減支出。另外，還有其他對策，如工資和物價管制、配給制、進口、對產能過剩部門的定向支出、鼓勵生產等，這些都可以減輕通貨膨脹壓力。在此，我們

不做詳細介紹，在第 7 章和第 8 章中，我們將具體研究現代貨幣理論的建議。

如果政府不需要稅收也可以支出的話，為什麼不完全取消稅收呢？親愛的福爾摩斯，這很簡單，因為稅收驅動貨幣需求。換句話說，稅收贖回貨幣。所有借據的發行者必須準備好償還欠款，「贖」的概念在貨幣事務層面和精神層面上都很重要。

這實際上是信貸的一個基本規律：當你償還債務時，必須拿回自己的借據，銀行也是這麼做的。不管你信不信，銀行的債務使人們接受「銀行票據」，這是私人資金往稅收轉換的過程。想像一下，如果銀行願意買借據（我們稱為放貸），但當債務人想償還貸款時，銀行卻不接受其自身的借據（我們稱為活期存款或支票帳戶）。那麼，既然在你付款時銀行都不接受它自己開立的借據，你還會願意接受銀行的借據嗎？

或者可以與前文討論的稅收驅動貨幣需求問題相關聯，想像一下，如果銀行透過發放活期存款而買走了你的借據，然後告訴你「你再也不用把這些存款還給我們了」，你會怎麼樣？換句話說，你可以透過賣自己的借據，來得到銀行發放的活期存款，卻不需要向銀行償還貸款或贖回你的借據（以及你自身），那麼，這些銀行活期存款價值多少？你和其他人都追著銀行出售債務，卻不需要銀行的借據來償還債務。在支付時，你想找到傻瓜拿走銀行的借據，這種事還可能成功嗎？

恐怕不太可能。稅收也是一樣。許多人靠賣東西獲得美元，如果美國取消稅收，那些不需要用美元繳稅的人還會繼續賣東西多久呢？也許會持續一段時間，而且前提是馬戲團大亨巴納姆所言正

確，每分鐘都有一個容易上當的人出生，一小時就有六十個，聚少成多。看看比特幣現在的情況就知道了，無須多言。

你不需要比特幣來履行付款義務，也不需要比特幣發行者將其回收，比特幣是不可兌換的。除非你參與非法活動（如毒品貿易）或試圖隱藏收入和財富，否則，接受比特幣只有一個令人信服的理由：你真的相信博傻理論（Greater Fool Theory，又稱最大笨蛋理論）。你打算欺騙那些傻瓜，因而握住比特幣，然後祈禱：（1）你不會丟失裝有比特幣的錢包；（2）比特幣交易所不會倒閉；（3）你能在一切崩潰前把比特幣賣出去。

總而言之，現代貨幣理論認為，稅收和其他強制的義務創造了貨幣需求，因為繳稅（或相似的義務）時需要支付該種貨幣。納稅人需要貨幣，這意味著政府可以透過發行貨幣的方式來買東西，其他人也會接受這種貨幣，這不是因為他們想愚弄甲傻瓜，而是因為有很多需要繳稅的乙傻瓜。是否需要用稅收為政府支出「埋單」？不需要。**稅收是用來為貨幣創造需求的。**

1. 只有稅收能驅動貨幣需求嗎？其他強制性支付有用嗎？

2. 如果只有你不用繳稅，為什麼你會接受政府貨幣呢？

在本單元中，我們關心的是為什麼大家會接受政府的「不兌換貨幣」，簡單回答就是「稅收驅動貨幣需求」：由於你必須把政府的貨幣還給政府，才能履行納稅義務，因此你需要政府貨幣。從這種意義上說，納稅義務激發了人們獲得政府貨幣的欲望。

但只有稅收有這樣的作用嗎？答案顯然是否定的：如果政府向你徵收 5 美元的罰款，你為了支付罰款，首先要得到政府願意接受的 5 美元貨幣（主權貨幣）。二十世紀以前，稅收相對沒那麼重要，重要的是罰款、什一稅和費用。

進一步說，假設政府壟斷供水（或能源供應或向上帝救贖的途徑等），就可以決定你要獲得水（或能源或宗教豁免等）之前必須上繳什麼。在這種情況下，如果政府說你必須有它的借據，那你就需要政府的借據（貨幣）來獲得水；否則，你就可能會脫水而死。在英國早期，如果按照國王的規定判斷，許多養家糊口的方式都是違法的。你除了要滿足家人的基本生活需要以外，還不得不支付罰款，為此，你需要國王的貨幣，即「罰款驅動貨幣需求」。費用和什一稅也可以驅動貨幣需求。現在你會發現，需要上繳貨幣的強制性義務，是驅動貨幣需求的必要條件，這種義務可以是稅收、費用、罰款或什一稅，甚至可以是為得到水或其他必需品所要支付的錢。

當然，僅僅有義務（什一稅、費用、罰款、稅收）是不夠的，這些義務還必須被強制實施。不被強制實施的納稅義務，永遠不可能驅動貨幣需求，它也許可以創造一些貨幣需求，但會比納稅金額少一些，因為許多人期望自己可以逃掉稅收。

接下來，我們可以繼續討論第二個問題了：為什麼那些沒有納稅義務的人也願意接受貨幣呢？

如果社會中的某些人要用貨幣繳稅（或費用、罰款等），其他人就會接受這種貨幣。注意：這不是個無限回溯的觀點。貨幣的背後是稅收，但不是每個人都必須繳稅。比如，微軟公司的總裁比爾·蓋茲需要繳納 1.5 兆美元稅款，那我也會很願意接受美元，因為我知道在購買微軟軟體時，比爾·蓋茲會接受美元。這也是外國人想要美元的原因：不是他們自己要用美元繳稅，而是很多像比爾·蓋茲這樣的人，需要用美元繳稅。

從一開始我們就知道，如果總體稅款有 1000 億美元，納稅人至少需要 1000 億美元（或者需要更多？1200 億美元？1800 億美元？現在我們還不能確定，但後面會做進一步的調查研究）。政府可以將至少 1000 億美元的資金注入經濟中，或者更多。

這解釋了人們為什麼想要貨幣，卻沒有告訴我們貨幣的價值為何。美元的價值是多少呢？這取決於為了得到美元所付出的代價。在後文中我們會詳細解釋這個問題。但如果稅款太少會怎樣呢？假設稅款有 1000 億美元，但政府想支出 1 兆美元，是納稅人應繳稅款的 10 倍。那麼，政府很有可能無法把這 1 兆美元花出去。政府可以出高價購買勞動力、製品或進行資源投入等，但還是沒人願意賣。我們可以有「通貨膨脹」，但政府還是無法想花多少錢就花多少錢。

很明顯的，相較於出高價購買商品，政府把稅款提高到 1 兆美

元是更好的選擇。我們之後還會提及這個問題，這多少闡明了貨幣價值的決定因素。我們將明白，需要將「人們對貨幣的接受意願」與「貨幣價值」分開來看。儘管我們無法知道貨幣的價值（就勞動力或其他資源、製品的價格而言）具體會增加多少，但增加稅收會刺激人們獲得貨幣的欲望。

02 ▸ 為什麼要徵稅？
現代貨幣理論的觀點

在前文中，我們對「稅收驅動貨幣需求」的觀點進行了論證，該觀點是指，只能用本國政府貨幣支付稅款的要求，可以創造貨幣需求。但是，政府得到本國貨幣收入，並不是為其支出服務的。

這聽起來讓人很吃驚，因為我們習慣性地認為，「稅收支付政府開支」。這句話適用於不發行貨幣的地方政府、各省和各州，也基本適用於採用外幣，或是本幣與黃金、外幣掛鉤的國家。如果一國的貨幣釘住黃金或外幣，政府就要按需求儲備黃金或該種外幣，以滿足民眾的兌換需求。若稅收將本幣從流通中移除，就更沒有人願意用黃金或外幣換取本幣了。所以，謹慎的做法是將開支限制在稅收額內。

但如果政府自己發行貨幣，沒有承諾以固定匯率兌換黃金或外幣（即採用浮動匯率制），我們就要以完全不同的方式考慮稅收的作用。政府不需要稅收來彌補支出，相反的，政府必須在納稅人用貨幣繳稅之前，就向市場支出（或借出）貨幣。先支出、後收稅，才是合乎情理的順序。

現代貨幣理論認為，徵稅的另一個原因在於減少總需求。我們以當今的美國為例，聯邦政府的支出稍高於國內生產總值的 20%，而稅收稍低於 17%，所以聯邦政府淨注入市場的資金是國內生產總

值的 3%。如果不徵稅（其他保持不變），淨注入資金可增長到國內生產總值的 20%，這意味著總需求激增，可能會導致通貨膨脹。理想的情況是，稅收隨著反經濟景氣循環而變化：經濟膨脹時稅收增加，經濟衰退時稅收減少。這能使政府對經濟的淨貢獻呈現反景氣循環變化，有利於穩定總需求。因此，稅收除了可以「驅動貨幣需求」外，還被用於穩定總需求。這只是稅收其他作用中的一點，但也是最重要的一點。至此，徵收哪些稅、要對哪些人徵稅等問題還沒有解決，我們將繼續對此進行探討。

政府「支出」稅收，不會在資產負債表中體現。一些人可能會想像這樣的畫面：富人推著裝滿錢幣的手推車進入財政部，而運鈔車在這裡裝上現金，然後支付給窮人。

現實中卻不是這樣運作的，支付稅款只是借記納稅人的帳戶。如果你看過球賽就會知道，記分員給波士頓隊記一分時，他不會真的把這一分從紐約隊拿走，而是透過按鍵記分。如果透過錄影重播發現裁判誤判，記分員會給波士頓隊減掉（借記）一分。那這減掉的一分去哪裡了呢？哪裡也沒去，它只是被減掉、消失而已。

收上來的稅款去哪裡了呢？它哪裡也沒去，只是借記了一個銀行帳戶。稅收沒有也不能為支出「埋單」。

比爾茲利・魯姆爾（Beardsley Ruml）很早就得出了上述結論。他是新政擁護者，曾在 1960 年代領導紐約聯邦準備銀行（New York Federal Reserve Bank），還是「扣繳所得稅之父」，曾寫過兩篇關於稅收作用的重要文章：〈徵稅創造收入早已過時〉（Taxes for Revenue are Obsolete〔1946a〕）、〈以繁榮為目的之稅收政策〉（Tax Policies for Prosperity〔1946b〕）。我們首先來討論他強有力的觀點：「政府

不需要稅款來創造收入」，然後探討他對於稅收作用的看法。

比爾茲利・魯姆爾在〈以繁榮為目的之稅收政策〉一文中強調：「我們必須意識到，國家財政政策的首要目標，是確保貨幣穩健和金融機構的高效能；與此目標一致的財政政策，應該也可以在很大程度上擴大生產性就業，促進經濟繁榮。」這一觀點與現代貨幣理論提出的觀點相似，都強調了稅收在調整總需求、控制通貨膨脹方面的作用。

他繼續指出，二次大戰後美國政府具備實現這些目標的能力，是基於「兩個發展」：第一個發展是「現代中央銀行」的創立；第二個發展是美國獨立發行貨幣，並且這種貨幣「不可兌換為黃金或其他商品」。在這種情況下，「聯邦政府終於可以擺脫貨幣市場，滿足自己的財政需求……國家不再需要用稅收來平衡財政支出了」。

那麼，政府為什麼還需要稅收呢？比爾茲利・魯姆爾列出了四點原因：（1）作為一種財政政策的工具，以穩定美元的購買力；（2）透過累進所得稅和房產稅，體現國家在財富分配和收入分配方面的公共政策；（3）以補貼或處罰不同產業和經濟團體來表達公共政策；（4）為了分開估算某些國家福利的成本，如高速公路、社會保障金等的成本。

第一點與我們前文所講的通貨膨脹問題有關。

第二點是指透過稅收改變財富分配和收入分配。例如，累進所得稅體系可以減少富人的收入和財富，同時向窮人徵收最少的稅。注意，雖然第二點看起來與今天所呼籲的增加富人的稅收有關聯，但魯姆爾並沒有使之與資助窮人產生連結。

第三點是為了抵制不良行為：污染空氣和水資源、吸菸、酗酒、

購買進口品。意圖利用關稅提高進口品價格（本質上是一種提高進口成本，鼓勵購買本國商品的稅收）。這些稅收常被稱為「罪惡稅」，目的在於提高作惡成本，如吸菸、賭博、購買奢侈品等。

第四點是指將特定公共項目的開支，分攤到受益人身上。例如，對汽油徵稅是很常見的做法，其目的是讓那些使用國家高速公路的人為此付款（高速公路的通行費也可以達到此目的）。儘管許多人認為，這些稅收是彌補財政支出的方式，但魯姆爾在另一篇文章〈徵稅創造收入早已過時〉的標題中，就極力否定這一觀點。政府不需要用汽油稅的收入來承擔高速公路的費用，設立此稅是為了讓那些將使用高速公路的人仔細思考：自己要不要支持修建公路。政府不需要用菸草稅創造收入，而是想藉此提高吸菸者吸菸的成本。

許多人會說，吸菸者的行為給社會帶來了負擔（如因肺癌住院），他們只有對此付出代價才算公平。魯姆爾認為這種想法與事實相去甚遠，實際上，我們希望的是吸菸的高成本能使更多人遠離菸草，這樣就能減少社會損失。

所以，重點不是稅收產生的收入，因為政府永遠可以「找到錢」來建設醫院。相反的，徵稅是為了減少浪費到吸菸者身上的醫療資源。理想情況下，菸草稅可以消除吸菸行為，而不只是增加了政府的收入。魯姆爾說：「在創造收入的面具下，永遠不應掩蓋稅收的公共目的。」

這樣，我們就可以用「公共目的」這個概念，來衡量哪些稅收有意義。魯姆爾把企業所得稅視為「壞稅」的其中一個是很正確的。海曼・明斯基一直主張取消此稅種，如果說他是從魯姆爾那裡借鑑到這一觀點的話，我一點也不感到驚訝。

不幸的是，企業所得稅恰好是改革派的最愛。他們想增加企業所得稅來彌補資助窮人的開銷。換句話說，他們把自己的困惑都攪在一起了，不僅誤解了稅收的目的，還大力支持被魯姆爾認為是最差的一種稅。在後面的章節中，我們會再繼續討論魯姆爾的觀點。

一旦我們理解了稅收的作用，就可以著手確保稅收收入總體上處於正常水準。魯姆爾總結道：「簡單來說，稅收政策背後的思考在於，稅收應該足夠高，以保證貨幣穩定，但不能再高了。基於這個原則，我們可以也應該降低稅率，使財政預算平衡、就業率達到滿意水準。」

現代貨幣理論也採用這一原則，但有一點附加說明。魯姆爾所面對的情況，是對外經濟平衡可以被忽略（這在戰後早期是合理的）。但在當今世界，許多國家存在高額的經常帳順差，而其他國家則存在高額的經常帳逆差，所以我們必須修改這一原則。

我們要重新表述上述原則：**設置稅率的原則，是政府的預算結果（無論是赤字、平衡或盈餘）與充分就業一致**。像美國這樣的國家（充分就業下經常帳逆差），即使充分就業下，也很可能出現財政赤字（等於經常帳逆差和國內私營部門盈餘之和）；像日本這樣的國家（充分就業下經常帳順差），在充分就業時財政赤字會相對較小（等於國內私營部門盈餘減去經常帳順差）。

Q 人們接受貨幣時，誰會考慮支付稅款呢？

A 我曾聽過這樣的故事。一位著名的凱因斯主義者說：「當我接受貨幣時，從來不考慮用它來支付稅款，我接受它是因為我覺得有個傻瓜會接受它。」在他說完這段話之後，一個法制史學者觀眾狂笑不止，嘲笑經濟學家們的膚淺——身為經濟學家，他們應該多鑽研經濟及經濟制度。

我可以想像那位經濟學家臉上極度恐懼的表情。要是觀眾是一群經濟學家（他們是現代貨幣理論的終極批判者），他應該無往不利。但是，在他面前的觀眾是瞭解貨幣歷史的人，他可以援引羅馬時期的案例，解釋統治者發行貨幣的權力並詳細說明。這觀眾嘲笑他，讓他想找個老鼠洞鑽進去。

大家都對著他喊：「這完全是稅收問題！」

我為他感到尷尬，他四十年研究經濟學的心血已付諸東流。不只是經濟學，而且是總體經濟學；不只是總體經濟學，而且是貨幣經濟學。「我接受美元是因為我覺得有個傻瓜會接受它。」這是他瞭解的一切。他離開時嘟囔著說：「我想我應該再深入思考一下這個問題。」

這是個真實的故事。

我在想：他的錢包裡有多少比特幣？稅收驅動貨幣需求，只對經濟學家來說是個祕密，如今該擺脫這種局面了。

03▸ 稅收的再分配作用

　　以改革派為代表的許多人認為，政府需要向富人徵稅以便將其花在窮人身上。這是羅賓漢（Robin Hood）關於稅收的觀點：向富人徵稅，然後把它分給窮人。在現實中，這是兩種功能上完全分離的活動。政府即使不向富人或任何人徵稅，也可以救濟窮人。

　　我們都很愛羅賓漢。如果羅賓漢的扮演者凱文・科斯納（Kevin Costner）騎著忠實的坐騎穿過華爾街，奪走 1% 的人數以兆計的非法所得，然後分給所有值得救助的窮人，這不是很好嗎？

　　我們喜歡這個劫富濟貧的故事，這是因為我們錯誤地認為，必須用富人的稅收來接濟窮人，這種看法有利於窮人代表團主張增加富人的賦稅。這是一個難以被實施的政策提案，在美國尤其如此。持現代貨幣理論觀點的人認為，我們需要的是「預分配」，而不是「再分配」，也就是說，我們的確需要減少不平等。向富人徵稅也許有用，但從根源上減少不平等會更有效果，即減少高收入群體的收入，增加低收入群體的收入。理察・沃爾夫（Richard Wolff，暱稱 Rick Wolff）也這樣認為，早在托瑪・皮凱提（Thomas Piketty）把不平等問題引進大眾的視野之前，他就已經開始研究如何解決這一問題了。關於此點，詳見 254 頁的補充材料。

　　向最富有的 1% 的人徵稅、收稅是很困難的。根據《費城詢問報》（*Philadelphia Inquirer*）的記者唐納德・巴萊特（Donald Barlett）和詹姆斯・斯蒂爾（James Steele）的報導，真正有錢的人不需要繳

稅，因為議會允許他們不繳稅（參見 A Rich Texas Widow Could Save $4 Million, *The Philadelphia Inquirer*, 1988, p.A15。）

女富豪里歐娜・赫姆斯利（Leona Helmsley）曾寡廉鮮恥地說：「稅收只是針對小老百姓的，在美國的今天，很多富有的個人和公司為了逃稅『轉移到海外』，這也是大家熱議的現象。」大衛・凱（David Cay）在他的著作《免費的午餐》（*Free Lunch, 2007*）中對這種逃稅現象有詳細的介紹。

現代貨幣理論不反對把向高收入者和富人徵稅當作一種減少不平等的嘗試，但同時認為，採用「預分配」政策也是合理的。對那些低收入族群，更需要創造就業和提高收入的政策。在分配鏈的上端，政策需要限制那些會產生過多報酬的行為。

具體來說，我們可以考慮取消國債（國債會向那些靠債券生活的人提供利息），而政府支持的養老基金禁止出現股權和商品期貨所有權。在美國，養老金擔保公司（Pension Benefit Guarantee Corporation）的職能有點像聯邦存款保險公司，透過強化法規來抑制和減少銀行許可業務，而這些業務在本質上都是針對高收入族群的。除此之外，我們還可以對公司高級主管的薪酬加以限制。2012年，美國執行長的平均工資為 1220 萬美元，是普通勞工工資 34645 美元的 354 倍。在其他富有國家，同期該比例分別為：奧地利，36 倍；日本，67 倍；英國，84 倍；德國，147 倍；加拿大，206 倍。顯然，該比例的大小與文化和制度因素有關，與市場調節作用無關（取自 https://aflcio.org/executive-paywatch，編註：該文章頁面已不存在）。

以下是理察・沃爾夫的觀點，整理自「更好的再分配收入」（Better the Redistribution Income，引自 http://www.truth-out.org/，編註：該文章頁面已不存在。）

人們在討論托瑪・皮凱提的文章時都很支持「再分配」。但是，有支持之聲就必然有反對之聲，「再分配」至少有三方面的消極作用。

第一，再分配機制很難長久。一旦建立之後，累進稅率、社會保障、安全網路、最低工資、福利國家和其他所有再分配的機制，可能會也通常會被逐漸破壞。過去四十年裡，尤其是 2008 年的全球金融危機，完全顯示了再分配的失敗。

第二，「再分配」很容易導致極端的社會分裂。當稅收不僅做為對政府提供之服務的回報，還被用來進行收入再分配時，反對的聲音就會出現。一些納稅人就會懷疑，自己繳納更多的稅卻得到了更少的公共服務。惡劣的經濟形勢會削弱人們的納稅能力，這就使反對的呼聲更高，而且經常會轉變為從原則上反對收入再分配。低收入者被妖魔化為懶惰、只會依賴社會福利的人，種族歧視者和反移民者也加入這場混戰。在此同時，再分配的支持者會開始進行道德感染和（或）威脅說，如果沒有收入再分配，收入不公將會加劇，資本主義和整個社會岌岌可危。

第三，「再分配」的成本很高。收稅、支出、調節，需要很多

由稅收資助的政府機構共同完成。反對徵稅的人很容易會反對徵稅的政府部門，比如美國國稅局。這些部門通常侵犯隱私，很快就會成為想以權謀私、行賄、濫用職權的人的目標。這些行為一經被發現，反對再分配的人就更理直氣壯了。

　　當然，現代貨幣理論不認同沃爾夫提出的「稅收是對政府提供之服務的回報」這一觀點，除非是指各州或各地的稅收。但他有一點說得很對，一旦公眾認為稅收是對政府提供之服務的回報，他們就會開始計算自己付出去的錢是否划算。大概從 1970 年開始，州政府和地方政府就不斷發生這種事。在經濟學文獻中，這被稱為「權力下放」，將大部分政府服務下放到州政府和地方政府，迫使它們用稅收提供服務。

　　權力下放推動了「甜甜圈漏洞」的出現，城市受到破壞，富有的白人紛紛「逃往」郊區。隨著郊區基礎設施建設持續進行，收入不斷增加，以相對較低的稅率卻可以提供更好的服務。那些沒有這樣做的城市，由於計稅基數日益縮減，為了提供基礎的服務，不得不提高稅率。在美國大部分地區，這種「利益相關者」的「稅收是為了支付我得到的服務」的觀點，已經降低了州政府和地方政府的財政能力，它們甚至漸漸無法提供像維護治安、建設學校這樣重要的服務了。

04▸ 稅收與公共目的

我們已經討論過，稅收創造了「必須繳稅」的需求，並允許政府花錢購買資源，以實現公共目的。

華倫・莫斯勒經常這樣說：稅收的目的是創造失業。這聽起來可能有點奇怪，但如果我們把「失業」定義為求職者是為了工資而工作，那麼政府就可以透過提供貨幣來雇用他們。稅收致使部分資源只能為政府的公共事業所用，而不能為其他目的所用。

簡單來說，貨幣是計量單位，最開始是由統治者創造的，用來衡量公民所欠的費用、罰款、稅收的價值。透過讓公民負債的方式，實際資源將進行流動，服務於公共目的。稅收驅動貨幣需求，所以政府創造貨幣是為了控制社會創造的資源。稅收的首要功能，是使賣家提供貨物和服務，其他功能則還包括追求公共目的，而這是由政治決定的，我們在後文中會進行討論。

這就是貨幣與主權權力（控制資源的權力）相關聯的原因。這個權力不是絕對的，而是需要透過競爭來得到。政府要與其他國家競爭，但通常更重要的是與國內的債權人競爭。私人債權人放債太多，會削弱主權權力，進而破壞統治所需之權力的平衡。

你可以提交統治者的借據來償還稅款債務，對統治者的負債越多，越能確保人們接受統治者的借據。這意味著，許多人會為統治者工作，或者生產統治者想要購買的產品，甚至那些不用繳稅的人也會為了獲得統治者的借據而工作，因為他們知道其他人需要這些

借據。

這就是現在主權政府控制資源，並使其流向公共部門的最常用的方式：雖然很早以前，罰款、費用、什一稅等債務更加重要，但近百年來，政府越來越依賴稅收。當然也有其他方法能使資源流向公共部門：一個極端是徵兵入伍或財產徵用權，另一個極端是志願服務，如和平工作團（Peace Corps）或美國志願服務隊（Volunteers in Service to America）。

但是，我們已經證明：為了實現多種目的，「貨幣化」是更有效的選擇。其原因有很多，在此我們不過多討論。貨幣化分成兩步進行：第一步是用貨幣徵稅，第二步是為政府需要的資源定價。

我們已經討論過，將「救濟窮人」政策和「向富人徵稅」政策連結起來並不正確，而且在政治上也不合理。稅收的目的在於釋放資源，追求公共目的，包括脫貧計畫。但是，我們的稅收體系卻已經導致了失業。我們可以把錢花在窮人身上（透過其他的公共政策），從而使失業族群開始流通動員。現在，我們不需要更多稅收，以避免出現更多失業。

當我們想增加支出（不增加稅收）的時候，可能會在某個較晚的時間點遇到資源的限制，此時，我們可能需要縮減開支和（或）提高稅收。在後文中，我們會探討如何解決就業市場飽和的問題，在二次大戰後，美國和世界大部分國家還沒有出現這一問題，現在也還沒有出現。

如前文所述，稅收還可以實現其他目的。我們可以利用稅收抑制「惡行」，如果那樣做的話，稅收的目的便是消除「惡行」。所以，稅收達到最適規模時，可以消除「惡行」，但不能提高收入。我們

甚至可以把過度富有視為一種「罪」，並且用稅收來進行消除。有些人認為，在二次大戰初期，對高收入族群徵重稅，可以使公司減少對高級主管支付的工資，從而達到目的。這就是罪惡稅起作用的方式，其目標不是創造收入，而是減少罪行。

如果徵稅的目標是使資源流動到公共部門的話，就需要進行廣泛的稅收。按照定義，這會打擊一大批人，驅使他們尋找貨幣。但是，我們還需要注意公平問題，採取鼓勵措施。

05▸ 向壞事而非好事徵稅

　　我們先介紹一下馬修・福斯塔德（Mathew Forstater）在 2014 年巴德學院利維經濟研究所的海曼・明斯基夏季研討會（Hyman P. Minsky Summer Seminar）上的發言。首先，他討論了現代貨幣理論中關於「現代貨幣」的觀點：統治者選擇記帳貨幣，用它來衡量債務、價格和其他票面價值。在美國，記帳貨幣是美元。它就像英吋、磅、公尺、公斤、英畝、公頃一樣，是一種度量單位。

　　福斯塔德是這樣說的：正如統治者不可能用盡「英畝」、「英吋」或「磅」一樣，「貨幣」也用之不盡。我們可能用盡土地，卻不會用盡英畝。我們可能用盡森林，卻不會用盡衡量森林的單位直線英尺。你不可能用盡一種度量單位！美元是一種度量單位，我們用它來保留貨幣紀錄，它是用之不盡的。福斯塔德認為，選擇徵收什麼稅時應遵循的主要原則是「向壞事而非好事徵稅」，這一點與本單元的關聯更緊密。

　　我們在前文已經建立起一個「稅收驅動貨幣需求」的概念，而且瞭解到，從創造貨幣的統治者的角度來看，金融體系的存在是為了使資源往公共部門流動。顯然，公共部門不需要所有資源，還有一些資源可以留於「私人用途」。進一步講，我們在這一過程中想要「效率」，就這種意義而言，在把資源導向公共部門的同時，我們不希望破壞有用的私營部門的活動。如果收稅可以鼓勵更多有利於公共目的，又有利於私人目的的活動，那就再好不過了。

因此，我們需要思考一下：什麼樣的稅收既可以「驅動」貨幣需求，又能調動個人的積極性？例如，為了「驅動貨幣需求」，我們向有薪的工作徵收 15% 的稅如何？在美國，我們有「工資稅」（被稱為聯邦保險捐助條例），就是徵收薪水 15% 的稅款，雇主和雇員各付一半。

我們先來討論非貨幣化的經濟（如部落或封建社會）。在這種情況下，生產是為了直接使用，而非進行市場交易，人們工作是為了滿足消耗而非獲得工資。假設新創立的主權國家想徵收 15% 的「工資稅」，用以美元為單位的貨幣雇用勞動力，使資源流向公共部門。但在金融體系建立之初，沒有人會願意為工資而工作，稅收就無法驅動貨幣需求，部落或封建社會的成員還會繼續種農作物、狩獵，將產出的份額按照約定進行分配。

如果沒有人需要為了工資而工作，他們就可能會拒絕工作機會，以此來拒絕繳稅，這種情況下最好的方法就是避免貨幣化。由於新生國家主動提供貨幣，卻沒人想要，這時只能訴諸武力（派遣部隊）以得到資源，實現公共目的。除非一國的經濟已經貨幣化了，否則對貨幣收入徵稅是無法驅動貨幣需求的。這就是歐洲的殖民勢力在非洲進行貨幣化時發生的問題（Wray, 1988）。你需要一種合理而廣泛的稅收，一種所有人都難以避開的稅收。如果人們的生活中可以沒有貨幣收入，要避免針對貨幣收入繳稅，就會很容易。

因此，殖民者要做的是徵收人頭稅或房屋稅，這樣所有人都無法避開。從一開始，這種稅就很好地驅動了貨幣。我們絕不是在支持非洲或其他地方的殖民行為，這只是一個例子。一旦你將經濟貨幣化了，大部分社會成員都必須為了貨幣收入而工作，以購買那些

只能用貨幣支付的生活必需品，這時你就可以徵收其他稅了。在高度貨幣化的經濟體系中，工資稅、銷售稅、利潤稅、個人所得稅和財產稅，都是很常見的。儘管這些稅在非貨幣化的經濟中無法起作用，但一旦你將經濟貨幣化了，它們的作用便舉足輕重。

然而，這些稅是驅動貨幣需求的最好方式嗎？供給學派學者喬治‧吉爾德（George Gilder）和阿瑟‧拉弗（Art Laffer）在雷根經濟學時代有這樣的觀點，他們認為，這種稅收會形成一塊楔子，阻礙人們努力工作（或努力銷售）。當我們把工資的 15% 當作稅收（像美國的工資稅一樣）時，「在邊際上」為工資工作的收益低於娛樂。注意，工資稅是特別有害的，因為只有人類勞動力才要納稅，機器人卻可以將其置之度外，這會使人們更願意使用機器人。

供給學派可能誇大了這一影響，但在某種程度上，向工資徵稅會減少「工作投入」的觀點是有一定道理的。從社會的角度看，「工作投入」不是一件壞事，它既可以為公共利益服務，又可以為私人利益服務。雖然人們有時會超負荷工作，但這個問題可以用其他方式來解決。例如，要求雇主支付一倍半或兩倍的加班費，是減少過度的、非自願的加班工作的好方法；縮短法定工作日或工作週數，是減少過長工作時間的一種方法。對工作徵稅是對好事而非對壞事徵稅，有可能會抑制有利於公共利益和私人利益的行為。

所以，要向壞事而非好事徵稅。

很久以來，我們向不同的惡行徵稅。還有很多人困惑「罪惡稅」的目的何在，我們應該清楚，向壞事徵稅不是為了增加稅收，而是為了減少罪惡。我們想減少吸菸、減少污染、減少高頻交易（編註：

指從那些人們無法利用的、極為短暫的市場變化中尋求獲利的自動交易系統），於是便可以對其徵稅。許多經濟學家和政治家曾奮力爭取過財務周轉稅，它被稱為「托賓稅」（Tobin Tax，即金融交易稅），將其當作稅收收入巨大的潛在來源，來為他們支持的政府專案「埋單」。但是，從上文的分析中可以看出，托賓稅的目的是減少金融交易，即使不是為了創造收入，也將有效地減少高頻交易。菸草稅和碳排放稅也是這樣。我們承認很難做到完美，吸菸者依舊存在，很長時間內二氧化碳污染也不會消失。但「罪惡稅」的目的仍然是減少「惡行」，而不是增加收入。

我們能列舉出一種向壞事徵收，且仍能驅動貨幣需求的稅嗎？

顯然，如果菸草稅得以成功實施，促使吸菸者大量減少，那麼菸草稅便不是一個好的貨幣驅動者。只有尼古丁成癮者才需要貨幣來繳菸草稅，還有一部分不吸菸的人也會想要貨幣（這樣可以讓癮君子為我們工作，他們拿到工資才能繳稅），但大部分人對貨幣沒有需求。

那房屋稅又如何呢？幾乎所有人都需要房子住，這是一種覆蓋範圍十分廣泛的稅了。是的，它可以驅動貨幣需求，但住在家裡何罪之有呢？那些留在環境中的腳印：被開拓的土地、建築材料、布置陳設，還有最重要的，在家裡取暖或降溫時所消耗的能源都是「罪」。因此，按照「每平方英尺居住面積」所徵的稅，使得「罪惡稅」建立在「住房屋」這一典型的「惡行」上，這樣一來，房屋稅就既是向壞事徵稅，又有利於驅動貨幣需求。

注意，我們已經有了財產稅，但這總體上是根據財產的票面價值計算的。它也許是環境「罪行」的代理人，但不一定是個好的代

理人。曼哈頓一套小公寓的名義財產價值，比蒙大拿州一萬平方英尺的荒野的價值還要高，但這套小公寓的環境罪行是否有這麼大卻不能確定。當然，名義財產價值稅還打擊了「支付能力」的代理人，這有點像累進稅，因為收入越高的人住的房子越有價值。因此，根據財產稅也能判定擁有過多財富的罪。

但是，按照「每平方英尺居住面積」徵稅，也就意味著對財富和高收入徵稅，因為有錢人傾向於住大房子。在向財富徵稅方面，該稅種可能與名義財產稅一樣有用。我們可以使這種稅更有累進制特徵：按照「每立方英尺居住面積」徵稅。同時，這種稅也會考慮環境上的負面影響（因為有更大的空間需要加熱或降溫）。這種按立方英尺徵收的稅，更有累進制特徵，如果房子的天花板很高，面積一萬平方英尺的房子的體積會有十五萬立方英尺，這可以有效抑制富人建大房子。

我們可以修改稅收，鼓勵更多的戶外生活：房子有更多敞開的門廊，有更多搖椅，這些都不用繳稅，卻有利於公共利益。或者，我們可以對沒裝空調的封閉空間採取減稅政策。為了獎勵高效使用能源，可以調整對安裝有太陽能、風力驅動的，以及利用地熱資源的裝置之空間的稅收政策。我們可能還需要在不同地區設定不同稅率，比如底特律可能會比聖地牙哥這種氣候溫和的地方稅率高，或者可以把芝加哥的稅率定得更高，以鼓勵人們居住在小空間裡，減少冬天製熱和夏天製冷的能源消耗。

注意，對房子收稅可以限制人們住大房子，但不會減少最終的稅款收入，這是菸草稅、金融交易稅做不到的。我們可以住在小一點的地方，但只要人活著，就必須要有地方住。因此，房產稅可以

持續地驅動貨幣需求。我們沒有理由只選定一種稅，而是可以向多種「惡行」徵稅，還可以設定累進的收入稅和遺產稅。可以進一步減免稅收，來鼓勵符合公眾利益的活動。一旦瞭解了稅收的目的是什麼，就可以開始思考哪些稅收是合理的了。

如上文所述，一旦經濟在很大程度上被貨幣化（大部分人需要透過工作賺錢，以購買生活必需品），個人所得稅將會驅動貨幣需求，因為不賺錢就意味著無法消費。這樣就可以透過設立所得稅來達到其他社會目標，包括減少不平等、減少過高的收入和財富。我們可以實行累進制收入稅，對低收入者和孩子免稅。

如比爾茲利·魯姆爾所說，我們也許還想透過稅收實現其他目的，如幫助穩定幣值、補貼或懲罰某些活動。累進制收入稅有利於穩定幣值，因為（隨著收入的增加）稅收將在經濟膨脹時快速增長，在經濟衰退時下降。這將促使等於居民淨收入的總支出呈現反經濟景氣循環變化，從而在經濟膨脹時減少通貨膨脹壓力，在經濟衰退時減少通貨緊縮壓力。稅收優惠可以獎勵有利於公共利益的活動，高額的稅收可以懲罰不利於公共利益的活動。在下一單元中，我們將快速瞭解一下魯姆爾所認為的最差的稅收。

06▸ 不可取的稅收

　　在本單元中我們將討論三種稅：工資稅、消費稅和企業稅，從本章的角度來看，這些稅可能不那麼可取。在前文中，我們已經說明了，工資稅有利於機器人，而不是人類勞動力。由於勞動者在扣除稅額後收到的淨收入減少，雇主為了雇用他們，得要花更多錢。從邊際效益考慮，勞動者可能會選擇娛樂，雇主可能會用機器人代替人類勞動力。而且，因為工資稅並不是全世界普遍存在的稅種，徵收工資稅的國家會在國際商品和服務貿易中缺乏競爭力。在本國商品比國外商品更有競爭力的地方，工資稅中雇主應付的部分，很可能是從雇員那裡得來的（透過更低的工資），以使本國公司保持競爭力。一旦有外界的競爭，工資稅中雇主應付的部分（甚至是雇員應付的部分），就會透過更高的價格轉嫁到消費者身上。

　　比爾茲利·魯姆爾指出，美國的工資稅也是通貨緊縮的，因為設立它的目的在於創造更多收入，使其高於政府在社會保障福利金上的支出。換言之，政府試圖建立信託基金，以付款給未來的退休人員。工資稅有利於非工資形式的收入，例如利潤、租金、轉帳、利息；有利於非正規部門的工作（非正規部門可以逃稅），而不是正規部門的工作。然而，不鼓勵工作卻支持這些能產生其他收入的活動，恐怕不符合公共利益。近幾十年來，這些相對於工資的其他收入不斷增長，加劇了社會的不平等現象。

　　除了主張對不良的消費行為徵稅（對有害商品和奢侈品徵收罪

惡稅，對進口品徵收關稅等）外，魯姆爾還建議取消消費稅。他認為，如果一國的首要任務是提高人民的生活水準，從購買力中抽稅實在沒有意義，因為購買力可以使人們達到更高的生活水準。除此之外，消費稅具有累退性質，對窮人的打擊更大（儘管對奢侈品徵稅和對食品免稅，可以在一定程度上抵銷累退作用，編註：消費稅多為固定稅率，雖然付出的稅額會隨著支出而上升，但隨著收入和財富的增加，這些支出占整體收入的比例會相對下降。）。

最後，魯姆爾認為，應該取消企業稅，因為該稅種有百害而無一利。企業稅是由股東、雇員和消費者支付的，由於多了企業稅，股東持有的股票收益會減少，等於他們承擔了一部分稅額。我們無法得知公司所有人具體承擔多少稅額，但要注意，他們同樣要對其收入和因為所有權而產生的資本收益繳稅。很多人已經指出，這是一種「雙重徵稅」。如果向公司收入徵稅是可取的，最好的解決辦法是把公司所有利潤分配給所有人，然後將其當作收入，按照累進所得稅徵稅。

但是，大部分企業稅卻被轉移到雇員身上（以較低工資和較差福利的形式），又透過較高價格被轉移到消費者身上。我們還是無法得知雇員和消費者具體承擔多少稅額，這可能取決於市場的競爭性。在完全競爭市場，所有投資者都應該賺得相同的稅後利潤，如魯姆爾所說：

企業的經營管理以營利為目的，這與剩餘利潤占投入資本的比例關係密切。即使企業沒有任何淨收益，也必須繳交聯邦企業所得稅，所以稅收與其他不可控的費用一樣，是企業必須承擔的費用，

只能透過提高價格、減少支出來彌補。由於同一行業的所有競爭者都有同樣的想法，因此價格和支出會趨於穩定，並產生稅後利潤，足以使該行業以合理的費用獲得新的資本（Ruml, 1946a）。

因此，我們可以預期，大部分稅收是由勞動者（透過更低的工資）和消費者（透過更高的價格）承擔的。

魯姆爾認為，企業稅扭曲了商業決策，使企業採取那些能最小化稅收的行為，而不是最具有商業意義的行為。當前，這兩種行為高度相關：承擔貸款，並利用低企業稅率把繳出的企業稅再拿回來。由於企業可以把利息視為費用，就有動機透過貸款為投資提供資金，而不是使用營利或透過發行股票來提供資金，這可能會使銀行的風險債務過度增長。隨著工作機會的轉移，企業搬遷將不利於國家利益。但較高的企業稅率會促使企業搬遷到不發達國家，以保持自身的競爭力，因為那些國家為了吸引公司，會大幅削減勞動力價格和稅收。

海曼·明斯基（1986）贊同魯姆爾的觀點：企業稅會促使企業增加貸款，增加在廣告、行銷、高級主管津貼方面的開銷，這些行為將會減少稅收。這扭曲了商業決策，降低了企業效率。但是，明斯基和魯姆爾都擔心有人利用「公司合併」來避稅。如果將企業收入算作企業所有人的收入，以累進所得稅的方式徵稅，可以使企業少用這種方式避稅。這與政府的創造收入需求無關，而與稅收負擔的公平性有關。

每當有人在研討會上問我：「我們該怎樣應對企業轉移到海外避稅的現象？」我都會回答：「取消企業稅。」接著會有人問：「但

如果不透過稅收，我們怎樣展開那些救濟窮人的項目呢？」我的回答與紐約聯邦準備銀行的主席魯姆爾一樣，「徵稅創造收入早已過時」：

　　國家不再需要用稅收來彌補開支了。所有稅收都有社會和經濟後果，所以政府在制定稅收政策時，要充分考慮這些後果。所有聯邦稅都必須面對公共政策與實際作用的考驗。在創造收入的面具下，永遠不應掩蓋稅收的公共目的（Ruml,1946a）。

稅收、電子錢與比特幣

一、PayPal 的創始人談稅收驅動貨幣需求

彼得‧泰爾（Peter Thiel）是 PayPal 的創始人，他明白自己的商業模式，也知道他在影響貨幣。PayPal 的貨幣以美元（和其他 24 個幣種）為單位。歸根結底，是稅收驅動了美國人對 PayPal 貨幣的需求。泰爾明白，比特幣不是敵人。比特幣不是以美元為單位，也沒有稅收支援，但這不代表它沒有價值。記住，鬱金香球莖也曾經有很大的價值。

約翰‧卡尼（John Carney）在《華爾街日報》（*The Wall Street Journal*）網站的個人主頁 MoneyBeat 上，一篇題為「彼得‧泰爾解釋了為什麼比特幣不是貨幣」的文章中寫道：

在沃克斯（Vox）網站最近的採訪中，泰爾先生把貨幣價值和用政府貨幣納稅的需求連結起來。「你不能用比特幣支付稅款，而只能用美元支付。如果你不用美元繳稅，就會有人用槍脅迫你繳稅。」泰爾先生說。稅收驅動貨幣需求價值的想法，被稱為「名目主義」（Chartalism），這至少可以追溯到德國經濟學家格奧爾格‧弗里德里希‧克納普於 1905 年的著作《國家貨幣論》（*The State Theory of Money*）。有人認為，貨幣與貨物相關聯，人們接受貨幣做為一種交換媒介，才使貨幣有了價值。名目說的支持者，將稅收驅動貨幣需求的觀點與上述觀點做了對比。（引自 http://blogs.wsj.com/moneybeat/，編註：該文章頁面已不存在。）

當然，PayPal 用的不是主權貨幣，它是一種電子錢，是完全電子化的。但是，PayPal 在本質上可以充當銀行與接收人的中間人，因為 PayPal 帳戶裡的錢是用戶從銀行帳戶領錢，或透過信用卡墊付而得到的。美國政府不保護 PayPal，但它確實是那些提供帳戶和信用卡的銀行的後盾。美國的稅收可以保證「可用來支付稅收的貨幣」的需求。

二、貨幣經理人談稅收驅動貨幣需求：所以比特幣不是貨幣

在這裡，我們引用約翰・肖恩（John Shayne）在 2014 年 4 月 3 日寫的文章中的一段話（取自 http://www.pbs.org/mewshour/making-sense/the-good-you-do-for-the-dollar-when-you-pay-your-taxes/）：

在每張紙幣的正面，總統頭像的旁邊總會印著這一句話：「這張紙幣是法定貨幣，可償付所有公共及私人債務。」在債務人用美元還債時，債權人必須接受。現金可以被用來履行納稅義務，但從某種意義上來說，納稅是現金的最終用途，因為納稅可以使現金流向政府……若要理解美元的價值，我們就要考慮美元與比特幣有哪些不同。比特幣不是我們避免牢獄之災的必需品，美國法律也不可能把比特幣當作法定貨幣。然而，比特幣不一定可靠，卻以自己的方式優雅且美麗存在著。但許多事物都是美麗的，比特幣也不是唯一的加密貨幣（Crypto-Currency）……我不知道為什麼把美元當作「出獄卡」的想法那麼不受重視。但對像我這樣的貨幣經理人來說，這一觀點很有用，至少我不用一邊找著其他投資，一邊為投資組合中該持有多少現金而寢食難安。還有一種可能，政府……印了太多鈔票，導致購買力迅速下降。但即使這樣，美元仍然比比特幣好，因為班傑明・富蘭克林（Benjamin Franklin）告訴我們，稅收就像死亡一樣不可避免。如果政府很弱小，我們肯定會擔心，但還好，美國的政府很強大。

Chapter 6

現代貨幣理論與
不同的匯率制度

我們之前的討論都具有普遍性，適用於所有使用本國貨幣的國家。不管本幣是釘緊外幣、與貴金屬掛鉤，還是自由浮動，其適用的原則都是一樣的。在本章中，我們將研究匯率制度對現代貨幣理論產生的影響。

我們先討論政府不承諾將貨幣按需求兌換為貴金屬或其他物品的情況。人們把一張 5 美元紙幣交給美國財政部，可以用於繳稅或兌換 5 張 1 美元紙幣（或兌換總額為 5 美元的紙幣和硬幣），但美國政府不會把紙幣兌換成其他物品。

而且，美國政府不會承諾將美元匯率固定在某一水準。我們可以指定美元為不可兌換主權貨幣的代表，而且我們可以說美國實行的是浮動匯率制。這種類型的貨幣，包括美元、澳元、加元、英鎊、日圓、土耳其里拉、墨西哥披索、阿根廷披索等。

在本章中，我們將區分「不可兌換，採浮動匯率的貨幣」和「可兌換，採固定匯率的貨幣」。

01 ▸ 金本位制和固定匯率制

　　一百年以前，很多國家實行金本位制。政府不僅承諾貨幣可以兌換黃金，而且是以固定匯率兌換。其中的一個例子就是承諾 35 美元兌換 1 盎司黃金，這曾是美國維持多年的官方匯率。其他國家也採用固定匯率制，使本幣幣值釘牢黃金，或在二次大戰以後釘牢美元。例如，英鎊的官方匯率曾是 2.8 美元，即人們可以用 1 英鎊向英國政府兌換 2.8 美元。在國際固定匯率體系中，每種貨幣幣值固定，與體系中的其他所有貨幣均相關。

　　為了實現以固定匯率兌換貨幣的承諾，英國不得不保持一定的外匯儲備（和／或黃金儲備）。如果很多人拿著英鎊要求兌換外幣，英國的外匯儲備將迅速耗盡。為了避免這種情況發生，英國政府採取了一系列措施，可以歸結為以下三種：（1）英鎊貶值；（2）借入外匯儲備；（3）緊縮經濟。但效果都不盡如人意。

　　接下來，我們對這三種措施分別進行討論。

　　第一種措施是政府改變兌換比率，比如改為每英鎊兌換 1.4 美元。這樣可以有效地使外匯儲備翻倍，因為政府只需要提供一半數額的美元，就能兌換同樣多的英鎊。但這種行為可能會降低人們對英國政府和英鎊的信心，最終反而會增加了人們用英鎊兌換美元的需求。

第二種措施是政府借入外幣來滿足兌換需求。這需要有國家願意借美元給英國，而且英國必須支付債務的利息。比如，英國可以借入美元，但儘管它不發行美元，也要承擔用美元支付利息的義務。

　　第三種措施是政府可以嘗試緊縮或減緩經濟。為了達到這一目的，政府可以採取一系列政策（統稱為「撙節措施」），這些政策背後的理論邏輯是：英國經濟增速放緩，會相對減少貨物與服務進口，這可以使英國實現外幣帳戶盈餘，增加外匯儲備。這一做法的優點是英國不用負債就可以獲得外幣，缺點是國內經濟增速降低，會導致高失業率。

　　注意，經濟緊縮可以與貨幣貶值配合使用，以創造淨出口盈餘。這是因為：貨幣貶值可以使本國出口的商品對外國人來說更便宜（他們可以用更少的本國貨幣兌換 1 英鎊），同時也使國外商品對英國居民來說更貴（購買以外幣計價的商品時需支付更多英鎊）。

　　因此，英國可以把這些政策結合起來使用，以滿足兌換需求，並增加美元和其他外幣儲備。

Q 一國是如何得到本幣所釘牢的外匯儲備的呢？

A 　　大多數情況下，國家必須要實現經常帳盈餘（將商品或服務賣給國外，或獲得外幣的要素收入〔Factor Income，指從生產要素中獲得的收入〕，或收到國外匯款）或借入外匯儲備。

　　這些政府的外匯儲備最終會用於何處呢？由於賺外幣（如美元）的出口商需要用本幣支付國內的費用，所以，中央銀行會為其他銀行提供貨幣兌換服務，在買入外匯儲備的同時創造本幣儲備。然後，中央銀行往往會用美元儲備向美聯準換取美國國債，這樣就可以獲得利息。這也就是美國經常帳赤字與外國持有的美國國債之間有密切關聯的原因。

02 ▸ 浮動匯率

在 1970 年代早期，美國和其他已開發國家開始實行浮動匯率制度，即政府不再承諾兌換美元。當然，在私營銀行或國際機場的外幣收兌處兌換美元或其他主要貨幣，還是很容易的，貨幣交換基於國際市場當前的匯率進行（減少交易費用）。匯率每天都在變，甚至每分鐘都在變，為了匹配供給（來自用美元兌換其他貨幣的人）與需求（來自想要獲得美元的人）而上下波動。

在浮動匯率體系中，匯率的決定因素十分複雜，有很多因素都可能影響美元的國際價值，如美國資產的需求、貿易平衡狀況、美國相對於其他國家的利率水準、美國的通貨膨脹情況和相對於其他國家的經濟增長情況等。因為涵蓋了太多因素，所以至今還沒有一個可靠的模型能預測匯率的變動。

但是在浮動匯率制下，由於政府不用以固定匯率將本幣兌換為外幣，也就不用擔心會用光外匯儲備（或黃金儲備），瞭解這一點，對於我們隨後的分析很重要。的確，政府根本不需要承諾進行任何兌換。

在實務中，實行浮動匯率的政府持有外匯儲備，而且為了金融機構的運作便利，也會提供貨幣交換服務。但兌換時要按照當前市場匯率進行，而不是保持匯率不變。政府可以干預貨幣匯率市場，把匯率往理想的方向推動，還可以使用總體調控政策（包括貨幣政

策和財政政策）來影響匯率。但這些方法有時有用，有時效果也不盡如人意。

關鍵在於，浮動匯率下，嘗試影響匯率的效果具有任意性。與此相比，固定匯率下，政府就必須採取政策以保持匯率不變。浮動匯率制確保了政府有更多自由去追求其他目標，比如保障充分就業、經濟增長和價格穩定。

在後面的討論中，我們會講到，浮動貨幣提供了更多政策空間，也就是可以用財政政策和貨幣政策達到政策目標的能力。相反的，固定匯率減少了政策空間。這並非指實行固定匯率制的政府無法採取國內政策，而是視情況而定，其中一個重要的因素是：政府是否能儲備足夠的外幣（或黃金）來捍衛本國貨幣。

然而，接下來我們要轉移焦點，討論一下所謂的「商品貨幣」。基於金本位制的固定匯率制度得以實行的時間並不久遠。在過去兩千年裡，曾有政府發行含有黃金或白銀的硬幣，許多人把這些硬幣等同於商品貨幣，這在當時應該是一種基於貴金屬的貨幣體系。在這一體系中，貨幣由於其包含的金銀而具有價值。

由此，我們得到一個令人驚訝的結論：即使是用金銀製成的硬幣，實際上也只是壓印在金屬上的借據。它們不是商品貨幣的例子，而是主權貨幣。

Q 浮動匯率提供了更多政策空間，但固定匯率不是也去除了很多不確定性嗎？

A 我們認為固定匯率確實提供了更多確定性，因為你會知道美元相對英鎊的價值為多少，這使得制定非套期保值合約變得簡單（編註：套期保值，又稱對沖貿易，是指交易人在買進或賣出實際貨物的同時，在期貨交易所賣出或買進同等數量的期貨交易合約做為保值）。但是，政府是否有能力（和意願）維持釘住外幣的制度，卻具有不確定性。特別是在後布雷頓森林體系時代，實行釘住外幣制度的國家，基本上都是在獨自堅守，上述的不確定性尤其突出。

很多人還（自相矛盾地）相信固定匯率可以減少投機性攻擊的可能性，這種想法既有悖於直覺，又有悖於事實。還記得英鎊嗎？據說億萬富豪喬治‧索羅斯（George Soros）曾打擊英鎊，打賭英國無法守住固定匯率制。據推測，他一天賺了 10 億美元。你是願意短缺固定匯率的貨幣，還是每分鐘都在浮動的貨幣呢？這兩種的哪一種可以讓你在一天之內收入 10 億美元呢？你是願意打擊一個移動的目標，還是靜止的目標呢？

長時間來看，釘住匯率的每日波動可能會為零，這與始終在變化的浮動匯率有所不同。但當釘住的匯率發生波動

時，隨之而來的將會是貨幣危機。因為一旦你釘住的貨幣崩潰了，就會面臨對他人違約的風險。如果我先向你承諾，會將我的美元借據以固定匯率兌換為外幣（或黃金），後來卻告訴你，我只能給你一半數額的外幣，那麼我就違約了。這會使市場遭受浩劫。

　　所以，在有些情況下，固定匯率確實提供了更多確定性，直到放棄固定匯率為止。但為了維持固定匯率，一國政府需要有大量堅實的外匯儲備。當今世界上，只有少數國家才能給出以固定匯率兌換貨幣的可靠承諾，其他大部分國家都不行。

03▸金屬商品硬幣？
金屬主義 vs 名目主義：
從美索不達米亞到羅馬

　　在上一單元的最後，我們認為，金屬貨幣從來都不是商品貨幣的一種形式；相反的，它一直是貨幣發行者的借據。本質上，金幣只是國家的借據，是國家負債的「代幣」，即對負債的紀錄，只不過它恰好印在黃金上。國家必須在人們付錢時將借據拿回。根據稅收驅動貨幣需求理論，人們之所以接受這些「代幣」，是因為有稅收「支持」它們，而不是因為它們本身含有黃金。在本單元中，我們會盡力消除「金屬貨幣曾是商品貨幣」的想法，並在下一單元完成所有討論。

　　我們不想在本書中深究經濟史，我們更關心當下的貨幣是如何「運轉」的。但這並不意味著歷史不重要，也不應該忽視過去的故事如何影響今天的人們怎樣看待貨幣。例如，一種普遍的說法（被大多數經濟學家所接受的）是貨幣最初以商品的形式出現。在古代，我們的祖先擁有市場，但他們依賴於不方便的以物易物，直到有人想出可以選擇一種商品做為交換媒介。最一開始，這種媒介可能是漂亮的貝殼，但隨著歷史不斷演進，人們最終選擇貴金屬做為一種更有效的商品貨幣。

　　很明顯，金屬具有內在價值，可以有其他用途。往往會有人認

為金屬的內在價值也同樣存在於金屬貨幣中，這有利於避免通貨膨脹，也就是金屬貨幣的購買力與其他商品相比降低了，因為我們總是可以熔化硬幣，將之鑄成金條售賣。然後，就有各種各樣的故事說：政府如何降低了金屬貨幣的價值（透過減少貴金屬含量），最終導致了通貨膨脹。

根據這些故事，政府後來開始發行紙幣（或內在價值很小的賤金屬貨幣），但承諾可以用紙幣兌換黃金。然後，又出現了很多故事說：政府如何不兌現承諾。

最後，出現了今天的「不兌換貨幣」，沒有任何「實在的」東西在背後予以支持。由於這個原因，威瑪共和國（Weimarer Republik，編註：1918 年至 1933 年採用共和憲政政體的德國）和辛巴威政府大量印刷紙幣，導致了惡性通貨膨脹的傾向。這讓我們想起主張金本位的人的哀嘆：要是我們能回到黃金的時代就好了，那才是「實際存在的」貨幣本位。

在這裡，我們無法提供詳細的歷史記述來考證那些故事，揭示貨幣歷史的真相，但我們可以給出一個概述。

首先，我們要知道，記帳貨幣至少在四千年以前就存在了（凱因斯曾說，至少四千年以前，貨幣就已經是國家貨幣了。「現代貨幣理論」的「現代」一詞就來自於此）。我們可以在美索不達米亞的泥板文書中得知這些，那上面記錄著按貨幣計算的價值，還有以該種記帳貨幣為單位的價格表。

我們還知道，貨幣最早的起源與債務和紀錄保存密切相關，而且很多與貨幣和債務相關的詞都有宗教意義，如 debt（負債）、sin

（罪）、repayment（償還債務）、redemption（救贖，贖回）、wiping the slate clean（一筆勾銷）、Year of Jubilee（禧年）。在耶穌使用的亞蘭語中，debt 與 sin 是一樣的。主禱文通常被理解為「原諒我們的侵犯」（forgive us our trespasses），也可以翻譯成「我們的負債」（our debts）或「我們的罪惡」（our sins），或者如瑪格麗特·愛特伍（Margaret Atwood）所說的「我們罪惡的負債」（our sinful debts）。

當時的借記和貸記，更像現代的電子條目：在黏土上刻記，而不是使用電腦輸入。我們都知道，早期貨幣單位的名字，來自於主要穀物的計量，即人們欠下、擁有或支付的金額，應相當於多少蒲式耳（bushel）的大麥。這與以下觀點非常一致：把貨幣視為計量單位、社會價值的代表和一種借據，而不是商品。或者，如現代貨幣理論家所說，貨幣是一種「代幣」，就像一張衣帽間的「票」，可以在歌劇表演的最後用它兌換某個人的大衣。

確實，當鋪的「典當」（pawn）來自「抵押」（pledge）這個字，你把抵押品留下後，就會拿到一張當鋪開立的借據，承諾之後會把抵押品再兌換給你。聖·尼克（St.Nick）是當鋪的守護神（或者恰當地說，他守護的是那些典當偷竊品的小偷），但是「老尼克」（Old Nick）卻是指讓我們出賣靈魂的魔鬼（因此，他穿著沾滿煙垢的紅色套裝，to nick 的意思是偷竊）。《舊約》十誡中，禁止覬覦鄰居的妻子（還有男性和女性奴隸、公牛、驢子和鄰居擁有的其他一切東西），最初與性和通姦無關，而是指禁止接受把這些當作抵押品還債。相反的，耶穌被譽為「救世主」，這位「食罪者」會救贖你的罪孽，而在這背後還有一個更古老的傳統，就是為了報答神而進行的活人獻祭（Atwood, 2008）。

我們都知道莎士比亞的訓誡：別借債，莫放債。因為宗教常常認為，「惡魔」般的放債人，以及把自己的妻兒變成債奴、「出賣自己靈魂」的借債人，都是罪孽深重的，即使不是同等罪惡，也至少是勾結在這骯髒的債務關係中，被玷污了。由於夏娃的原罪，人性生來罪惡，只有「救贖」才能把我們從罪惡中解救出來。

當然，對今天的大多數人來說，我們無法逃避對收稅員（而不是對老尼克）的原罪。魔鬼在第一本帳簿上仔細記下了被出賣的靈魂，只有死亡才能將這些罪孽「一筆勾銷」，因為「人死百債了」。現在，收稅員就如同死神一般，是我們生活中肯定存在的兩件事物之一。最初，我們在美索不達米亞有泥板文書，以及用教堂的記帳單位記錄的借款與貸款；在創造貨幣後的幾千年中，我們用宮殿的記帳貨幣記錄借貸。在這個過程中，貨幣是一種普遍存在的工具，衡量著我們的各種罪過。

第一枚硬幣在幾千年以後的希臘被創造出來（據我們所知，是在西元前七世紀的呂底亞）。儘管有很多關於硬幣的紀錄，但在納入金融和債務支付的眾多「代幣」中，硬幣只占了非常小的一部分。例如，在歐洲歷史中，人們更常用符木棒、匯票和酒吧標籤（人們在酒吧後面的石板上，用粉筆記錄酒吧帳單。在這裡，「一筆勾銷」的概念非常清晰且易於理解，如果酒吧老闆娘一直留著這個記錄，一、兩年內欠帳的人，在這個酒吧裡的權利就會受到限制）。

到近代，人們對英國女王的大多數進貢，仍是以符木棒的形式（國王自己的借據，以榛木凹口棒的形式記錄），直到十九世紀才不常用了。當時出現了一個災難性的事件：英國財政部熱情澎湃地把符木棒扔到爐子裡燒毀，結果國會便在這些罪惡的「稅收工具」

的熊熊燃燒中，被夷為平地。

　　在大多數國家，硬幣的數量實在是太少了，因此曾經被頻繁地召回重鑄。但請你試想一下，如果硬幣已經因為其所含的金屬而具有價值了，把所有硬幣召回再融化重鑄，是一件多麼奇怪且沒有意義的行為啊！

　　那麼，什麼是硬幣？為什麼硬幣中含有貴金屬呢？我們並不知道。或許如凱因斯所說：「在赫斯珀里得斯（Hesperides）姊妹的聖園、亞特蘭提斯或某個中亞伊甸園的島嶼上，當冰雪融化、氣候宜人時，人們的心靈自由馳騁，充滿新鮮的想法。」於是，貨幣的歷史「湮沒在時間的迷霧中」，我們不得不依靠推測來重現這段歷史。

　　關於早期的希臘（人們推測這裡是民主和貨幣制度的發源地，差不多也可以確定兩者之間存在某種關聯）有一個假說，由於精英的社交圈是透過「分等級的禮物交換」來維繫的，因此貴金屬就顯得尤為重要。當時的精英階層已經幾乎要壟斷貴金屬了，他們站在露天市集中，對新興城邦（民主的城邦政府）滿懷敵意。據古典學者萊斯利·庫克（Leslie Kurke）所說，城邦的首批鑄幣用於市集中，以「代表政府在所有使用多功能貨幣的領域中，擁有制定和控制價值的最高權威……因此，城邦發行的硬幣是普遍的等價物，可以在市場上流通，這意味著用一種代幣兼併其他代幣，而諸多不同的價值領域，都在城邦最高權威的掌控之中」。（引自 *Coins, Bodies, Games, and Gold*, Princeton University Press,1999）

　　精英階層在社交禮節上為貴金屬賦予重大的意義，城邦便有意透過使用貴金屬鑄幣，來表現對精英階層的蔑視。城邦政府將精

英階層幾近壟斷的貴金屬用來鑄幣，甚至供平民在妓院使用，透過使用貴金屬並在上面壓印，來玷污並蔑視精英階層分等級的禮物交換，同時也宣告了自己的最高權威。

城邦使用硬幣做為政府的支付手段，並要求百姓也用硬幣支付，於是漸漸把權威嵌入市集的零售業中。同時，市集及其所使用的硬幣，顛覆了禮物交換的層級，這就如同把稅款和日常支付交給城市地方官員的行為（嚴懲受賄官員的做法同樣如此），挑戰了以往基於禮物交換及恩惠的「自然」法則。

如萊斯利·庫克所說，硬幣只不過是城市權威的代表，用任何金屬鑄造都可以。但貴族用一個人擁有的貴金屬數量及品質來衡量其財富，所以城邦就要鑄造高品質的、純度不變的硬幣。注意，黃金的品質不會隨時間而改變，因而被稱為金屬貴族，就像國王一樣，用來鑄造硬幣的金屬也需要類似的性質。由於城邦的公民能透過高品質的、統一的硬幣（在過去的文學文獻中，城市會透過硬幣的品質來檢驗公民的「勇氣」）而獲得平等的地位，同時，金屬貨幣透過提供價值衡量標準，使勞動力具有可比性。在這種意義上，金屬貨幣是一種平等主義的創舉。

從那時開始，硬幣中通常包含貴金屬。羅馬繼承了這個傳統，庫克的研究也與聖奧古斯丁（St. Augustine）的觀點一致。後者認為，羅馬的貴金屬硬幣代表著皇權，冷酷地為皇帝服務，這就像可以將人類視為耶穌的硬幣，充滿崇敬地為耶穌服務。我們還要注意貨幣和地區的關係，關於這一點可以與羅馬時期進行討論。在下一個單元中，我們將探討羅馬從古至今的金屬貨幣制度。

他（指上帝）說：「假裝為善的人啊，為什麼試探我。請給予我貢金。」這些錢幣上刻印著頭像和題字。「給我看看你們要支付什麼，準備好了什麼，被要求做什麼。」因此，「他們給他看了一枚銀幣」。然後，「他問這上面是誰的頭像和題字」。他們回答說，「凱撒的」。於是，凱撒尋找著他自己的頭像。凱撒不想看到自己下令製作的東西離他遠去，上帝也一定不想看到自己製作的東西離自己遠去。凱撒，我的兄弟，他並沒有創造錢幣。錢幣是鑄幣的主人製造的，工匠們聽從他的命令。凱撒向他的牧師們發出命令，他的頭像被印在錢幣上，因而錢幣上有了凱撒的頭像。凱撒要求瞭解其他人印了什麼，他把錢幣視若珍寶，由不得別人拒絕他。而基督的硬幣是人類。在人的心中，有基督的圖像、基督的名字、基督的禮物，以及基督規定的義務。（以上內容取自：*St.Augustine on the Sermon on the Mount, Harmony of the Gospels and Homilies on the Gospels*）

一個注釋者也說：「『把人比作硬幣』也可能是猶太教士的暗喻，當凱撒把他的頭像印在一千個硬幣上時，它們看起來都一樣。但當上帝把他的圖像放進一千個人心中，它們卻截然不同。」

Q 金幣不能減少偽造錢幣的行為嗎？

A 　　毫無疑問，黃金相對難以取得，這就會促使人們對黃金進行切割、稱重，也會產生格雷欣法則（Gresham's Law，即劣幣驅逐良幣）動態以及下一個單元要討論的情況，使用黃金的優勢也因此被抵銷。請注意，統治者自古以來就創造出很多防止偽造錢幣的方法：嚴實包裹好的泥塑範本被放到「箱子」裡，上面記錄的主要資訊複寫在箱子上。若要得到所有內容，你必須打破箱子，而這種行為只有在最終結算那天才被允許。這可以防止範本被調包。

　　還有一個更廣為人知的例子是符木棒：人們在木棒上鑿出凹口以記錄貨幣單位的數量，然後將木棒一分為二，分別為「存量」和「存根」，債權人和債務人各拿一根。債權人拿的那一根可以做為支付方式流通，當最終有人把這根符木棒拿到債務人面前要求償債時，「存量」和「存根」符木棒上的切口必須匹配。當然，我們在票務上仍然使用「存量」和「存根」，以匹配上面的數字。可見，防止偽造錢幣有許多更好的辦法。之後隨著硬幣壓印技術的改進，想要偽造就更困難，也不再需要貴金屬了。

04 ▸ 金屬商品硬幣？
金屬主義 vs 名目主義：
在羅馬之後

＊對於此處的討論，特別感謝克里斯‧德桑（Chris Desan）、大衛‧福克斯（David Fox）和劍橋大學研討會的其他參與者。讀者可能會對以下這篇文章感興趣：「先有金錢？還是先有債務？」（Which came first, money or debt? at http://www.boston.com/bostonglobe/ideas/articles/2011/08/21/which_came_first_money_or_debt/）

　　從現代貨幣理論的角度看，「錢的事」就只是「代幣」或記錄債務等。如果這個觀點正確，為什麼要把紀錄壓印在貴金屬上呢？在創造硬幣的前後幾千年裡，債務只是被記錄在黏土、木頭或紙上。後來為什麼有這種轉變呢？我們認為，古希臘的硬幣起源，只能放在當時社會的特定歷史環境去看。使用貴金屬不是偶然，但是金屬貨幣的起源也與商品貨幣觀點不一致。雖然使用貴金屬很重要，甚至可以說很關鍵，但這麼說是出於社會原因，與民主城邦的興起緊密相關。我們現在就來探究一下，從羅馬時代到現代西方社會的金屬貨幣制度。

　　羅馬的硬幣也含有貴金屬，但羅馬法律採用所謂的「名目主義」，也就是硬幣的名目價值由官方決定，而不是由硬幣的金屬含量決定（此即金屬主義）。硬幣體系井井有條，儘管硬幣與硬幣之間的貴金屬含量變化很大，但當時並沒有發生貶值或通貨膨脹等大

問題。

在羅馬法律中，一個人可以寄存一袋特定的硬幣（放在小囊中），並在償還時要求返還相同的硬幣。但如果一個人欠了一筆錢（不是特定的硬幣），在還錢時，債主必須接受任意組合的硬幣，只要是「這個國家的錢」即可，而當法院強制執行支付時，則使用官方批准的硬幣。

在近代早期，這種做法依然流行，個人出於安全考慮，可以寄存一袋密封的硬幣（之後可以要求返還一袋依然密封的同種硬幣）或零錢（在這種情況下，返還時寄存者必須接受任何法定硬幣）。因此，在一般情況下，「名目主義」更加流行，但在小囊中封存特定硬幣的做法，卻與「金屬主義」很相似。

在現實中，部分觀點認為硬幣是一種「動產」，持有者對其擁有財產利益。但一旦持有者的零錢與其他硬幣混合，硬幣就「沒有特徵」了，沒有辦法來確定硬幣的具體所有權，索賠人只能要求以法定貨幣（羅馬文為 legalis moneta Angliae）賠償，比如在英國，國王規定法定貨幣為「英鎊」。當時沒有統一的硬幣（英國以貨幣記帳，卻沒有發行英鎊硬幣），人們使用經國王宣布的適當數量的法定硬幣來償還債務（其中也可能包括外國硬幣），由國王來規定硬幣的名目價值。

發行硬幣的當權者可以自由改變各種硬幣的金屬含量。如果有人在支付中，不接受統治者的硬幣或其規定的硬幣價值，他將面臨嚴酷的懲罰（通常是死刑）。但還有一個悖論：國王在收到硬幣時（透過費用、罰款和稅收等）會進行稱重，拒絕接受或以低價接受較輕的硬幣。如果硬幣真的是以名目價值估價的，為什麼還要稱重呢？

為什麼身為硬幣發行者的國王，似乎在採取雙重標準（「金屬主義」與「名目主義」）呢？

在私人流通中，賣家也更喜歡「重的」硬幣，那些稱起來更重，或有更高純度的硬幣（如有更高的貴金屬含量），因為他們不想用重量輕的硬幣向國王繳費。因此「格雷欣法則」（劣幣驅逐良幣的法則）就會起作用了：每個人都想支付「輕的」硬幣，獲得「重的」硬幣，這樣一來，大家自然會關心硬幣的金屬含量，也就會有人製造並出售相當精確（也很小）的秤，供人們私下稱硬幣的重量。對現代歷史學家（和經濟學家）來說，此時，「金屬主義」占了上風：看起來硬幣的價值是由金屬含量決定的。

但在法庭裁決中，法律更偏愛「名目主義」：人們應該接受任何法定硬幣。國王對拒絕接受法定貨幣的人，會執行長期監禁甚至死刑做為懲罰，這種判決通常「隨國王的心情」而決定。這真是個好說法！你可以想像國王無限期地控制那些拒絕硬幣者時所感受到的「喜悅」。然而，所有這些都會讓人百思不得其解，到底要選擇名目價值還是金屬價值呢？

最後一個令人困惑的問題是：直到有人發明了現代鑄幣技術（包括銑削和壓印），「切割」硬幣──切斷硬幣的邊緣，才變得相對容易。此外，也有人透過磨硬幣來獲得金屬顆粒。（而且，正常磨損也會迅速減少硬幣的金屬含量，而黃金硬幣的硬度特別低，所以不適合做「有效的交換媒介」，這是質疑「金屬主義」的另一個原因。）

因此，國王要對硬幣稱重，檢查是否有人切割過硬幣。你可以想像，切割硬幣的懲罰也是相當嚴重的，包括死刑，但很難抓到罪

犯。如果國王不這麼做，他就會成為格雷欣法則的受害人，每次他重新鑄幣時擁有的貴金屬都會減少。但因為國王對硬幣稱重了，其他所有人也不得不盡量避免成為「格雷欣法則」的受害者（或被指控切割硬幣）。

我們發現，這些使用貴金屬鑄造的硬幣，絕不是「有效的交換媒介」，反而在流通中形成了一種切割、稱重的惡性循環。最終，只有紙幣才能解決這個問題！但實際上，紙幣也不夠理想。也許有讀者收過舊紙幣（我在義大利還沒有使用歐元時也有過這樣的經歷），這是由於「格雷欣法則」的緣故。還好有電腦和發光二極體可以記錄貨幣價值，這價值是無法切割、無法撕破、無法在洗衣機裡被毀壞的。

有時國王會違背承諾，不再以之前同意的價值接受過去的借據，這會使情況變得更糟，因為這是「貶低」硬幣幣值的做法。直到近代，硬幣上都沒有壓印數字以標示其名目價值，國王在「結算房」裡說硬幣的價值為多少，其價值就是多少。

讓我們來看一下早期的貨幣：上面印著神祕的數字或國王的畫像，卻沒有其名目價值。為了有效地使稅負加倍，國王可以宣布所有未支付硬幣的價值減半。

這是統治者的特權，硬幣持有者可能會面臨名目價值不確定的問題。這也是他們只接受較重硬幣的另一個原因，無論國王如何貶低硬幣幣值，硬幣的底線價值都等於其所包含的金屬的價值。在流通中，硬幣的名目價值通常會比統治者設定得更高，並由法院強制執行，且威脅要對拒絕接受該硬幣價值的人進行嚴厲的懲罰。

這個故事還有另一面。隨著現代國家的興起，出現了攣生的、

相互關聯的兩種現象：重商主義和對外戰爭。在一個帝國或國家中，統治者的借據是足值的「代幣」：只要統治者在支付中願意接受它，國民或公民也會接受。「代幣」可以是金屬、紙張或電子紀錄。但在境外，可能就沒有人接受這些「代幣」了。就某些方面而言，除非有一種大家普遍接受的「代幣」（像今天的美元）；否則，國際貿易和國際支付更像是以物易物。

換一種說法，為什麼法國會有人想要敵國（英國）的借據呢？因為在境外，英國的硬幣只能以其金屬含量的價值流通。就英國借據的底線價值而言，「金屬主義」理論恰好適用：硬幣的價值最壞也不會低於其所含金屬的價值，因為硬幣可以熔化，鑄成金條。

這就將我們引到了重商主義和征服新世界的問題上。為什麼一國會想要出口產品？就為了獲得金銀，填滿國王的國庫嗎？為什麼大家要衝向「新世界」獲得金銀？因為發動外戰需要雇傭軍軍隊，需要購買對外戰場上將士所需的補給，這些都需要金銀。英國沒有能空投士兵和補給到法國的巨型飛機，相反的，他們組成陸地雇傭軍軍隊，在當地的裝備店購買補給。這樣就形成了一個惡性循環：戰爭既透過金銀實現，又以掠奪金銀為目的。

在本國，這會引發金融市場混亂。統治者總是缺少金銀，因此有很強的動機進行貨幣貶值（為了獲得金屬以資助戰爭），同時更願意接受重的貨幣。人們也有很強的動機拒絕接受輕的硬幣，願意儲藏重的貨幣。或者，賣家可以設定兩種價格，用重的硬幣支付時價格較低，反之則較高，但這種做法有遭受懲罰的風險。

後來，現代民族國家興起，在金屬貨幣上明確採用「名目主義」，並最終廢除了長期實行的在硬幣中鑄入貴金屬的做法，才逐

漸使混亂的局面變得平穩。我們終於得到了「有效的交換媒介」：電子紀錄的純借據。貴金屬硬幣能記錄借據，但並不完美，誤導了很多歷史學家和經濟學家。

我必須承認，我還沒能完全證明貨幣一定是借據而不是商品。若要有邏輯地論證貨幣不是貴金屬商品，我們還需要更多基礎論據。但是，本章的第 3 和 4 單元，已經足以推翻金屬貨幣是「商品貨幣」的觀點。

Q 硬幣貶值會引起通貨膨脹，還是會導致硬幣囤積從而引發通貨緊縮呢？

A 如前文所述，「格雷欣法則」會引起一個動態過程：人們儲存重的硬幣，支付輕的硬幣。沒有人願意儲存任何貶值的硬幣。在公共支付大廳（你在這裡支付費用、罰款和稅收），你會經歷通貨膨脹（在支付稅收時上繳更多硬幣），然而，「市場」價格的影響卻不是一對一關聯的。換句話說，雖然在公共支付大廳硬幣貶值，但「市場」價格不一定會高漲。不過，這些歷史研究也不是不容置疑的。我們仍然可以推測，那些貶值的硬幣之價值可能會繼續降低，使用這些硬幣來支付時，可能會經歷「市場」價格通貨膨脹。在所有人都想拋出貶值硬幣時，通貨膨脹的速度就會增加。

不管怎樣，過分關注硬幣是有誤導性的。硬幣並沒有那麼重要，人們在繳稅時大多使用符木棒（符木棒無法貶值，因為其名目價值被折成「存量」和「存根」了），在私人交易中使用匯票或直接借記貸記（比如酒吧的紀錄表），這些都是名義上的支付方式。

Q 金本位制不能避免通貨膨脹嗎？

A 理論上來說，可以，如果你遵守金本位制的遊戲規則，黃金的數量可以約束貨幣問題。但也有一些手段可以避開這些約束。你可以收回黃金（珠寶、傳家寶等），可以增加在鑄幣廠購買黃金的價格，可以減少硬幣的金屬含量，可以使用由黃金支持的符木棒、酒吧標籤和紙幣。當以上這些都做完了，你會發現，如米爾頓·傅利曼所說，雖然看起來金本位制在理論上有助於避免通貨膨脹，但在實務中政府卻「欺騙」了百姓。因此，實際上他支持浮動匯率制，但要有貨幣增長規則。

但是請注意，嚴格的金本位制可以起作用，是因為其約束了政府的支出，這是一種財政約束。政府必須持有黃金才能支出，除非發現新的黃金，否則政府的支出在很大程度上受稅收收到的黃金數量約束。這並不是貨幣約束，不像中央銀行控制貨幣供給那樣，而更像一個平衡預算修正案。

05 ▸ 匯率制度和主權違約

在本單元中，我們將討論三個特殊情況：實行釘住匯率但有很大政策空間的國家；實行釘住匯率但對主權債務違約的國家；實行浮動匯率但有政府債務問題的國家。

我們先來說說中國實行的鬆散釘住匯率政策，這是一種管控嚴格的匯率制度。當然，中國讓人民幣以其想要的速度逐漸升值，於是就有人控訴這是一種「貨幣操縱」行為，其中美國官方的聲音最大。表面上是因為美國認為中國維持的匯率太低，在出口上有優勢。這種控訴是不合理的，原因有兩點：

第一，即使人民幣大幅升值，美國對中國的經常帳逆差也不會有多大的改變。相較於美國，中國現在的工資非常低，而且出口的大多是低附加價值產品，在中國進行的往往是勞動密集型的中間裝配階段。如果人民幣大幅升值，導致大量失業，中間裝配階段也會在亞洲的其他地方進行，總之不會是美國。

第二，匯率應該浮動的觀點似乎並沒有說服力。想一想，美國和其他已開發國家也是從 1970 年代才開始實行浮動匯率制的。當然，這樣的政策不符合已開發國家的利益，但它們一定要讓開發中國家現在就放開匯率，也是不合理的。

匯率政策與利率、財政政策一樣，都應該由國內政策制定者決定。經濟入門類書籍很清楚地說過，浮動匯率通常符合國家利益，

因為它可以提供更多政策空間。但世界上的很多國家，尤其是開發中國家，會採用釘住匯率政策，它們認為這樣才符合本國利益。現在還處於開發中國家階段的中國就認為，謹慎地管控本國匯率更符合國家利益。

但是，有鑑於前文所述，釘住匯率會縮小政策空間，而且更容易出現投機行為，具有內在風險性。那麼問題來了：為什麼中國實行釘住（週期性調整）匯率制也能表現得這麼好呢？答案很簡單：因為中國持有上兆美元外匯儲備！沒有人會質疑中國釘住匯率的能力。所以，釘住匯率會縮小政策空間，是有例外情況的。中國巨大的外匯儲備，使其在釘住匯率的同時，擁有很大的國內政策空間，由於中國仍有能力實現經常帳順差（雖然有一天局面可能會逆轉），這種情況在可預見的將來還會繼續。

中國的高速發展與轉型是史無前例的，它很快就會成為世界上最大的經濟體，其人均國內生產總值可能會顯著增長，最終步入世界富裕國家的行列。隨著生產能力和工資水準的增加，中國對出口的依賴會越來越小，最終可能會出現經常帳逆差，外匯儲備流出。到那時，中國就可能會選擇浮動匯率制，以保持國內政策空間，人民幣也很有可能代替美元成為國際準備貨幣，這是未來幾十年內可能發生的事情。

我們再來舉個例子，俄羅斯。當然，俄羅斯曾經是蘇聯的一部分，在過去就比較發達富裕了。蘇維埃社會主義共和國聯盟（USSR）的解體，導致了很多經濟政治問題，我們不對此問題做深入討論。1998 年，俄羅斯拖欠政府債務，震驚金融市場。許多人認為，俄羅斯的這種行為，與現代貨幣理論中「主權政府債務不存在拖欠風險」

的觀點不符。很明顯，俄羅斯的負債是以政府發行的盧布為單位的。這有什麼問題呢？問題的關鍵在於：盧布與美元掛鉤。

曾擔任對沖基金經理的華倫‧莫斯勒，對俄羅斯政府的這次慘敗有直接感受，他對主權債務有一些自己的看法，下面是他的觀點：

1998 年 8 月，俄羅斯中央銀行盧布對美元的匯率為 6.45：1。俄羅斯政府想要保持現有固定匯率政策，不願用美元外匯儲備支付債務，然而，即便匯率很高，盧布持有者對在中央銀行換取美元的渴望依然強烈。俄羅斯政府的美元儲備減少，卻無法從國際市場得到補充，在 8 月中旬，中央銀行只好暫停貨幣兌換，使盧布匯率浮動。在整個過程中，俄羅斯政府其實有能力用盧布支付債務，但由於它選擇了高於市場水準的固定匯率，最終在 8 月中旬，政府已經不願意用盧布支付了。實際上，在盧布匯率浮動之後，政府本可以不動用外匯儲備，但俄羅斯政府，包括財政部和中央銀行，由於國際、國內原因，還是不願意用盧布支付。雖然政府一直有還債的能力，只要在中央銀行用盧布貸記適當的帳戶就可以了，但政府還是選擇了拖欠債務。（原文詳見：http://www.epicoalition.org/docs/flawed_logic.htm。）

對於俄羅斯為什麼這樣選擇，還需要進行更多討論，但有一個事實不容置疑：俄羅斯有能力履行其名義上的盧布義務，卻不願意支付，而是選擇拖欠債務。這是能做的「最佳」決定了，因為這是個政治決策。我們絕不能忽略政治。

另一個相似的案例是 2011 年美國國會關於聯邦政府債務限額

的討論。確實，國會本不應該提高債務限額，至少在經濟上沒有理由這樣做，但政治家們的決策可能會導致瘋狂的後果，最終政府很可能會違背承諾。

我們可以從俄羅斯的案例中，總結出導致政府拖欠貨幣債務的兩個因素：釘住匯率制，以及違約的政治決策（即使是在匯率浮動之後）。

最後，我們看一下 2012 年匈牙利的案例。匈牙利福林是浮動貨幣，政府是貨幣發行者，不需要承諾以福林兌換黃金或外幣，因此，匈牙利政府理應擁有最大的國內政策空間，可以很好地實現其公共目的（詳見第 7 章中關於公共目的的討論）。只要敲敲鍵盤，政府就可以購買任何以福林計價的商品。政府也不用「借入」自己的貨幣，雖然它有可能會發行國債，以做為實現隔夜利率目標的一部分。但事實上，匈牙利政府很快就陷入了嚴重的債務危機。為什麼會這樣呢？

比爾・米切爾（Bill Mitchell）曾經解釋了這個問題（詳見 Bilbo. economicoutlook.net/blog?p=17645）。由於受到全球金融危機的沉重打擊，匈牙利經濟快速下滑，轉為負增長，經濟陷入嚴重衰退狀態。你可以想像，由於稅收暴跌、社會需求激增，政府財政受到了沉重打擊。但匈牙利為了加入歐盟，一直試圖實現《馬斯垂克條約》（Maastricht Treaty，即《歐洲聯盟條約》）的要求，該條約設定了財政赤字和負債比的範圍。因此，匈牙利政府並沒有試圖以財政政策來解決危機，而是放任經濟蕭條。該國浮動貨幣貶值，中央銀行則透過提高利率（試圖以此減少外國人購買以匈牙利福林計價的資產）來解決貶值問題。

貨幣貶值加上利率增加，使匈牙利的債務人深受打擊。實際上，很多債務人以外幣簽發了借據，但他們的工資是以匈牙利福林為單位的。隨著匈牙利福林貶值，償還外幣欠款的壓力增加（還債時需要更多的匈牙利福林）。即使他們的債務以匈牙利福林為單位，本國利率增長也會加大償債壓力。所以，無論是以外幣還是本幣借款，債務人成為危機中首當其衝的受害者。

　　但還有一個現實問題：政府也以外幣借過款，雖然只占其巨額債務的一半。若要償還以外幣為單位的政府債務和私人債務，就必須擁有更多外幣，但這只能透過出口、向外國人借入外幣，或用更多匈牙利福林兌換外幣來實現。這些負債還有違約的風險，因為匈牙利政府不可能透過敲鍵盤的方式得到外幣。市場會擔心匈牙利償還債務的能力，所以利率會進一步增長，信用評等機構進而會下調匈牙利債務評級，使利率進一步增長，還本付息需要支付更多錢，這又會使評級降低，如此就形成了惡性循環。

　　比爾‧米切爾總結道：

　　隨著匈牙利貨幣價值不斷浮動，在這裡生活會變得非常困難。由於國內收入下降，私營部門苦苦償還著外幣債務，其真實的生存狀況會顯著惡化。由於經濟放緩，本幣貶值，經濟無力支撐出口增長（歐洲其他國家的出口增速也在放緩），對國家的外幣債務需要進行大規模重新評估，於是政府不得不拖欠債務。這種形勢非常嚴峻，債券市場會對增加的違約風險做出反應。匈牙利的例子與現代貨幣理論的觀點一致，我們得到的教訓是：在主權國家，浮動匯率和預算赤字從不代表著償付風險。政府總是可以「買得起」以本幣

計價的商品，因為它可以一直透過貸記銀行帳戶來支付，而且不受「市場規則」的約束。

這三個例子說明了釘住匯率的問題（除非國家能夠累積龐大的外匯儲備），即出於政治原因拖欠政府債務所引起的問題（這些問題可能很少，卻代價高昂），以及真實存在的拖欠外幣債務的風險。如果一國政府沒有承諾以固定匯率兌換貨幣，同時不發行外幣債券，那情況就會好得多。

接下來，讓我們談談歐元。歐元的出現這也許是過去幾個世紀中人類不以主權貨幣運行經濟的最大嘗試。

06▸ 歐元：非主權貨幣的建立

　　讓我們回到固定匯率貨幣與浮動匯率貨幣的問題。我們在前文中提到，浮動匯率提供了最大的國內政策空間，而固定匯率通常會降低這一空間，除非像中國一樣持有充足的外匯儲備，以使人們確信其可以穩定地釘住匯率。固定匯率有多種方式，最極端的就是簡單地以別國貨幣做為本國貨幣。現在已經有幾個國家採用美元為本國貨幣，或創造自己的貨幣並以 1：1 兌換美元。這些例子都與我們通常所觀察到的「一個國家，一種貨幣」不同。

　　然而，還有一個更引人注目的例外：歐盟的建立，歐洲國家放棄本國貨幣，採用歐元。在本單元中，我們將討論這個例子。需要注意的是，現在歐盟正面臨危機，我們也無法確定它是否能絕處逢生。在本書出版之前，危機可能已經得到了解決，也可能希臘已經被迫退出歐盟。如果出現這兩種情況，歐盟可能會徹底瓦解，因為市場可能會不斷放棄最弱的成員。現在很難說哪種情況更容易出現（參見後文有關「終局」的討論，318 頁）。

　　本單元中，我們將關注非主權貨幣的建立出現了什麼問題。現代貨幣理論一直認為這是一個「注定失敗」的系統。長期以來，這個立場一直被忽略，甚至被嘲笑，而現在，很多評論家都承認這一系統的設計確實存在缺陷。

6.1 歐元

到目前為止，本書分析的主要是「一個國家，一種貨幣」的典型情況（部分小單元除外）。在歐盟發展起來之前，多國共用一種貨幣的例子並不多見。它們通常僅限於個案，如義大利的梵蒂岡（梵蒂岡雖然在名義上獨立，但它位於羅馬，並使用義大利里拉），或之前的殖民地與受保護國。然而，歐洲進行了一次偉大的實驗，那些加入歐盟的國家放棄了本國貨幣，轉而使用歐元。

貨幣政策由歐洲中央銀行設計，這意味著在歐盟內部，銀行同業隔夜利率相同。各國中央銀行不再獨立設定匯率，它們更像美國的地區聯邦準備銀行，基本上是設定利率的聯準會的附屬部門（利率在華盛頓的聯邦公開市場委員會的會議上確定）。

但有一點不同的是，各國中央銀行仍為銀行之間，以及銀行與本國政府之間，提供清算服務，這意味著它們必然將推動國內財政政策的制定。

雖然整個歐盟的貨幣政策由歐洲中央銀行統一制定，財政政策卻仍掌握在各國政府手中。因此，在很大程度上分離了財政政策與貨幣。我們可以認為，歐盟的成員國是貨幣的「使用者」而非「發行者」，它們用歐元徵稅、支付，以及發行歐元債券時，看起來更像是用美元徵稅、支出、借貸的美國各州。

6.2 與美國各州的對比

美國要求各州提交平衡預算案（憲法要求四十八個州這樣做，但這並不意味著財政年度結束時，它們一定會實現預算平衡，收入可能比預計的更低，支出也可能比預計的更高）。美國各州仍可以借錢，比如當州政府資助長期的公共基礎設施建設時，它會發行美元債券，然後再用稅收償還這些債務。每年，各州政府把償還債務當作支出計畫的一部分，力圖確保總收入能涵蓋所有經常性支出，包括償還債務的支出。從技術上講，憲法要求的經常帳平衡，包括債務利息在內。

如果最終州政府預算產生了赤字，信用評等機構可能會下調其債務評級，意味著利率將會上升。這將導致一種惡性循環：加息會增加債務成本，從而使赤字擴大，評級繼續下調。於是，就出現了債務違約的可能性，在美國就有這樣的例子，州政府和地方政府若不是接近違約，就是實際上被迫違約（奧蘭治縣是美國最富有的縣之一，但也拖欠過債務）。另外，經濟衰退，如始於 2007 年的經濟危機，會使許多州政府和地方政府遭遇債務問題，引發信用降級，最終會迫使各州政府及各地方政府削減支出和（或）提高稅收。

為了降低歐盟中的國家出現這種債務問題的可能性，每一個成員國都同意對預算赤字和債務問題的限制，即各國政府的預算赤字不得超過國內生產總值的 3%，累積的政府債務不得超過國內生產總值的 60%。但在現實中，幾乎所有成員國都屢次違反這些標準。

6.3 歐盟成員國是貨幣「使用者」而非「發行者」

對於採用歐元的國家，其貨幣不是本書所講的「獨立的」貨幣。看起來，這些國家似乎採用了一種外幣，這類似於一個國家透過基於美元的貨幣發行局制度實現了美元化。但情況也沒有那麼極端，因為歐盟的形成已經確保了當有成員國陷入財務困境時，其他各成員國願意對其伸出援手（這一點在 2008 年全球金融危機首先波及歐元區時就可以證明）。

此外，有能力充當「最後貸款人」的歐洲中央銀行，為歐盟各國提供了靈活性。當一個國家（比如阿根廷）採用基於外幣的貨幣發行局制度時，誰也無法確保（也許根本沒人會期待）該貨幣的發行者（比如美國）會在危難時雪中送炭。儘管看起來《馬斯垂克條約》為經濟陷入困境的國家獲得援助一事設置了極大的障礙，但各國還是期望在緊急情況下，會有其他國家願意提供財政援助。

現代貨幣理論的學者早就預言，歐元區的結構不足以應對金融危機。果然，在全球經濟危機的餘波中，愛爾蘭、希臘（後來是賽普勒斯）相繼面臨經濟崩潰，所有問題一下子凸顯出來。2011 年和 2014 年，多虧歐盟其他成員國和歐洲中央銀行的援助，希臘的國債市場才沒有崩潰。2015 年春季，由於人們還沒有找到永久的方案來解決非主權貨幣所引起的問題，危機繼續在整個歐元區蔓延。接下來，我們將回顧這場危機的細節。

Q 像希臘這樣使用歐元的國家，可以在本國發放淨金融資產嗎？

A　　我們先忽略政府和外國部門。在國內的私營部門，許多經濟單位向其他經濟單位簽發借據，做為自己的資產。顯然，每一筆債務都有對應的資產，它們的淨值為零。現在，我們加入政府部門，政府對國內私營部門具有債權，同時也向自己發出償還要求。私營部門向政府提供其借據，履行對政府的義務（「借據」即為貨幣的廣義定義，但實際上稅款最終是動用準備金支付的，這由在中央銀行具有帳戶的銀行進行交易）。

　　如前文所述，政府赤字開支會導致淨負債，因此，私營部門將擁有政府債權形式的淨金融資產，而這些資產實際上是中央銀行的銀行準備金。於是，政府就可以出售利息更高的國債供人們選擇，如果人們想購買，就必須借記準備金帳戶。問題是，這些準備金或國債對國內私營部門來說是否是淨金融資產呢？答案是肯定的。

　　現在，我們再加入外國部門進行分析。假定一國政府實行相當於釘住匯率的制度，讓本幣以 1：1 兌換某一外幣，或是直接使用外幣，比如歐元。該國中央銀行在發行貨幣的中央銀行（如歐洲中央銀行）開立準備金帳戶，累積外國（歐

盟其他國家）中央銀行（的金融資產）的債權，外國人同時也累積該國的債權（金融負債）。該國使用歐洲中央銀行的準備金進行清算（歐洲中央銀行借記該國準備金，貸記擁有該國債權的別國銀行的準備金）。當需要結算短期準備金時，該國就必須向在歐洲中央銀行擁有帳戶的其他銀行，或直接向歐洲中央銀行借錢。

當希臘國內私營部門及政府部門採購國外商品、服務和資產時，外國中央銀行將累積對希臘中央銀行的債權。同時，外國人購買希臘的商品、服務和資產時，希臘中央銀行也將累積對外國中央銀行的債權。如果希臘的經常帳呈現赤字，希臘就擁有淨負債，這代表由外國人持有的希臘的淨金融資產，（從技術上講，如果加入官方交易，經常帳逆差會與資本帳盈餘相抵銷）。該淨金融資產，包含了對希臘私營部門與政府的債權。只要外國人願意累積對希臘（私人和政府債務人）的債權，歐洲中央銀行願意把準備金借給希臘中央銀行，一切都會風平浪靜地繼續下去。但是，希臘遭受了「市場的反覆無常」，為了繼續借錢給希臘，「市場」可能需要更高的利率，這正是希臘債務被降級至 CC 時發生的狀況（CC 是非常危險的「垃圾」等級）。

07 ▸ 歐元危機

　　隨著 2008 年全球金融危機爆發，許多「邊緣」國家（特別是歐豬五國）遭遇了嚴重的債務問題和信用降級。市場促使這些國家的利率上升，使問題更加複雜：政府債務利率持續上升，最終高於國內生產總值增長率，這導致債務比率上升。歐盟被迫進行干預，歐洲中央銀行採取貸款的方式幫助這些國家（甚至還有國際貨幣基金組織提供的貸款）。美聯準也借給歐洲中央銀行數兆美元，歐洲中央銀行再把這些錢借給各國銀行。面臨債務問題的國家被迫採取緊縮方案，如削減開支、裁減政府雇員、強制減薪、提高稅費等。

　　一些幾乎沒有債務問題的國家，如德國（還有芬蘭和荷蘭），開始指責希臘這樣「揮霍」的鄰居，說它們實行了不負責任的財政政策。當市場有效預測弱國政府會債務違約時，信貸價差就會飆升（信貸價差即是由德國政府支付的債務利率與由弱國支付的債務利率的差額。「信用違約掉期」是一種規避違約風險的方式，其流行程度是預測違約的良好指標）。

　　從實際情況來看，我們要明白，與歷史上的一些國家相比，歐洲國家的預算赤字或債務比率，實際上並沒有高得無法容忍（如圖 6-1 和圖 6-2 所示）。事實上，當時日本的赤字和債務比率比歐洲各國高得多，而美國的比率也與一些面臨債務危機的歐洲國家相似。然而，在那些自己發行本國浮動匯率貨幣的國家，市場反應不像歐洲那樣強烈，政府債務利率沒有被迫上升（甚至在信用評等機構偶

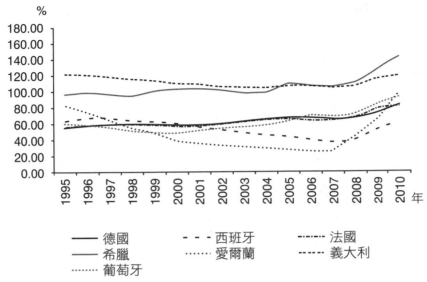

圖 6-1：1995 ～ 2010 年政府債務占國內生產總值比重
（資料來源：歐洲中央銀行）

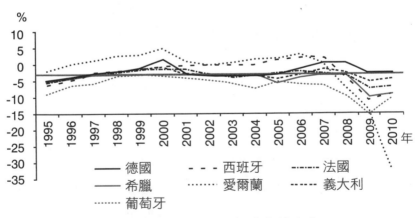

圖 6-2：1995 ～ 2010 年政府總赤字
（資料來源：歐洲中央銀行）

爾下調其債務等級時也沒有,比如之前對日本降級時和揚言要對美國降級時)。實際上,在這場危機之前,歐洲各國的債務比率,比那些自主發行貨幣的國家更低。赤字也沒有失控,直到危機爆發。

那麼希臘與日本之間究竟有什麼不同呢?為什麼日本的負債比率高於希臘,市場卻對日本和希臘差別對待呢?

正如前文所述,我們必須要明白,當希臘加入歐元區時,放棄了本國的主權貨幣,採用了本質上是一種外幣的歐元。當日本償還債務時,它只需要敲擊鍵盤,在資產負債表上留下紀錄就可以了。日本永遠不可能用完「按鍵」,只要有需要,它要創建多少日圓條目都可以,所以日本永遠不可能被迫違約,拖欠債務。一個擁有主權貨幣的政府,始終「支付得起」到期的款項,這確實需要財政部和中央銀行之間的合作,以確保銀行帳戶獲得利息,還需要民選代表支持利息支出的預算。但是,市場願意推測主權政府會在債務到期時履行其義務。

但對於歐盟的成員國來說,情況就大不相同了。首先,歐洲中央銀行對成員國來說有更大的獨立性,這不同於隸屬於美國政府的美聯準。美聯準是「國會的產物」,對國會負責;歐洲中央銀行在形式上獨立於任何國家的政府。美聯準的操作程序,可以確保它與美國財政部密切合作,讓政府支出所有由國會批准的款項(至少可以達到國會規定的債務上限)。為了提供成員銀行所需的準備金,美聯準通常會購買美國國債;但是,歐洲中央銀行卻被禁止向成員國政府提供資金,只能在二級市場上購買債券,以增加穩定性,而且,歐洲中央銀行也不能直接對成員國政府或其銀行施以援助。令人驚訝的是,截至 2012 年 1 月中旬,歐洲中央銀行的資產負債超

過 5 兆美元，幾乎是美聯準的兩倍，但美聯準在保護金融系統方面其實沒有如此嚴格的約束。

從歐盟的角度來看，財政政策與貨幣發行分離並不是缺陷，而是一個設計上的特色。分離的目的是要確保沒有成員國可以操縱歐洲中央銀行，使其敲敲鍵盤就可以得到資助。不然，這些國家的預算赤字情況可能會肆無忌憚地出現。歐盟相信，如果迫使成員國到市場上去尋求資金，市場規則會使預算赤字保持在合理範圍內。如果政府想借入的資金過多，利率就會上升，這會迫使政府削減支出、提高稅收。因此，放棄貨幣主權，理應有利於遏制某些國家的無度揮霍。

最終是什麼「壓垮了駱駝」呢？簡單來說，固定匯率、部門的恆等式，以及一點資料造假（據報導，希臘隱瞞了其政府債務的真實數量）和全球性的金融危機，最終導致了這次可怕的政府債務危機。此危機在歐盟的邊緣國家迅速蔓延，甚至威脅整個聯盟。

由於每個國家都採用歐元，所以歐盟成員國的匯率都是固定的。在全球金融危機爆發的前十年，一些國家（如希臘、義大利）沒有很好地抑制住通貨膨脹（特別是工資），它們發現自己在歐洲範圍內越來越沒有競爭力，出現了長期的貿易赤字，尤其是在與德國進行貿易時。從總體經濟收支會計學中可以知道，經常帳赤字必定等於政府預算赤字和（或）國內私營部門赤字。因此，德國可能會（也理所當然會）指出希臘政府和私營部門的「揮霍」支出，希臘可能會（也理所當然會）指責德國依賴貿易順差的「重商主義」貿易政策。德國之所以能保持較低的預算赤字和較高的私營部門儲蓄，是依靠對鄰國的出口來保持本國經濟增長。但反過來，這意味

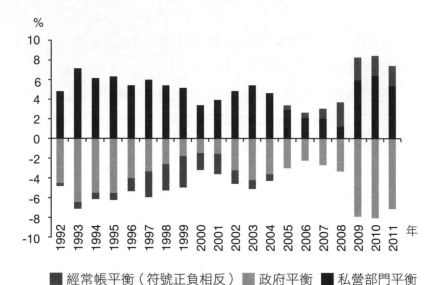

圖 6-3：各部門平衡占國內生產總值比重（歐元區）

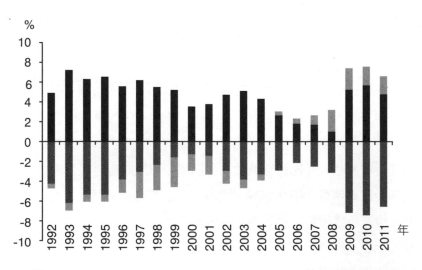

圖 6-4：各部門平衡占國內生產總值比重（法國）

著德國的鄰國累積了大量債務，公共部門和私營部門都有，最終市場會做出反應，降低這些國家的信貸評級。

圖6-3反映了歐元區整體的三種金融平衡。我們很容易看到週期性波動。但同樣明顯的是，作為一個整體，歐元區本質上實現了貿易平衡，其政府赤字等於私營部門盈餘。然而，這種情況在成員國之間差異巨大。

圖6-4是法國的數據。法國一直保持著小額的經常帳赤字，但自經濟危機爆發以來，卻開始有大量的私營部門盈餘，這就意味著法國出現了巨額的預算赤字。

圖6-5為西班牙的數據。在全球金融危機以前，西班牙的私營部門赤字數額驚人，這意味著政府擁有大量的私人債務，這有點像

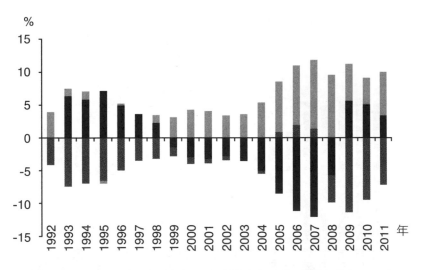

圖6-5：各部門平衡占國內生產總值比重（西班牙）

美國柯林頓執政時期出現的「金髮女孩經濟」時期。西班牙政府實現了一些盈餘，但其經常帳卻有巨額赤字。隨著危機爆發，一切都被改變了：私營部門開始實現盈餘，經常帳赤字減少，政府赤字激增。

最後讓我們看一下義大利，如圖 6-6 所示。義大利是以世界上最大的政府負債國之一而聞名（臭名昭著），另一個就是日本。

需要注意的是，義大利的赤字波動要小得多，實際上，自從歐洲貨幣統一（採用歐元）後，政府赤字一直不大，在經濟危機爆發前遠低於國內生產總值的 5%。貨幣統一後，義大利的私營部門收支差額很小，但總體為正（2007 年和 2008 年除外），政府出現了小額的經常帳赤字。然而，隨著歐元區經濟危機爆發，義大利成了最嚴重的受災區之一，是專享「歐豬五國」稱號的成員國之一，而成員國中還包括審慎財政的「典範」：西班牙。

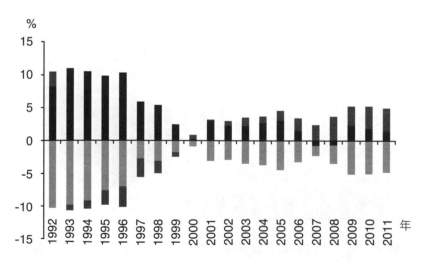

圖 6-6：各部門平衡占國內生產總值比重（義大利）

不幸的是，這些政府進行了「創造性的」會計紀錄，即隱瞞債務，這導致東窗事發後，各國之間的相互指責更加嚴重。全球金融危機爆發後，市場投機者馬上把資金轉向了最安全的國債（美國國債，在歐洲則是德國和法國國債），這也引起了很多問題。房地產泡沫破裂波及了金融市場和負債家庭；歐洲範圍內的銀行問題，透過救助計畫而增加了政府的債務（愛爾蘭政府的債務問題就是因為救助那些陷入困境的金融機構而引起的）；經濟增長放緩使得政府稅收減少，轉移支付增加。

為了避免債務違約，歐洲中央銀行不得不放棄之前已下定的決心，著手安排救助計畫。官方開始認識到，將一個國家與其貨幣完全分離（即將財政政策從主權貨幣中分離出來）並不是一個好主意。甚至是現代貨幣理論的批評家，比如保羅・克魯曼（Paul Krugman），也逐漸認識到，現代貨幣理論一直有其合理的地方：發行本國主權貨幣的政府，不會被迫拖欠債務；使用外幣的政府，違約風險卻很大。

大多數所謂的「歐豬五國」只在全球金融危機後陷入了嚴重的困境，一方面是因為稅收收入下降，而財政需求增加；另一方面，是因為其中的一些國家試圖拯救本國金融機構。經濟危機將私營部門債務的危險程度暴露無遺，於是金融機構縮減開支，儲戶試圖擁有最安全的資產，消費者膽戰心驚地減少消費，結果可想而知：企業由於銷售低迷而不得不進行裁員，稅收收入銳減，部分政府社會專案（如失業補償）的開支增長。換句話說，這和在美國出現的情況大同小異，即金融危機造成了經濟衰退。所有這些都導致政府債務快速增長，各國（陷入困境的「歐豬五國」，與實力較強的經濟

體，如德國、荷蘭、法國等）之間的利率差距迅速擴大。於是，惡性的利率動態變化開始了，更多債務意味著更高的違約風險，這使得利率上升，利息支出增加，最終導致債務增長得越來越快。

　　歐洲各國政府也試圖嘗試遵循「穩定與增長公約」（SGP）的限制（赤字占國內生產總值的 3% 以下，債務占國內生產總值的 60% 以下），這注定會失敗，因為預算赤字具有內生性，在全球金融危機中，歐洲各國無法自保，只可能導致全球性或至少是歐洲大陸的經濟蕭條。

　　政府預算平衡的波動，需要與投資的波動（或者更廣泛地說，是私營部門資產負債的波動）相同，這樣才可以用財政政策來抵銷商業景氣循環。政府預算可以當作一種工具，來創建相對穩定的系統，支援高就業率。而歐洲人卻沒有這樣做，他們實現了低赤字的政策目標，卻沒有考慮到這會給經濟帶來什麼樣的後果。即使沒有穩定與增長公約，歐盟的政府支出也被市場的風險觀念所制約著，因為這些國家沒有像美國、英國或日本一樣的主權貨幣體系。

　　換句話說，歐盟的制度安排還沒有達到可以處理全球金融危機的水準。但可以肯定的是，美國在處理金融危機時也沒有表現得多好，而這幾乎完全是由糟糕的政策所導致的。在歐元區，即使有最好的政策，一國也無法獨自解決它面臨的種種問題。它們需要一個全歐洲範圍的中央財政部，支出必要規模的資金。然而事實上，歐洲各國依賴歐洲中央銀行的指令來緊縮財政，最終使歐元區的情況比美國更糟糕。截至 2015 年中期，整個歐洲幾乎都停滯不前，金融部門也由於希臘問題而危在旦夕。只有時間才能告訴我們這場危機將如何收場，我們只能先來討論一下可能的解決方案。

Q 德國遏制通貨膨脹，不是更負責任的表現嗎？我們難道不應該指責縱容通貨膨脹的「歐豬五國」嗎？

A 眾所周知，德國一直在控制著工資上限，而幾乎所有其他的歐元區國家都允許工資上漲，這使得其他許多國家的勞動力與德國勞動力相比完全沒有競爭力。

我們應該將矛頭指向哪裡？是德國還是希臘？德國選擇了「競相殺價」的策略，如果其他國家也採取相同的策略，最終各國的工資都會趨於零，這的確使勞動力足夠有競爭力了，卻會使歐元區的生活水準整體下降，極端情況下甚至可能降到最低水準。如果「歐豬五國」的工資沒有「過度」增長，財政沒有入不敷出，德國就不可能成為一個淨出口國。俗話說「一個巴掌拍不響」，歐元區內部各國的關係是不正常的，我們不應該只指責債務國。

08▸ 歐元迎來終局了嗎？

　　自全球金融危機以來，歐盟經歷了一系列的危機，也推出了許多援助計畫來拯救大型金融機構和成員國政府。中間派政府面臨著極右派和左派的雙重挑戰。最近，希臘的反緊縮政黨已經上臺，西班牙也很有可能做出同樣的選擇。這些民粹主義政黨承諾將進行減免債務的談判，並結束三巨頭（歐盟、歐洲中央銀行及國際貨幣基金組織）強加的緊縮政策。然而，理性不一定會占據上風。中歐國家，尤其是德國認為，問題在於邊緣國家的個體行為，而不在於歐元本身。

　　這不僅是希臘、愛爾蘭、葡萄牙或西班牙的問題，而且是整個歐盟的問題，緊急的救援計畫只能治標卻不能治本。

　　即使成員國沒有忙著指責鄰國的揮霍無度，相互爭吵不休，目前的政策安排也無法有效地應對危機。當市場決定攻擊一個成員國時，市場很快就會發現自己陷入了惡性的債務陷阱，因為利率上升會使預算蒙受巨大損失。其他成員國最多可以把債務打包，以稍微優厚的條件放貸。但債臺高築的成員國所需要的不是更多的債務，而是減免債務和經濟增長。為了獲得貸款而採取的緊縮政策，只會使經濟負增長，增加預算赤字，導致更多孤注一擲的借貸。

　　無論使用以上哪種方式，債務國都會陷入債務陷阱：如果從市場借入資金，利率就會上升；如果從歐盟（或國際貨幣基金組織）借入資金，就要以採取緊縮政策做為交換，導致經濟增長下降，稅

收收入銳減。

對於陷入困境的國家來說，還有一種解決方案，即離開歐盟，重新由政府發行主權貨幣，如希臘的德拉克馬、義大利的里拉等。這種方案將是破壞性的，具有短期成本，但好處是可以創造更多的國內財政和政策空間以應對危機。不過，離開歐盟的國家可能會拖欠以歐元計價的債務，並因此遭到歐盟的報復。

然而，一些人更傾向於建議使用「日耳曼語和拉丁語」雙貨幣制度，將歐元區分為兩部分，北部的日耳曼語國家使用一種貨幣（如歐元 T），南部的拉丁語國家使用另一種貨幣（如歐元 L，假定其交換價值較低）。但這樣只會將一國（比如希臘）與另一種外幣相連。儘管此外幣相對於現在的歐元來說價值較低，但它不會有更多的財政和貨幣政策空間。為了恢復最大的國內政策空間，各國最好都使用自己的浮動匯率貨幣。

如果不選擇分裂，那麼唯一的解決方法就是重新規畫歐盟。許多批評家早就指責過歐洲中央銀行增長乏力，在邊緣國家尤其如此。該觀點認為，歐洲中央銀行維持的利率過高，導致充分就業難以實現。然而，這種說法是不正確的，但原因並非降低利率不可取，而是因為即使有運行得最好的中央銀行，設置方面的真正問題仍在於對財政政策的約束。幾年前有一篇文章論證了，歐洲中央銀行的政策與美聯準相比，並沒有明顯的收緊，但美國的經濟表現卻在持續改善。

兩者的不同之處在於財政政策。華盛頓時期的預算保持在國內生產總值的 20% 以上，而且經常會出現占國內生產總值百分之幾的預算赤字。相比之下，歐盟議會的預算不到國內生產總值的 1%。

當個別國家試圖透過本國政策填補赤字缺口，便導致了歐債危機中的種種問題。

問題是，由於赤字和債務增加，市場做出反應，提高了利率，而歐盟的成員國不像美國、日本或英國等主權國家一樣自己發行貨幣，只是外幣的使用者。長期以來，現代貨幣理論一直認為，歐盟的成員國更像是美國的一個州。當市場迫使各州實現預算平衡時，華盛頓用財政轉移支付的方式減輕了各州的壓力，這在一定程度上避免了美國遭遇嚴重問題。因此，歐盟成員國的赤字大部分用於支付利息，而美國各州的赤字則流入國債的境外持有者手中（即負債各州境外的債券持有者），歐盟成員國可能難以對經濟實現有效的刺激。

一旦我們瞭解了歐盟的弱點，就不難找出解決方案了，包括增加歐盟議會的財政政策空間，比如，將預算增加到國內生產總值的15%，使各國有能力發行債券。是否應集中做出支出決策是一個政治問題，但資金可以簡單地按照人均標準轉移到各個國家。

事實上，歐洲中央銀行也可以採取類似的措施：改變規則，使歐洲中央銀行可以購買歐盟成員國發行的政府債券，比如說，最多可以購買相當於歐元區國內生產總值 60% 的數額。買家可以設定利率，最好不小於歐洲中央銀行的隔夜利率目標，然後根據各成員國的國內生產總值進行分配，或者按人均分配。

我們還可以設想一下其他的可能性，比如說創建歐元區的資金機構，發行債券來購買各國的政府債券，但這必須要依託歐洲中央銀行或歐盟的支持，這樣才能保持低利率，掙脫「市場規則」的約束，避免利率飆升而引發的惡性循環。隨著貸款以某種方式（如人

均值等）在各成員國之間流行，每個成員國都應該得到相同的利率。

　　所有這些都是技術上簡單、經濟上也合理的方案，卻有政治上的困難。歐盟等待的時間越長，這些方案就越難以實施。經濟危機只會增加分裂勢力，最終導致解體，引起各成員國之間的敵意，反過來阻礙了真正的解決辦法被施行，也使「大蕭條 2.0」（即經濟低迷加上歐文·費雪的債務—通貨緊縮理論）比以往任何時候都更有可能發生。

那麼，歐元區能透過改革起死回生嗎？

　　現在我們還無法預測歐盟可能會採取何種方法進行改革。有兩個比較為人所認同的解決方案：第一個方案是實現財政統一，以配合貨幣統一；第二個方案是歐洲中央銀行直接購買成員國的政府債券。歐洲中央銀行身為歐元的發行者，隨時「買得起」政府債券，只需要在資產負債表上記錄一個有利於成員國中央銀行的條目就可以了。

　　這兩個解決方案中的任何一種，在本質上都是將財政政策與貨幣重新統一在一起，有利於實現一個「更完美的聯盟」。將一國與其貨幣分離，會對財政政策造成不必要的約束，幾乎可以肯定這樣將會導致經濟危機。唯一的例外是可以持續實現經常帳盈餘的國家，而這就是同樣放棄本幣、使用歐元的德國（還）沒有面臨經濟危機的原因。

　　我們回到部門收支的問題：假定經常帳結餘為零，如果私營部門希望獲得淨金融資產，那政府赤字必須等於私營部門盈餘。對於

歐盟整體來說，經常帳平衡沒有問題（自歐元出現以來，歐盟這個整體通常能實現小額的經常帳盈餘，偶有小額赤字）；但就成員國個體來說，一些國家出現了顯著的經常帳赤字，這意味著政府預算赤字是無法支撐的。

最後一個解決問題的方法就是解散歐盟。這在短期內可能會造成很多混亂，但一旦每個國家都採用了自己的貨幣，國內政策空間就會得到恢復，這將有利於解決各國的經濟問題。我們不排除歐元消失的可能性，只等待時間來告訴我們答案。

Q 固定匯率有好處嗎？

A 　固定利率的優勢，是去除了匯率浮動的不確定性，只要你真能保證釘住的匯率可以維持不變。假設你真能做到這一點，那麼固定匯率的缺點，就是一國必須放棄國內的政策空間，因為必須確保政策與維持釘住匯率的目標一致，這是一個很重要的權衡。

　　也許該國想要的國內政策有利於維持釘住匯率，比如，在管理國家時，你想將出口最大化，使中央銀行累積外匯。在這種情況下，對維持釘住匯率是有幫助的。然而，出口是一種支出，進口是一種收益，如果按實值計算，你努力工作生產出來的商品最終會被外國人消耗（參見第 7 章第 9 單元，368 頁）。同時，這樣的政策可能也與國內目標一致，比如，你想發展本國的生產能力，生產高品質的商品，那麼你就需要執行全球標準，而這是中國想成為出口國的一個很大原因。但作為淨出口國，中國必須意識到這種政策的缺點：勞工生產了商品和服務，自己卻無福消費。我們不會下結論說：任何國家都不應採取釘住匯率政策。相反的，各國自己應該知道這樣做的相對成本。最後，釘住匯率制度容易出現投機者，他們打賭你無法維持當前的匯率。因此，釘住匯率是愚蠢的，除非你有無懈可擊的外匯儲備。

09▸ 小結：匯率制度與政策空間

我們先快速回顧一下，匯率制度選擇與國內政策獨立性的關聯（按獨立程度從多到少排序）：

1. **浮動匯率，主權貨幣**：政策空間最大；政府能夠「買得起」以本國貨幣計價的任何東西；沒有本國貨幣的違約風險；如果政府支出過多，可能會導致通貨膨脹和貨幣貶值。
2. **受管控的浮動匯率，主權貨幣**：政策空間較小；政府能夠「買得起」以本國貨幣計價的任何東西，但必須注意匯率的影響，因為政策可能會對其產生壓力，使貨幣匯率超出所需的範圍。
3. **釘住匯率，主權貨幣**：三者中政策空間最小；政府能夠「買得起」以本國貨幣計價的任何東西，但必須保持充足的外匯儲備來釘住匯率；在不同情況下，這可能會嚴重約束國內的政策空間；要是有外匯儲備的損失，可能會導致該國徹底違背其承諾，無法以固定匯率兌換貨幣。

本書討論的政府工作細節，在以上三種制度下均適用：政府透過貸記銀行帳戶進行支出，透過借記銀行帳戶收稅，並出售債券做

為準備金以外的另一種生息方式。但同樣是進行上述操作，在不同匯率制度下實現國內政策目標的能力卻有所不同。

在釘住匯率制度下，只要有人願意賣東西給政府，以換取本國貨幣，政府就可以增加支出。但政府可能不願意這樣做，因為它擔心這將會影響匯率（例如由於進口損失了外匯儲備，可能會對匯率造成影響）。

可以肯定的是，即使是採取浮動匯率制度的國家，為了避免貨幣壓力，也可能會限制國內政策。實際上，實行釘住匯率制度的政府，可能會被迫違背承諾，而採取浮動匯率制度或受管控的浮動利率的國家並未做出承諾，也就不會被迫違背承諾。

因此，釘住匯率制度受到的約束更多，只要有某種情況使人們擔憂政府維持釘住匯率的能力，違約的恐懼感就會自動產生（這兩者是同一回事）。這種恐懼感會導致信貸評級下降、利率上升，使償還債務的代價更高。在可兌換貨幣的情況下（政府承諾以固定匯率兌換貨幣），所有外部持有的政府債務都是對外匯儲備的有效債權。當政府的兌換能力遭到質疑時，只有儲備對債務比達到 100% 時，才能保證沒有違約風險。

國內對政府的債權情況可能會有所不同，因為政府對國內居民有一定的控制力，例如，政府可以提高稅收、堅持使用國內貨幣支付、禁止國內居民兌換外幣等。美國在金本位時期，政府也曾禁止美國人將本幣兌換為黃金。但是，如果政府面臨的是國外債權，只有儲備對債務比達到 100% 時，政府才能保證一定可以償還債務。

Chapter 7

主權貨幣的貨幣政策與財政政策：政府該做些什麼？

在本章中，我們將討論政府應該做些什麼，但討論的內容僅適用於發行浮動匯率貨幣的主權政府。從前面幾章也可以發現，我們的研究所涉及的，皆是不受支付能力約束的政府。浮動匯率制度提供了最大的國內政策空間，那些實行釘住匯率或管控匯率的國家則只擁有相對較小的政策空間。

　　本章以政府可以透過自己發行的貨幣「負擔」任何支出為前提，討論政府應扮演何種角色比較合適，並就此問題介紹幾個不同的觀點。我們首先將討論政府支出應該受到約束的五個理由，之後比較關於政府職能範圍的「保守派」觀點與「自由派」觀點。這兩個術語可以算是美國特有的，在美國，自由派觀點與一般所說進步的、社會民主黨派，以及歐洲「左派」的思想相似；保守派觀點則與美國以外地區被稱為「自由派」，甚至是「新自由派」的觀點相近。

01► 政府可以負擔所有支出，不代表應增加支出

瞭解政府如何支出後，便可以得出一個結論：政府的支付能力根本不能算作一個問題，因為政府總是可以負擔得起所有的支出。但這並不意味著政府應該支出那麼多。我們可以列舉出應限制政府支出的五個合理的理由：

1. 過度支出會導致通貨膨脹。
2. 過度支出會增加對匯率的壓力。
3. 過度支出可能會損害私營部門的利益。
4. 政府不應該承擔所有的事情，這可能會導致不當激勵。
5. 財政預算是管理和評估政府專案的一種手段。

例如，假設政府為了人類的冥王星之旅而決定新雇用 1000 名火箭專家，那麼，我們首先要考慮的便是所雇用的 1000 名火箭專家是否均滿足條件。即使政府有能力負擔所制定的支出計畫，但如果該資源不可用時，政府仍難以完成目標。政府總是受到潛在的「實際資源」問題的約束。

由此，我們需要先確定的便是：現有的基礎設施、技術及知識，是否足夠實現專案目標，這是一個至關重要的問題。

假設這些條件都可以滿足，則需要考慮競爭這些資源的替代用途，也就是使用該資源的「機會成本」。如果政府不雇用那 1000 名火箭專家，他們便會失業，那麼，為了冥王星任務而雇用他們的機會成本便很低，甚至為零。我們可能會發現，當那些專家不被政府雇用時，要在家照顧孩子，那麼，雇用他們的機會成本便是他們放棄照顧孩子的成本，即雇用他們的機會成本不為零。但是比起他們在合適職位上創造出的利益，該機會成本非常低。

但顯然，大多數的專家已經在一些私營部門或其他的政府專案中任職的可能性非常高。由於政府並不受支付能力的限制，只要政府願意，便可以贏下與任何私營部門的競價戰爭。由此，政府便可以大大提高火箭專家的工資，讓私營部門不得不放棄他們，轉而雇用其他資歷較淺的員工，甚至徹底關掉其私營企業。政府的這個舉動便有可能對私營部門產生複雜的影響，可能導致那些雇用火箭專家和其他可以替代火箭專家的工作者之部門提高工資或產品成本，或是產出較少（出於某種原因，一些工程師幾乎和專家一樣優秀，所以那些私營公司為了雇用他們，也要提高他們的工資）。冥王星任務多少都可能製造一些「麻煩」，例如關鍵資源的相對短缺，以及部分價格上漲。因此，公共政策需要考慮雇用這些火箭專家的機會成本。

此外，如果政府的新專案規模非常大，政府將引發一場針對一般勞動力和其他資源的競價戰爭，從而出現溢價效應，其他職業的工資與物價均可能上漲。例如，在二次大戰等大規模的戰爭中，政府不但會徵召勞工入伍，而且還把大部分資源都轉移到與戰爭相關的生產上。如果沒有合理的配給制度以及對工資和物價的管控，這

將引發一場工資與物價普遍上漲的通貨膨脹。請注意，政府當然不會為了這種情況而發動一場大規模戰爭，但如果政府的支出推動了經濟達到甚至超過充分就業，那麼，可能無須一場大規模戰爭，便會出現通貨膨脹。

同時，高國內就業率和國內收入可能在某些情況下導致貿易逆差（如第 6 章中的討論，國內對進口的需求與國外對出口的需求相關），並因此對匯率產生壓力（儘管貿易逆差和匯率貶值的相關性尚不明確）。

所以，當政府的能力足以支付更多開支時，政府必須權衡將資源從別的用途中撤出（可能是更合理的用途）會導致的結果，以及可能隨之產生的對於價格和匯率的影響。

還有其他限制政府開支的理由。例如，保守派通常認為政府支出社會福利，將影響人們的積極性，高社會保障淨額可能會向大眾發出一個信號：他們不需要怎麼工作，政府提供的社會福利就足以保證他們相對富裕的生活；又或者，政府對於企業的緊急救助計畫，可能會讓企業的管理層樂於承擔過度風險，他們總會抱有一種信念：不管發生什麼事，政府都會彌補公司的損失。此外，一個腐敗的政府可能會透過政府支出來幫助朋友，卻拒絕向更值得幫助的群體伸出援手，這便是我們通常所說的「權貴資本主義」（Crony Capitalism）。因此，政府的專案計畫可能會帶來許多複雜，甚至意外的後果。

此外，我們還需要分析政府支出對私營部門的影響。政府從私營部門移向公共部門的資源越多，我們越有可能擁有一個過度臃腫

的政府部門以及一個極其微小的私營部門。實際上，我們既要分配足夠的資源來實現公眾目的，也要為私營部門留下足夠的資源以實現私人目的。顯然，這不僅是一個經濟問題（詳見下一單元）。

在進行一項政府支出時，上述的每一種情況都要考慮到，其可能產生的負面影響將使人們關注更多政府支出的規模。人們所關注的，並不在於政府是否具有償付能力，而在於政府支出計畫究竟會產生怎樣的意外影響。正如唐納德・倫斯斐（Donald Rumsfeld）所言，人們關注的是那些「未知的未知」。

最終，政府應該使用財政預算，來對支出強加約束。通常，民主選舉出的官員代表，將會分配在特定專案上的支出款項，管理者隨後負責在專案預算金額內完成專案，超出預算將被視為管理不當的表現。財政預算的過程也可以幫助減少「任務蠕變」（Mission Creep，即擴展專案以提升管理者的權力和威望）的產生。換言之，主權政府的財政預算案，將會提供一種有效的專案管理和評估機制。儘管政府總是能負擔更多的支出，但財政預算能為問責制提供一種可行的手段。

由此，我們可以得出結論：**政府沒有支付能力的約束，不代表政府應當沒有節制地支出。**

在下一單元中，我們將討論政府支出應以實現「公共目的」為目標。

02 ▸「自由」市場和公共目的

　　在現代資本主義經濟環境下，家庭和企業會做出有利於就業和產出的決定因素、產出的組成、收入的分配，以及出售的價格等重要的經濟決定。

　　有人會認為，只要由「看不見的手」引導，那些由尋求個人利益的個體而組成的「自由市場」經濟，便能夠「和諧地」運作。現代資本主義經濟體常常被描繪成「市場」經濟體，但我們必須承認，很多甚至絕大多數經濟活動發生在市場以外。例如，許多經濟活動會發生在普通家庭或幾世代同堂的大家庭，以及社會團體中，（大部分的）父母在照顧孩子時並沒有得到金錢報酬，也沒有從「市場力量」中獲得激勵。經濟學家羅納德・寇斯（Ronald Coase）在很久以前便表示：公司內部有意地出現生產組織，是在試圖降低「市場」的作用，從而提高公司效率；產業結構（包括縱向整合和橫向整合）也在顛覆著「市場力量」的作用；工會和管理組織可以透過集體談判的方式，取代市場調節。

　　基於這些事實，資本主義經濟距離經濟學教科書上所說的「自由市場經濟」仍非常遙遠，這需要人們具有相當大的信心，認定政府可以被取代，「看不見的手」將引導現實世界經濟達到均衡狀態。

　　事實上，在 1950 年代，經濟學家曾證明過，即使在現實條件下，高度程序化和簡化的經濟，也可以達到這樣均衡的結果。但高

度程序化和簡化，是不可能存在於現實世界中的。換言之，認為「自由市場」是最好的經濟狀況的觀點，並沒有任何理論依據。雖然我們無法證明「看不見的手」是不可能出現的（我們只是不知道它是否真正存在），但高度懷疑它出現的可能性。

在任何情況下，那些認為「自由市場經濟」最好的觀點（即使在某些虛擬經濟狀況下是最好的），都與實際存在的現代資本主義經濟體毫無關聯。

其原因在於，所有的現代資本主義經濟體均為「混合型」經濟體，由大型公司（包括跨國公司）、勞工組織及「大政府」（美國聯邦政府被稱為世界最大的買家）組成。個體和公司在既有約束又有便利的社會、政治、文化及經濟結構下運行。個體和公司的目的與公共目的有時一致，但多數情況下並不相同。在這一單元中，我們將討論公共目的，以及政府在試圖協調私人利益和公共目的時，所扮演的角色。

什麼是公共目的？我們很難為它下一個定義或明確表示它究竟是什麼。對於任何的社會組織來說，其基本功能之一便是為社會提供必要的食物、衣物、居所、教育、醫療、法律體制，以及推動社會化進程。儘管本書所涉及的學科為總體經濟學，但經濟領域與其他研究社會進程的社會科學領域，並沒有太明顯的區別。我們通常認為，經濟是社會組織的一個主要部分，社會組織負責提供生存的物資：食物、衣物、住房等。然而，經濟始終嵌在社會組織中，以一個整體出現，影響著文化、政治和社會機構，同時也受其影響。即使我們認同「任何成功的經濟組織都應該能夠為其人口生產足夠的食物」這樣的說法，仍然有很多問題需要我們去解答：要生產什

麼樣的食物？應如何生產這些食物？應如何分配這些食物？「足夠」究竟是什麼意思？

　　此外，沒有一個社會是由完全和諧的個體與集體所構成的。社會中總是有許多衝突的想法和目標需要被調和，卻沒有全社會都希望達到的一個明顯的公共目的。即使我們可以找出社會絕大多數人希望達成的一系列目標，這些目標也必定會隨著時間的流逝，以及人們希望和夢想的改變而改變，也就是說，公共目的是一個不斷變化的概念。國家政府做為一個確定公共目的組織，必須要建立一個個人和集體都可以致力於實現社會（公共與私人）目的的社會結構，並必然在社會中發揮著重要的作用。長久以來，人們普遍認為一個民主的政府可以更好地實現上述職能，卻不清楚應該採取什麼形式的民主。

　　由此，我們總結出以下三個要點：

1. 公共目的是廣泛且不斷演變的，因此，公共目的隨著時間和地點的變化而變化。公共目的從根本上說是一種進步的（在美國即為「自由的」）計畫，致力於不斷在物質、社會、文化、身體及心理上，改善社會全體成員的福祉。由於其從根本上是一種「期望」，因此公共目的的邊界將不斷擴大，永不停止。

2. 國家政府及國際組織必須在塑造人們對於所期望的社會類型的憧憬上，發揮重要的作用。除了制定目標，各級政府必須帶頭建立一系列相關機構，制定行為準則，並對不良行為做出制裁，以便朝著那些能實現公共目的的目標前進。

3. 所有的這些行為都是充滿爭議的，並且目標彼此之間有時也會存在矛盾，也就是在致力於實現一個目標時，卻可能導致另一個目標更難實現。國內利益集團可能會強烈抵制那些為了實現目標而制定的政策。

顯然，對公共目的的討論已經遠遠超出了經濟領域，涉及政治、社會、宗教、意識形態及文化等領域。一般說來，保守派傾向以狹義的方式來定義公眾目的，希望以此來約束政府，而自由派則認為政府在實現公共目的上，應該扮演更重要的角色。儘管經濟學多少可以說清楚這一問題，但無法提供一個決定性的答案。

我們將在後文討論針對現代貨幣理論的一種保守觀點，即奧地利經濟學派的觀點（見第 8 章第 7 單元，412 頁）。我們將看到，現代貨幣理論完全符合對於「公共目的」的認識相當狹隘的小型政府經濟；該觀點並不是本書所討論的觀點，卻與現代貨幣理論方法一致。這是一個重要的褒獎，證明了現代貨幣理論既非「左派」思想，也非「右派」思想，在某種程度上只一種描述。然而，當我們在針對公共目的進行更自由的設計，或是在考慮「充分就業與物價穩定」，甚至「經濟穩定」等公共目的時，加入現代貨幣理論的思想，它就會幫助我們摒棄政府無法「負擔」這些政策的思想，找到實現公共目的的方法。

03 ▸ 功能財政方法

　　阿巴‧勒納曾於 1940 年代提出了「功能財政方法」，具有兩點原則：

1. 如果國內收入水準過低（相較於稅收），政府需要增加支出。失業便是此情況下最充分的例證，出現失業即意味著政府支出過低（或稅收過高）。
2. 如果本國利率過高，政府便需要提供更多以銀行準備金形式存在的「貨幣」，來降低利率。

　　這個「方法」其實非常簡單。一個發行浮動匯率貨幣的政府，擁有財政政策和貨幣政策空間，來進行足夠多的支出，從而讓經濟實現充分就業，以及設定期望的利率目標。對於一個主權國家來說，「支付能力」並不是問題，它透過以自己的借據貸記銀行帳戶的方式進行支出，而其借據則是取之不盡、用之不竭的。如果存在失業勞動力，政府總是可以負擔雇用這些勞動力的成本，而一般來說，失業勞動力願意為了金錢而工作。

　　然而，阿巴‧勒納也意識到，這並不意味著政府應該無限制地支出，因為支出失控將會引起通貨膨脹（現代貨幣理論與功能財政方法，均假定政府支出會影響匯率）。勒納首次構想功能財政方法時（1940 年代初），通貨膨脹並不是首要的關注點，那時的美國剛

剛經歷了大蕭條時期的通貨緊縮。然而，隨著時間的推移，通貨膨脹逐漸成了一個嚴峻的問題。勒納提出，透過控制工資和價格，來抑制在經濟接近充分就業時會出現的通貨膨脹。我們的關注點不在於這是否為減輕通貨膨脹壓力的一種有效且理想的方法，而在於政府應使用其支出能力，讓經濟實現充分就業，並認識到可能需要採取措施來抑制通貨膨脹。

阿巴‧勒納拒絕了「穩健財政」的概念，即政府應當像家庭或公司那樣經營財政。他認為，政府每一年、每一個商業景氣循環，甚至永遠都沒有理由去平衡財政預算。

對於勒納來說，「穩健」財政（平衡預算）是非「功能」性的，不會有助於實現公共目的（包括充分就業等目的）。如果預算有時會平衡，就順其自然；如果永遠都不會平衡，那也不錯。他也否定了任何試圖低於國內生產總值特定比率的財政預算赤字，以及任意的債務與國內生產總值的比率，「正確」的財政赤字比率應該是能夠實現充分就業的比率。

相似地，「正確」的政府債務比率，則應該是與實現利率目標一致的比率（與前面幾章所討論過的傳統的「可支撐性」赤字和債務比率形成反差）。這遵從了阿巴‧勒納「功能財政方法」的第二原則：如果政府發行了過多的債券，那麼將以同等數量去減少發行銀行準備金及現金。解決此問題的方案便是：財政部和中央銀行停止出售債券，以及中央銀行進行公開市場購買（透過貸記出售銀行準備金的方式，購買美國國庫券）。由於銀行會因此獲得更多的準備金，公眾會獲得更多的現金，所以此舉將導致隔夜利率的下跌。

從本質上看，第二原則僅僅闡述了政府應該讓銀行、家庭及公

司實現「貨幣」（準備金與現金）與願意持有的債券之間的投資組合平衡。由此可見，政府債券的出售，並不是一項需要政府赤字支出的「借款」業務，而是貨幣政策的一部分，以幫助中央銀行實現利率目標。這些觀點均與前文提出的現代貨幣理論的觀點一致。

米爾頓・傅利曼版功能財政：
財政政策與貨幣政策的整合提議

在當今關於財政預算赤字風險的傳統觀念的背景下，阿巴・勒納的觀點似乎有些激進。但在當時，這些觀點卻非如此。眾所周知，米爾頓・傅利曼是一個保守派的經濟學家，也是凱因斯經濟學「大政府」理論的公開反對者。在限制財政政策和貨幣政策這一觀點上，沒有人比傅利曼做出的貢獻更為巨大。然而在 1948 年，傅利曼提出了幾乎與勒納的「功能財政方法」完全相同的觀點，這顯示出，今天的討論與「清楚理解主權政府所擁有的政策空間」之間的距離有多遠，卻也表明勒納的觀點必然「流傳甚廣」，可謂得到政界經濟學家的廣泛認可。

後文也將討論保羅・薩繆森（Paul Samuelson）對於此話題的評論，該評論為我們現今對財政政策與貨幣政策的困惑，提供了一個有說服力的解釋。正如薩繆森所暗示的那樣，這些困惑是為了使整個話題神祕化而被有意地創造出來的。

簡單地說，米爾頓・傅利曼 1948 年在〈經濟穩定的貨幣和財政框架〉（A Monetary and Fiscal Framework for Economic Stability）一文中提出，政府只有在實現充分就業時，才能運行平衡的財政預算，在經濟衰退時會出現財政赤字，而在經濟繁榮時則會出現財政盈餘。毋庸置疑，大部分經濟學家在二次大戰後初期都同意傅利曼的觀點。但傅利曼在該觀點上走得更遠，幾乎與阿巴・勒納的「功能財政方法」一致：所有政府支出都可以透過發行政府貨幣（通貨和銀行準備金）而得到支付；當稅款得到繳納時，這些貨幣將會被「損毀」（就像你贖回借據時會把它撕掉一樣）。因此，預算赤字將導致

貨幣淨增加，預算盈餘將導致貨幣淨減少。

因此，米爾頓‧傅利曼建議將貨幣政策和財政政策進行結合，使用財政預算，以反經濟景氣循環的方式來控制貨幣發行。他原本也要減去商業銀行透過 100% 銀行準備金所進行的私營貨幣創造，而這個想法是由歐文‧費雪與亨利‧賽門斯在 1930 年代早期所提出的。由此，私營銀行將不會產生任何的「淨」貨幣創造，只有透過累積政府發行的貨幣，才能擴大銀行貨幣的供給。我們不會對此部分內容進行深究，但如果此建議被採納，財政赤字與貨幣創造必然是一對一的關係。

這與後期將貨幣政策和財政政策「二分」的傳統觀點（如那些與「投資－儲蓄／流動性偏好－貨幣供給」〔IS-LM〕模型相關的觀點）形成了鮮明對比。然而隨後，傅利曼也認為，中央銀行應該控制貨幣供應，於是在後來的研究中將財政政策和貨幣政策分離討論。但至少在 1948 年的這篇文章中，傅利曼清晰地將兩者結合在一起，與阿巴‧勒納的「功能財政方法」一致。

米爾頓‧傅利曼認為，此提議將導致強大的反景氣循環力量的產生，貨幣政策與財政政策將在結合的力量下共同運作，以促進經濟穩定，也就是有失業情況時出現財政赤字和「淨貨幣」創造，而充分就業時出現貨幣淨減少。此外，傅利曼針對反景氣循環刺激的計畫，並非基於「自我裁量貨幣政策」（Discretionary Policy，又稱權衡性貨幣政策），而是單一規則貨幣政策，該計畫將自發、迅速且持續不斷地在正常水準上運轉。眾所周知，傅利曼非常不信任自我裁量貨幣政策，他更相信「規則」而非「權威」。1948 年的這篇文章提供了一種將政策與規則相結合的巧妙方法，這些規則會自動地穩定產出，並且將就業維持在充分就業的水準。

由此我們可以看出，米爾頓‧傅利曼的建議實際上相當接近於對一個主權國家實際所作所為的描述。政府透過創造「強力貨幣」

（或稱貨幣基數），也就是透過貸記銀行準備金來支出。當政府徵稅，會消除強力貨幣，也就是借記銀行準備金。政府赤字必然導致儲蓄的淨注入，即傅利曼所說的貨幣創造。

大多數人相信，政府是透過稅收來支持支出的，赤字會迫使政府借回自己發行的貨幣，以進行支出。然而，任何對財政運作中資產負債表之影響的詳細分析都顯示，米爾頓·傅利曼（及阿巴·勒納）所言非虛：政府透過在鍵盤上向資產負債表敲擊幾個帳目的方式，即可「創造貨幣」用於支出。

但如果真是這樣，為什麼我們無法維持充分就業呢？問題在於，經濟系統中的自動穩定器並不足以沖抵私人需求的波動。請注意，在傅利曼的設想下，只要經濟在充分就業的情況下運行，便會出現政府赤字，以及因此而導致的貨幣淨投放。這個想法相當接近勒納的「功能財政方法」，如前文所述，這也是二次大戰後初期經濟學家們共同的看法。如今，卻幾乎沒有一位權威的經濟學家或政治家認為這將導致通貨膨脹或破壞財政預算，這便是當今經濟學教育的可憐境地。

在米爾頓·傅利曼的提議中，政府的規模將由民眾希望政府提供什麼來決定，稅率將以充分就業的前提下的預算平衡為目的而設定。顯然，這與阿巴·勒納的「功能財政法」是一致的：如果存在失業，政府需要增加支出，卻不必擔心是否會產生預算赤字。從本質上看，傅利曼的建議將使財政預算以反景氣循環的方式變化，發揮自動穩定器的作用。事實上，這也是現代政府預算的實際運行方式：赤字在經濟衰退時增加，在經濟發展時減少。經濟強勁增長時，預算甚至會出現盈餘（柯林頓總統執政時期，美國曾出現預算盈餘）。然而，我們通常會發現這些經濟波動所產生的赤字，並不足以使經濟處於充分就業的狀態中。

04 ▸ 功能財政與政府預算約束

　　阿巴・勒納的「功能財政方法」在 1970 年代幾乎已被人們拋在腦後，一個被學術界稱為「政府預算約束」的理論代替了它。該理論很簡單：政府支出由稅收收入、其借款（出售債券）的能力，以及「印刷紙幣」的能力所約束。在此觀點下，政府以其稅收收入進行支出，並從市場借款以補充稅收收入的差額。如果上述兩種方法都不足以滿足支出，政府還可以加印紙幣，但大多數經濟學家唾棄這樣的行為，因為這將導致高度的通貨膨脹。事實上，對於透過印發紙幣來滿足政府支出的行為，經濟學家總是可以列舉出一連串值得警惕的惡性通貨膨脹實例，如威瑪共和國時期的德國、匈牙利，或當代的辛巴威。我們將在第 9 章中研究高通貨膨脹率。

　　注意，此處有兩個彼此相關的重點。第一點，政府就像一個家庭一樣受到了「約束」。家庭擁有收入（工資、利息、收益），收入不足時可以透過從銀行或其他金融機構借款，以進行赤字支出。當然，政府還可以印發紙幣，而家庭卻不可以，這是一個超乎尋常行為，是政府破釜沉舟的手段。

　　實際上，人們並不認為政府所有的支出都是透過貸記銀行帳戶來完成，他們對政府支出的認識更接近「印發紙幣」，而非「使用收入進行支出」。這便引出了第二點，傳統的觀點並不認為，政府身為主權貨幣的發行者，無法依靠納稅人或金融市場為其提供所需

的「錢」。但從創立之初，納稅人和金融市場只能向政府提供他們從政府那裡得到的「錢」（即政府支出或借出的貨幣）。納稅人使用政府的借據納稅，銀行使用政府的借據向政府購買債券。

經濟學家的這種混淆導致了媒體與政策制定者廣泛傳播的觀點：一個支出持續大於稅收收入的政府將會「入不敷出」，最終市場將不再向政府提供信貸，政府將會「破產」。可以肯定的是，一些總體經濟學家不會犯這樣的錯誤：他們明白，一個主權政府在自己的貨幣體系下無法「破產」。因為政府可以隨時印發紙幣，所以它可以在到期時實現所有的承諾。當然，他們在想到這樣做會讓國家面臨通貨膨脹或惡性通貨膨脹的危機時，可能會不寒而慄。

至少在美國，政策制定者間的討論讓人變得更加困惑。例如，巴拉克·歐巴馬（Barack Obama）總統總是聲稱美國政府「花光了錢」，就像一個家庭花光了存在餅乾罐中所有的錢那樣。

那麼，我們究竟該如何理解這個問題？我們怎麼能忘記阿巴·勒納和米爾頓·傅利曼清楚闡釋的想法？

美國（及許多國家）在 1960 年代末至 1990 年代時，曾真切地感受到了通貨膨脹的壓力（至少是週期性的壓力）。那些認為通貨膨脹是由政府過度支出所導致的人，催生了「平衡預算理論」（見「聚焦探討」中保羅·薩繆森的觀點，346 頁）以對抗通貨膨脹。問題在於，那些經濟學家及政策制定者一開始所認定的「神話」，被認為是現實，一個錯誤的理解反而得到了傳播和發展。

該「神話」在某種意義上原本是「功能性」的，可以約束政府的過度支出，從而避免引發通貨膨脹。但就像許多「有用的神話」一樣，這一個最終也變成了「有害的神話」，約翰·肯尼士·

加爾布雷思（John Kenneth Galbraith）稱其為「無罪欺詐」（Innocent Fraud），是一種阻止了正當行為的毫無根據的信念。主權政府開始相信，由於存在破產的可能性，它們無法「負擔」執行所需政策的支出。出乎意料的是，在 1930 年代大蕭條後，最惡劣的經濟危機發生時，歐巴馬總統卻反覆聲稱美國政府「花光了錢」，政府無法為最希望實施的政策埋單。隨著失業率升至近 10%，政府實際上已經癱瘓。政府無法採取阿巴·勒納（和米爾頓·傅利曼，見上一單元的「聚焦探討」部分，340 頁）所支持的政策，即增加足夠多的支出以實現充分就業。

然而，整個危機期間，美聯準（以及其他國家的中央銀行，包括英格蘭銀行和日本銀行）在本質上遵從了阿巴·勒納「功能財政方法」的第二原則：提供了足夠的銀行準備金，以保持隔夜利率約為零。美聯準從銀行購買大量金融資產（政府的一項政策，即量化寬鬆政策），創下了歷史紀錄（第一輪量化寬鬆時購買 1.75 兆美元金融資產，第二輪時再次購買了 6000 億美元金融資產）。

聯準會主席班·柏南克曾被質問：美聯準究竟從哪裡獲得如此多的「錢」來購買那些債券？班·柏南克（中肯地）表示，美聯準僅僅透過貸記銀行準備金（即敲擊鍵盤），便獲得了這些錢。美聯準永遠都不會把「錢」花光，它能夠支付得起任何商業銀行想要出售的金融資產。但我們卻始終擁有一個認為政府會把「錢」花光的總統（以及許多經濟學界的專家和國會中的大多數政客），以至於有足夠的錢來購買金融資產，卻沒有足夠的錢來支付工資！

以上討論表明：那些認為政府就應當像家庭一樣平衡自身預算的想法，是多麼的混亂。

保羅·薩繆森與班·柏南克
對政府財政的看法

在馬克·布勞格（Mark Blaug）製作的一部關於約翰·梅納德·凱因斯的紀錄片中，有一段非常有趣的採訪，諾貝爾獎得主保羅·薩繆森曾談道：

我認為，那些覺得政府預算在什麼時候都應當平衡的觀點是有點道理的。當每個社會必須抵抗支出失控的壁壘被揭穿時，必須有一種規則來限制資源配置，否則社會將陷入無政府主義的混亂和低效能。傳統宗教的功能之一，便是透過神話來恐嚇人們，讓人們按照長期文明生活要求的方式行事。平衡預算有內在必要性，即使不是每一年都需要，在每一個短的時間內也應進行平衡，但我們已經從人們的頭腦中抹去了這樣的想法。如果英國首相威廉·格萊斯頓（WilliamGladstone）死而復生，他會說：「喔，你們究竟做了什麼。」美國總統詹姆斯·布坎南（James Buchanan）則會用這套說辭來爭辯。不得不說，我看到了平衡預算的好處。

將認定「政府必須在一定時間範圍內平衡其預算」的想法比喻為「宗教」與「神話」，是一種讓人們按照政府意願行事的必要手段；否則，選民可能會要求他們選出的官員過度支出，從而導致通貨膨脹。因此，那些認定平衡預算更好的觀點，與政府的「支付能力」並沒有關係，將家庭預算和政府預算進行類比也不正確。使用「神話」來約束政府反而是必要的，其原因在政府並沒有面對真正的預

算約束。

近期，聯準會主席班‧柏南克明確承認了政府透過貸記帳戶進行支出。誠然，班‧柏南克所指的是美聯準而非財政部，但當他接受電視和國會的盤問，被詢問美聯準究竟從哪裡獲得實行量化寬鬆政策所需要的貨幣時，他的回答讓人感覺到：政府絕對不會花光自己的「錢」。

在電視訪問中，當班‧柏南克被問到美聯準支出的錢是否是納稅人的錢時，他說：「它不是納稅人的錢。銀行在美聯準擁有帳戶，就像是你在一家商業銀行擁有帳戶那樣。所以，要貸款給一家銀行時，我們只需用電腦來增加其在美聯準帳戶的規模。這更像是印發紙幣而非借錢。」

佩利（記者）問：「美聯準一直在印發紙幣嗎？」

班‧柏南克說：「對，（這種方法）非常高效能。我們需要這麼做，因為我們的經濟現在非常疲軟，通貨膨脹率也很低。經濟開始回暖時，我們才會慢慢停止這些計畫，提高利率，減少貨幣供給，同時確保經濟復甦不會引發通貨膨脹。」

（以上內容取自 http://www.cbsnews.com/，編註：該篇文章頁面已不存在。）

在接受國會盤問時，班‧柏南克與眾官員（包括羅恩‧保羅）進行了如下對話：

達　菲：我們已經與羅恩‧保羅博士討論了量化寬鬆政策的第
　　　　二階段。美聯準何時購買了這些資產，購買所用的錢
　　　　來自哪裡？

柏南克：我們透過美聯準所擁有的銀行系統來創造準備金。這

些準備金不會流向公眾。

達　菲：購買資產的錢是否來自稅收？

柏南克：不是的。

達　菲：本質上來說，你們是否是透過印發貨幣的方式購買資產？

柏南克：我們並不是在印發貨幣，而是在銀行系統中創造準備金。

保　羅：我非常討厭打斷別人的對話，但有鑑於時間緊迫，我想談談你說的這「並不是在印發貨幣」的問題。好吧，這是憑空出現的貨幣，你將其投入了市場。你持有資產，但當你買到不良資產時，資產價值會不斷下跌。你知道，今天的黃金牌價是 1580 美元，美元在過去的三年中貶值了近 50%。如果你不介意的話，請回答另一個我非常好奇的問題：請問，當你早上醒來時，會關注黃金的價格嗎？

柏南克：當然，我關注黃金的價格，我認為此價格反映了許多事情，包括全球的不確定性。我認為，人們持有黃金是為了保護自己不用承擔「尾部風險」（Tail Risk），此風險真的會導致很壞的結果。某種程度上，過去的幾年讓人們更加擔憂未來可能會出現更重大的危機，於是他們持有黃金做為一種保護措施。

保　羅：你認為黃金是貨幣嗎？

柏南克：不是。

請注意，當班‧柏南克提到美聯準僅僅是「增加」銀行在美聯準的存款準備金時，他在本質上就已經承認了美聯準透過「敲擊電

腦」來進行支出。只有美聯準加強自我約束，才能阻止其「增加」財政部在美聯準的存款帳戶。但在本書中，我們曾提到美聯準和財政部都採取了相關的操作流程，來規避那樣的約束。最後，請注意，他在對羅恩‧保羅的回答中不假思索地否認了「黃金就是貨幣」。

甚至美聯準委員會前主席艾倫‧葛林斯潘在很久之前也曾承認過美聯準是不會用盡「敲擊電腦」的。

> 葛林斯潘主席：昨天和今天委員會是否應該創造足夠的準備金，來使基金利率維持在 1.5%？
>
> 科恩先生：是的。
>
> 邁尼漢女士：為什麼不呢？
>
> 葛林斯潘主席：委員會的表現並不好。
>
> 科恩先生：嗯，委員會正在努力。
>
> 葛林斯潘主席：請稍等一下。委員會並沒有準備金的上限要求，所以可以創造任意規模的準備金。你不能告訴我，委員會在努力但失敗了，委員會並沒有盡全力「敲擊電腦」以創造充足的準備金。

以上對話引自聯邦公開市場委員會（FOMC）2004 年 9 月 21 日會議記錄第 11 頁（http://www.federalreserve.gov/monetarypolicy/files/FOMC20040921meeting.pdf）。

這是正確的。如果美聯準在紐約的委員會交易部門無法讓隔夜利率降低到目標值，是因為美聯準沒有透過「敲擊電腦」創造充足的準備金！所以，還需要更努力地「敲擊電腦」才行！

05▸ 關於債務上限的討論
以美國為例

　　本單元將關注一個「特別案例」，是在 2011 年中期讓整個美國政府都全神貫注的事情。正如我們所知，政府透過「敲擊電腦」來進行支出，因此永遠都不會耗盡準備金；一個主權政府透過「敲擊電腦」來發行貨幣，因此永遠都不會面臨財政約束。然而，政府卻可以透過制定規則和流程，限制其「敲擊電腦」，從而「自縛雙手」來約束自己。

　　但我們不能被這些政府自願強加的約束糊弄，而應當透過現象看本質，明白既然政府可以「自縛雙手」，它們當然也可以隨時解開繩子。不幸的是，實際上所有的經濟學家和政策制定者，都將這些自我約束看作「自然存在的」，永遠不會去違背。接下來我們來看看美國 2011 年夏天讓那些政策制定者心力交瘁的「債務上限」案例，該案例很有可能會被反覆討論。

　　在美國，國會負責設定聯邦政府的債務上限。當聯邦政府的未償債務數額接近上限時，需要國會批准才能擴大上限。請注意，此處的債務上限由政策決定，而非由市場決定，即需要在國會的規則下透過國會決議，而非基於市場壓力來決定。因此，美國政府發行更多債券的能力，以及政府對已售債務利率的支付能力，都算不上問題。

　　在 2008 年全球金融危機爆發後，美國財政赤字增加（如前文

所述，是由於稅收收入減少而造成的）。不出所料，未償債務規模升至債務上限，因此，國會不得不每一年都提高債務上限。政府也理所當然地一次次提高債務上限，直到共和黨決定透過一份政治聲明，拒絕增加債務上限以反對赤字支出。

因此，在現有的債務上限條件下，解開對「山姆大叔」（美國）經濟的限制，其實並非難事，只需在流程上做出些許的改變即可。

我們需要先看看政府內部究竟如何審批財政預算：國會（加上總統的簽名）批准預算，授權支出。美國憲法賦予國會創造貨幣的權力，即意味著財政部創造貨幣，國會批准支出。但實際上，財政部讓美國的中央銀行（美聯準）來管理其支付。現行的支出流程，是財政部在其美聯準的帳戶中持有用於支付的存款，當財政部需要開支票或貸記私營銀行帳戶時，借記財政部在美聯準的存款。

正如第 3 章所討論的，財政部試圖在每一天結束時都維持 50 億美元的存款規模，而那些支付給財政部的稅收，將先保存於財政部在一些特殊的私營銀行的存款帳戶中。當財政部想要補充其在美聯準的存款時，將移動在這些特殊銀行的存款。顯然，這裡有兩個要點：第一，稅收收入大多在支付截止日期同時取得；第二，財政部通常每年都會出現財政赤字，如 2011 年超過了 1 兆美元，這意味著財政部在美聯準的帳戶總是處於短缺狀態。

為了獲得存款，財政部出售（各種期限的）債券。最簡單的方式便是將其直接出售給美聯準，這將貸記財政部在美聯準的活期存款，在資產負債表上由財政部的負債所抵銷。實際上，任何一家銀行都是這樣做的：透過持有你的借據而貸款給你，同時貸記你的活期存款。此時，你便可以進行支出了。

但現行的支出流程禁止美聯準從財政部直接購買國庫券（少數特殊情況除外），它必須從財政部以外的人和機構手中購買國庫券。仔細想想，這項禁令對於貨幣的主權發行者來說未免奇怪，但這一套流程有著悠久的歷史，我們不在此處深入探討。當國會預算法案的權威（以及總統的否決權），似乎已不足以約束聯邦政府的支出，無法限制美國走上惡性通貨膨脹的道路之時，人們相信，這個流程將阻止美聯準透過「印發貨幣」的方式來為財政赤字「注入大量資金」，並遏制由此而導致的通貨膨脹。

因此，財政部將（長期和短期）國庫券出售給私營銀行，為自己創造可以向美聯準帳戶移動的存款。之後，美聯準從私營銀行購買國庫券，以替補財政部在移動存款時損失的準備金（明白了嗎？如果仍然不理解，請參考第 3 章的內容）。最終，美聯準持有國庫券，財政部則擁有了在美聯準帳戶中的活期存款，即它們一直想擁有卻被禁止直接擁有的東西。財政部隨後便可以簽發支票，進行支付，存款將被貸記入私營銀行帳戶，同時由美聯準貸記準備金。

在正常情況下，銀行會發現自己持有的準備金比意願中的多，因此它會將多餘的部分提供給隔夜聯邦基金市場。這會使美國聯邦基金利率低於美聯準目標，引發國庫券的公開市場銷售以減少超額準備，國庫券將從美聯準的資產負債表中消失而被轉入銀行部門。在全球金融危機環境下，美聯準改變了一些操作流程：美聯準開始為準備金支付利息，並採取了量化寬鬆政策（見前文），故意將超額準備留在銀行系統中，並隨後為其支付利息。請注意，對國庫券的操作意義，在於對其支付利息的特點。因此，為準備金支付利息後，準備金將擁有與國庫券相同的操作效果。

而這正是債務僵局的問題所在。銀行、家庭、公司以及外國人所持有的國庫券，是政府的債務（透過會計恆等式可知，它也是非政府部門財富），因此受到債務上限的限制。相反地，銀行準備金不是政府債務。對此問題的解決方法是，停止國庫券的公開市場銷售，從而讓準備金留在銀行系統中。這就是量化寬鬆政策的基本內容：美聯準購買了數千億美元的國庫券，將準備金重新注入銀行，而這些準備金最初是透過向銀行出售國債而消耗的。由此，國庫券重新回到了美聯準的資產負債表中，而由於仍有大量的未償國庫券，債務上限的僵局仍舊會出現。如果財政部停止出售國庫券，那麼美聯準便可以讓超額準備留在商業銀行中，債券到期時，它們將會被準備金所替代，這便是「債務問題」的終點。

消除債務上限的其他途徑

還有兩種解決債務上限問題的方法：國庫支付令（Treasury Warrants）與發行大面值鉑金幣（Platinum Coins）。接下來，我們將分別對這兩種方法進行討論。

當「山姆大叔」需要支出，並發現其美聯準的存款帳戶資金短缺時，確實可以透過發行不可轉讓的「支付令」，來補充其美聯準帳戶，美聯準持有「支付令」做為其資產。由於「山姆大叔」擁有十足的信用，「支付令」可以說是一項無風險的資產，可用於平衡美聯準帳戶。「支付令」只是內部的借據，即政府機構間的借據，只用於內部紀錄。如果美聯準有意願，國會可以授權給美聯準所持有的「支付令」一個較低的固定利率（美聯準所應獲得的利息收入，

將從年末向財政部上繳的超額利潤中扣除）。美聯準則將貸記財政部的存款帳戶以做為回報，使政府能夠進行支出。財政部進行支出時，借記其帳戶，同時貸記收到這筆存款的私營銀行在美聯準的準備金。

從美聯準的角度看，它最終持有「支付令」做為資產，銀行準備金為其負債。財政部能夠按照國會授權進行支出，其赤字將會由向美聯準發行的「支付令」來匹配。由於「支付令」只是一個政府機構（美聯準）對另一個機構（財政部）債權的內部紀錄，國會將授權把這些「支付令」排除在債務上限之外。美聯準的資產將由「支付令」來匹配，由此，兩者相抵銷。

當經濟危機來襲並導致預算赤字不斷擴大時，國會便不再需要提高債務上限。

第二種方法便是回到財政部的貨幣創造：大規模的創造，這有兩層含義。目前，美國財政部擁有發行任意面值鉑金幣的權力，因此財政部可以透過發行大面值鉑金幣為軍事武器埋單，從而跳過美聯準和私營銀行。白金硬幣的首要倡議者是喬‧費爾斯通（Joe Firestone，詳見 https://neweconomicperspectives.org/2013/02/framing-platinum-coin-seigniorage-a-working-document.html）。

由於在考慮債務上限時，硬幣（與準備金、聯邦準備券）皆不算是政府債務，這便使得財政部在支出鉑金幣時不會增加債務規模。硬幣成為財政部的借據，但不與票據和債券一起算入政府債務。如貨幣一樣，硬幣將在支付稅款時「被贖回」，因此，需要繳納稅款的人會產生對硬幣的需求。這樣一來，發行鉑金幣便成為規

避財政部支出限制和流程的另一種手段。

這些提議顯示出「透過施加債務上限來約束財政部」有多愚蠢。我們已經要求財政部在支出前需要先行批准預算，對財政部實施問責制是必要的約束，但一旦批准了預算，我們還有什麼理由阻止財政部透過電腦鍵入必要的資產負債表條目，以達到國會批准的支出數額呢？

制定預算的流程，應預先考慮到如國內生產總值、失業率及通貨膨脹率等總體經濟變數的變化；應試圖去確保政府不會過度支出，助長通貨膨脹。當然，很有可能國會會出現預估錯誤，並希望根據變化和發展來修訂其支出計畫。或者，國會也可以在預算中加入「自動穩定器」，從而在出現通貨膨脹時降低支出或提高稅收。但無論怎樣，既然已經批准一項支出預算，卻由於一個任意的債務上限而拒絕其債務支出，這是毫無道理的。

在總結本單元之前，讓我們先來討論一下兩個常見的對於這種流程變化的反對觀點。

反對觀點 1：我們需要透過預算上限來阻止政客們過度支出。

回答：不論怎樣，我們擁有制定預算的流程，國會需要決定如何為每個專案分配預算，然後將計畫呈交給總統。預算一經批准，將為政府的支出正式授權。這是一項「民主」的流程，我們讓被選舉出的代表來決定哪些專案值得獲得資金支援，需要得到多少資金。大部分支出是「開放的」，即依情況而定（如失業救濟金的數額將取決於經濟表現）。為這樣的流程增加約束，既不必要，也不

符合民主控制和問責制。就其本質而言，債務上限是任意的，而且與預算的過程不符。在過去，這並不重要，當預算超過上限時，國會通常會提高上限。而如今，政治正在以一種非民主的方式顛覆整個預算流程。

反對觀點 2：我們需要獨立的權威機構中央銀行，對於以「貨幣創造」的方式為支出提供資金，進行約束。

回答：如上所述，國會和總統會先行制定預算，授權財政部支出。我們也可以透過一些其他的方式來供給財政部的支出，一個初步卻有效的方式便是發行中期國庫券。財政部也可以直接向支出接受者的存款帳戶中記入一筆金額，但這要求財政部同時也要向資產負債表記入準備金。由於我們將財政部和美聯準的職能進行了劃分，讓美聯準為商業銀行「提供銀行業服務」，因此只有美聯準才能鍵入準備金。這樣的分工並沒有必需的理由，因為商業銀行當然可以在財政部擁有用於結算的帳戶，然後由財政部向其帳戶鍵入準備金，但我們並沒有這樣做。

美聯準可以直接接受財政部借據並鍵入銀行準備金，但我們也不會這樣做。雖然美聯準是財政部的銀行，但被禁止直接接受財政部借據。因此，我們製作了涉及私營銀行、美聯準及財政部等的一套複雜的流程。

06▸ 有利於經濟穩定和增長的預算態勢

　　阿巴‧勒納將政府發揮作用的過程比喻為駕駛一輛汽車：政府必須取得掌控權，並在經濟存在偏離軌道的風險時，使用政策來引導經濟的走向。由於政府需要時間來意識到經濟問題，並對其做出反應，最理想的狀態就是引入「自動穩定器」。國家政府的預算便是「自動穩定器」的一個示例：在經濟衰退期，有些種類的支出會自動上漲（例如對失業補償金的社會支出），稅收自動降低（例如由於就業人數下降，收入稅及工資稅減少），因此預算赤字增加，這有助於穩定私營部門的收入，並提供安全的金融資產淨額以滿足需求。

　　想要實現充分的反景氣循環波動，並將經濟引導回充分就業狀態，需要兩個條件：

1. **政府支出和稅收收入必須有強勁的景氣循環性**：支出需要有反景氣循環的特點（在經濟下行時增加），稅收有順景氣循環的特點（在經濟下行時減少）。讓支出自動反景氣循環的一個方法，便是建立一個慷慨的社會保障體系，由此，轉移支付（失業補助金和社會救助金）將在經濟下行時增加。同時，稅收收入也需要與經濟表現綁定，如反景氣循環變化的

累進所得稅與銷售稅。

2. **政府需要保持相對較大的規模。**海曼·明斯基（1986）曾表示，政府支出規模需要與整體投資支出規模相當，或至少政府預算的波動必須與投資波動相當，並以相反的方向波動。這種想法的基礎，在於認定投資是國內生產總值中最不穩定的成分，這其中包括美國經濟景氣循環中重要的驅動因素：住宅房地產投資。該觀點認為，政府支出需要產生足夠的波動並與投資的方向相反，以保證國民收入與產出相對穩定，反過來，這種反向波動也將確保消費相對穩定。

　　海曼·明斯基表示，政府在 1930 年代支出規模過小，不足以穩定經濟（在 1929 年，支出僅約占國內生產總值的 3%），即使在隨後執行了新政，支出也僅達到國內生產總值的 10%。如今，經濟合作暨發展組織（OECD）中的主要國家都有一個大到足以幫助穩定經濟的政府規模，當然，按照這一標準，一些開發中國家的政府規模相對較小。基於當前的現實狀況，一個國家政府的支出規模應占本國國內生產總值的 20%（美國）至 50%（法國）。在這一範圍下限的國家，比起政府規模更大的國家，需要更多的自動波動機制。

　　此外，根據部門收支恆等式可知，在美國及其他國家，如果私營部門有財政盈餘的意願（從而累積儲蓄）以及出現經常帳赤字的傾向，即使在充分就業的狀態下，政府預算也必須偏向赤字支出。雖然一個經常帳結餘為零的國家，可以實現政府預算平衡，但這意味著本國私營部門的盈餘（或儲蓄）也為零。因此，即使在充分就業下，我們通常也應當期待政府出現預算赤字，當然那些經常帳盈

餘的國家除外（見「聚焦探討」中的雙赤字問題，363 頁）。

另一件需要注意的事情是（如柯林頓總統執政時期出現的），預算盈餘不一定就是一件好事，因為這破壞了恆等式，是私營部門赤字的標誌（再次提醒：經常帳盈餘的國家除外）。不同於貨幣的主權發行者，私營部門是貨幣的使用者，面臨著預算約束。眾所周知，美國私營部門赤字支出的十年（1996 ～ 2006 年）累積了難以償還的巨額債務。這也是全球金融危機從美國開始的部分原因。

當然，這其中的因果關係非常複雜。我們不應當將私營部門出現赤字的原因歸結於柯林頓時期的財政盈餘，也不應當將全球金融危機的出現僅僅歸因於美國家庭赤字支出。但我們可以確定的是，會計恆等式仍存在：**如果經常帳結餘為零，那麼本國私營部門赤字將等於政府盈餘；如果經常帳出現赤字，只要政府預算赤字大於經常帳赤字，私營部門便會出現盈餘（「儲蓄」）。**

基於我們對貨幣主權的理解，我們可以得出政府赤字比私營部門赤字更加可持續的結論：政府是貨幣的發行者，而家庭或公司是貨幣的使用者。除非一個國家可以出現連續的經常帳盈餘，否則政府的財政預算需要持續地偏向赤字支出，以促進經濟的長期增長。這才是在上述經濟背景下追求可持續增長時，應當出現的正常、合適的預算狀況。

此外，我們需要澄清一點：合適的預算狀況還取決於另外兩個部門的結餘狀況。一個想要出現經常帳盈餘的國家，可以實施更緊縮的財政政策，甚至可能會出現持續的政府預算盈餘（新加坡釘住其貨幣匯率，在經常帳盈餘的同時累積外匯，其財政預算也處於盈餘狀況）。當本國私營部門出現赤字時，政府出現財政預算盈餘

也是合適的（有鑑於經常帳結餘為零，根據恆等式可知，此狀況成立）。然而，如前文所述，由於私營部門只是貨幣的使用者而非發行者，這樣的預算盈餘最終不可持續。

　　最後，我們必須明白，不可能所有的國家都同時出現經常帳盈餘。例如，亞洲的幾個淨出口國嚴重依賴對美國的出口，而美國則需要出現經常帳赤字，以提供出口國想要累積的美元資產。我們可以得出結論：**至少需要一些政府出現持續的赤字，以提供其他儲蓄國希望累積的金融資產淨額。**一些提供國際準備貨幣的國家政府，將扮演這樣的角色，就目前而言，美國政府便是如此。

07▸功能財政和匯率制度

很顯然，阿巴·勒納曾對使用主權貨幣（或許多人所稱的「法定貨幣」）的國家進行分析。每當存在失業情況時，只有主權政府可以選擇增加支出，並且只有主權政府可以提高銀行準備金並降低（短期）利率，以達到目標水準。需要注意的是，勒納是在布雷頓森林體系（即一個以美元為基礎的固定匯率制度體系）創立後進行的分析研究。這樣看來，勒納的「功能財政方法」僅適用於不考慮匯率制度選擇的主權貨幣。

我們還要記住，在阿巴·勒納生活的時期，許多國家都執行嚴格的資本管制（Capital Controls）。就「三元悖論」而言，這些國家擁有固定匯率制度與國內政策的獨立性，卻不允許資本自由流動。我們知道，在浮動匯率制下，國內政策空間最大，但實施資本管制並加上管控或固定的匯率制度，也可以保留相當大的國內政策空間，這可能便是勒納當時的想法。

由於外幣儲備可能會受到威脅，大多數使用固定匯率制度以及資本自由流動國家，無法實現勒納「功能財政方法」的兩條原則（只有少數積聚了大量儲備的國家才是無懈可擊的）。儘管實施浮動匯率制度的國家更容易實現充分就業，但對資本流動有一定程度的約束的管控或固定匯率制度，仍可以提供所需的國內政策空間，以追求充分就業的目標。

因此，我們得出結論：「功能財政方法」的兩個原則，直接適用於使用浮動匯率貨幣的主權國家。如果貨幣被釘住，那麼其政策空間將受限，國家可以採取資本管制來保護其國際儲備，以保持對釘住匯率制度的信心。

「功能財政方法」下
對美國雙赤字的討論

提醒：本單元將給出更具專業性的總結。

赤字「鷹派」聲稱，美國政府的財政赤字將給美國未來的一代增加負擔，他們將不得不永遠向累積美國國庫券以及支配美元命運的中國人支付利息。這通常會讓人們認為，美元正在面臨喪失國際準備貨幣地位的危機。

在這個聚焦探討部分，我們將闡述財政預算赤字、貿易逆差，以及國庫券的海外累積與美國未來一代的利息負擔等之間的關聯。

根據部門收支恆等式，財政預算赤字與經常帳赤字呈正相關。在其他因素相同的情況下，政府預算赤字將增加總需求，從而使美國的進口超過出口（由於美國的財政態勢，用於購買外國產出的家庭收入，超過外國購買美國產出的金額，美國消費者能夠購買更多的進口商品）。還有其他在政府赤字和經常帳赤字之間建立關聯的途徑（如利率和匯率的影響），但那些途徑較為次要。因此，美國政府赤字可以支持對產出的需求，包括美國以外國家的產出，從而使美國的進口超過出口。當預算赤字刺激美國經濟，致使其增長速度快於交易夥伴時，情況更是如此。

如上所述，美國經常帳赤字反映美國國庫券在外國的累積，大多數由外國中央銀行持有。儘管通常將其看作外國「貸款」給美國，為其財政赤字「注資」，我們也可以將美國經常帳赤字看作以國庫券形式累積的外國經常帳盈餘。在某種意義上，美國傾向於同時出

現貿易逆差與政府預算赤字，為外國累積美國國庫券提供了「注資」的必要條件。很顯然，一個巴掌拍不響，必須每一方均有意願才能實現，而大多數的討論都忽略了中國對美貿易順差的意願與累積美元資產的意願。同時，美國預算赤字有助於產生用於私營部門消費的國內收入，促進進口，為外國人提供收入以累積美元儲備，也推動了外國對國庫券的累積。

換言之，這些決定不可能是獨立的。討論中國「貸款」給美國的同時，卻不考慮中國是否有淨出口的意願是沒有意義的。事實上，下列所有因素都（多以複雜的方式）互相關聯：中國為了出口而生產的意願、中國累積美元資產的意願、中國國內需求所導致的貿易順差、美國購買外國產品的意願、美國（相對）較高的總需求所導致的貿易逆差、導致美國政府預算赤字的相關因素等。當然，當我們引入其他國家和全球總需求時，這些關係將變得更加複雜。

讓我們透過一個理想實驗來解釋其中一個要點。多數人最擔心的事情，是美國國庫券會成為美國未來一代的負擔，他們的後代需要向外國人支付利息。不同於本國持有國庫券，這是從美國納稅人向外國債券持有者的轉讓（當債券由美國人持有時，債權的轉讓是由美國納稅人向美國債券持有者轉讓，省去了很多麻煩事）。因此，人們便認為，由於外國人持有一部分政府債務，這些債務一定會落在後代的頭上。事實上，利息是由電腦鍵入而支付的，但我們的子孫後代可能會提高本國的稅收，與應向中國債券持有者支付的利息進行匹配，由此出現了赤字「鷹派」所擔心的那種情況。讓我們繼續討論這個假設的案例。

如果美國可以設法消除貿易逆差並永遠保持經常帳平衡，美國政府預算赤字將完全等於美國私營部門盈餘。由於外國人不會在對美貿易中累積美元，他們便不會累積美國國庫券（如果他們以外國

貨幣來交易美元，便會導致美元升值，從而使貿易平衡在某種程度上變得難以為繼），在這種情況下，無論出現多高的財政赤字，美國都不「需要」從中國「借款」。

這很清楚地證明了，外國對於美國財政赤字的「注資」，取決於經常帳的狀況，外國需要先向美國出口，才能向美國政府提供「貸款」。如果美國經常帳是平衡的，那麼無論出現多高的財政赤字，美國都不再「需要」外國儲蓄來「資助」，其國內私營部門盈餘將會恰好等於其政府赤字。事實上，正是預算赤字「資助」了本國私營部門儲蓄（也正是經常帳赤字「資助」了外國儲蓄）。

總之，儘管「雙赤字」之間有關聯，卻不是人們通常所想的那樣。美國貿易赤字與預算赤字相關聯，但雙赤字並不會將美國推到一個相對於中國失衡的位置上。如果中國和其他淨出口國（如日本）希望持有較少的美元資產，他們將出現向美國出售較少商品的意願。作為高速發展經濟體並創造了一整國消費者的中國，很有可能會有這樣的意願，但這種轉變並不會驟然產生，美國對中國的經常帳赤字將會慢慢縮小，美國向中國銷售的政府債券（為美聯準的準備金提供一種支付利息的替代品）也將慢慢減少。這不會導致危機。事實上，美國政府不會向中國借美元來支持其赤字支出，相反的，美國經常帳赤字向中國提供美元，以用來購買世界上最安全的美元資產：美國國庫券。

我們要明白，美元可能會喪失世界準備貨幣的地位。從美國的角度看，這可能會使我們感到受挫；但從長遠的歷史眼光來看，這只是一件微不足道的小事。無疑的，中國將成為世界上最大的經濟體，其貨幣也將成為國際準備貨幣的候選者，但這並非不可改變，當然也不值得擔憂。

08▸功能財政與開發中國家

　　大多數的開發中國家擁有主權貨幣，這意味著它們負擔得起購買任何以其本國貨幣出售的事物，包括失業勞動力。正如阿巴‧勒納所述，失業證明了未能滿足對本國貨幣的需求，而該需求可以透過額外的政府支出來補充。同時，許多開發中國家實施固定或管控匯率制度，在一定程度上減少了國內政策空間。這些國家可以透過實施產生外匯儲備的政策，來增加政策空間（包括增加出口的措施），或透過資本管制來保護外匯儲備。

　　此外，它們還可以實施能夠創造就業機會並促進發展，卻不增加進口的政策（如進口替代政策〔Import Substitution Policies〕）。它們可以創造勞動密集型的就業計畫（因此不再需要由外國製造的資本設備），或提供新就業勞工所需要的產出之計畫（這樣它們便不需要對進口商品支出其新獲得的收入）。

　　政府可以更加偏好本國廠商而非外國廠商，這將限制對外國商品和服務的購買，以增加出口收入；可以試圖避免以外幣借款，限制對外幣的利息支出。

　　如前文所述，一些開發中國家徵稅和收稅的能力較弱，這將限制政府直接控制本國產出的能力。即使政府可以找到希望獲得貨幣的失業勞動力，這些勞工也可能會意識到，很難以一個穩定的價格來使用貨幣購買產出。完善的稅收制度將有助於增加貨幣需求（因

為稅收以本國貨幣支付）；此外，政府需要積極創造就業機會，尤其是那些可以增加新就業者想要購買的商品和服務之產量的相關領域。以上的各種措施都將有效緩解由於就業率上升而導致通貨膨脹的壓力。

長遠來看，避免外幣債務並向浮動匯率制度靠近，將有利於國內政策空間的擴大。對本國資源（尤其是勞動力）的充分利用，將使得開發中國家產出最大化，同時減少由供給不足引發的通貨膨脹。勞動力的充分就業，也會帶來許多其他眾所周知的好處，在此不再贅述。

主權貨幣為政府提供了更多的政策空間：政府透過貸記銀行帳戶進行支出，因此不受對貨幣使用者適用的預算約束。浮動匯率制度（或資本管制下的管控匯率制度）下，由於政府不需要累積充足的儲備來維持匯率釘住制度，政策空間將得到擴充。合理利用政策空間，將使政府在走向充分就業的同時，避免引發貨幣貶值或國內通貨膨脹。為了達到此目標，最終雇主或工作保障模型將非常有效，此話題將在後文詳細討論（Mitchell and Wray, 2005; Wray and Forstater, 2004）。

09 ▸ 出口即成本，進口即收益
功能財政方法

實際上，從整個國家的角度來看，出口是一項成本，進口是一項收益。對於該論點的解釋很簡單：當資源（包括勞動力）被應用於生產向國外運輸的產出時，一方面國內民眾無法對該產出進行消費，或將其應用到進一步的生產中（如投資品）時，國家承擔了生產成本，但沒有得到好處。另一方面，進口國得到了產出卻不需要生產。因此，淨出口實際上意味著淨成本，淨進口意味著淨收益。

現在，以下幾項內容需要我們注意。

首先，從產出的生產公司的角度看，誰購買它生產的貨物或服務並不重要，無論是在本國銷售還是賣給國外買家，它都一樣開心，它想要的只是獲得本國貨幣來彌補成本，並獲得收益。如果產出在本國售出，那麼將借記本國購買者的銀行帳戶，貸記生產公司的銀行帳戶，雙方都很開心。如果產出賣給國外買家，最終購買者將使用外幣，收入需要經過外匯兌換，生產者才能收到本國貨幣。我們不會在此關注其中的細節，總之，最終一家國內銀行或中央銀行將持有外匯儲備（一般貸記外國中央銀行的準備金帳戶）。然而事實上，從資源方面來看，當產出出口時，外國人享用了「勞動的果實」；從財政方面看，生產公司的銀行帳戶收到了貸記淨額，國家則收到了外幣形式的金融資產淨額。

其次，淨出口將增加總需求並增加國內生產總值份額和國民收入，還將創造生產用於出口的商品或服務的就業機會。因此，一個國家可以將資源投入出口部門進行生產，避免了在未充分就業的狀態下運行。淨出口將產生工資和利潤；家庭將獲得以前從未有過的收入，從而擁有購買消費品的能力；公司則避免了破產，得以繼續存活下去。這些便是政府鼓勵出口的主要原因。

在經濟下行期間，歐巴馬曾宣布美國經濟的目標是使出口翻一倍，這是想要實現經濟增長的國家常見的戰略。然而請記住，每一筆出口都對應著一筆進口，每一筆貿易順差也對應著一筆貿易逆差。顯然，所有國家的經濟同時以此方式增長是不可能的，從根本上來說，這是一個「以鄰為壑」的戰略。

在某種程度上，資源將移向出口生產，本國居民將不會得到任何實際的淨福利。因此，出口戰略實質是一項「以鄰為壑」的戰略。這確實會使那些原本閒置的勞動力和其他資源得到了利用，原本沒有工資的工作者獲得了收入，無法售出商品的公司獲得了盈利。但如果產出銷往國外，便沒有增加任何可供本國居民購買的額外產出，現有的產出還需要再分配給那些獲得了工資和利潤收入的額外索取者。因此，如果我們只把閒置資源投入於出口生產，便不會產生任何的淨收益：本國居民的工作更加「辛苦」，但從總量上看，由於供給本國居民的「蛋糕」並沒有增加，實際上沒有增加任何的消費。

由於那些原本沒有工作的人現在有了工作，參與同一塊蛋糕的競爭，抬高了價格，再分配的過程可能會導致通貨膨脹。當然，這

也會形成理想的社會結果：產出得以實現再分配，從「高收入者」流向「低收入者」，並使失業族群得到了工作，讓家庭乃至整個社會都大受裨益（如降低犯罪率、減少家庭破裂，以及提升社會凝聚力等）。此外，還將產生「乘數效應」：新勞工將支出工資，生產者將出售更多產品，在私營部門創造生產向國內銷售之產品的就業機會，使經濟這塊「蛋糕」越做越大。

當然，一個國家並不需要透過出口來享受乘數效應的好處，加大政府支出也可以增加就業率和銷售。相較於出口導向的經濟增長，政府支出導向的經濟增長的收益將始終留在國內。換言之，即使我們考慮乘數效應，當一個國家增加用於本國消費而非出口的生產時，該國的經濟狀況一樣也會變得越來越好。

但請記住，上述例子均依賴於國家產能過剩的假設。如果一個國家的勞動力、工廠及設備等生產力，均已全部投入生產，那麼該國只能透過減少本國消費、投資或政府對資源的使用，才能增加出口。勞動力和其他資源將從為滿足本國需求而生產，轉而為滿足外國需求而生產。顯然，通常情況下，在為本國生產的前提下達到充分就業，是更加理想的狀態。額外的就業人數將提供更多的收入和產出，本國享用的「蛋糕」也就越來越大。相較於那些從「高收入者」移向「低收入者」的再分配，新勞工將直接獲得更大的一塊「蛋糕」，而不需要將其送往國外。

最後，出於多種原因，為外國人生產的產出，可以被視為一個國家的經濟利益和政治利益。一個國家可能會出於人道主義，為外國生產商品和服務，例如，災害援助；可能會為了援助同盟國而為其生產軍事物資；可能會進行外國直接投資，以幫助一個可能成為

戰略夥伴的國家。同時，一個國家沒有理由每一年都平衡其經常帳，在經濟高度全球化的情況下，生產過程中各國的關聯也使得各國幾乎不可能這樣做。因此，我們不應當忽略出口產出與貿易順差的多種戰略考量。

由此可知，我們還應在國際貿易中應用「功能性」方法：對於一個發行浮動匯率貨幣的主權政府來說，追求貿易順差比尋求財政盈餘更沒有意義，若是最大化經常帳盈餘，將增加實際淨成本（有鑑於以上討論過的幾個注意事項）。而更好的做法是在國內追求充分就業，並根據情況調整經常帳和預算，這將比通常使用的追求貿易順差以實現充分就業的戰略，更為理想。

在第 8 章中，我們將詳細分析一個可以同時促進充分就業並實現物價穩定的計畫。從某種重要的意義上來說，該計畫遵從「稅收驅動貨幣需求」的觀點，從而認為失業是由於政府對貨幣制度的不當管理所致。

Chapter 8

實現充分就業和物價穩定的政策

在本章中，我們將探究在物價穩定的情況下，促進充分就業的政策。大多數經濟學家認為充分就業與物價穩定是相互矛盾的，事實上，失業通常被視為促進物價穩定的一種工具。在本章中，我們將首先討論現代貨幣理論中實現充分就業的方法，隨後探討是否能夠在追求充分就業的同時，提升物價的穩定性。

在第 9 章中，我們將探討高通貨膨脹與惡性通貨膨脹。許多批判現代貨幣理論的觀點認為，遵從現代貨幣理論的觀點（尤其是遵從阿巴‧勒納的「功能財政方法」）將導致無法控制的惡性通貨膨脹。在這裡，我們將會為大家消除這些顧慮。

01▸ 功能財政與充分就業

　　一個發行本國貨幣的政府總是負擔得起雇用失業勞動力的成本，但實現充分就業可能會影響通貨膨脹率與匯率。此外，實現充分就業有多種不同的途徑，如「注資刺激」（政府透過支出來刺激總需求）、政府直接雇用失業勞動力等。

　　近年來，很多經濟學家重新提到了政府擔任「最終雇主」（ELR）的就業計畫，也被稱為「就業保障」（JG）計畫。1930 年代，該政策是以中央銀行「最終貸款人」相對應的政策而被提出。正如中央銀行的貨幣政策將包括為那些無法得到貸款的商業銀行提供準備金貸款一樣，財政部的財政政策也將包括為無法找到工作的人提供工作。在本單元中，我們將研究關於「就業保障／最終雇主」（JG/ELR）政策的特定版本，這個版本將與阿巴・勒納的「功能財政方法」保持一致，而且有助於解決勒納所擔憂的通貨膨脹問題。

　　我們將會發現，「就業保障／最終雇主」計畫實際上是一個強而有力的總體經濟穩定器，能在實現充分就業的同時，提升物價穩定。關鍵在於，就業保障是指在為那些想要獲得工資和福利的人提供就業機會的同時，也會為他們提供一個價格支柱。若要詳細討論該計畫，恐怕寫一整本書也不夠，由於本書篇幅的限制，我們需要在幾頁中將該計畫闡述清楚，所以我會在本書最後羅列出相關的文獻資料，以便大家瞭解更多的細節。那些支持聯邦政府資助的全民

就業計畫的人認為，除此之外沒有任何其他方法能確保每個想要工作的人都將獲得一份工作。

凱因斯主義的「注資刺激」需求計畫可以暫時實現充分就業，但無法保證持續的充分就業，其原因在於，這個計畫破壞了經濟的穩定，導致了通膨壓力與無法支撐的經濟泡沫。

1.1 就業計畫的設計

「就業保障／最終雇主」計畫是：政府承諾為任何符合資格、已經準備好，且有工作意願的公民，提供工作機會的計畫。國家政府將供應資金給這個提供統一時薪標準與福利標準的全民就業計畫（Wray, 1998; Burgess and Mitchell, 1998）。

該計畫可以提供兼職和季節性工作，並滿足其他所需的靈活工作條件。福利標準需經過國會批准，可以包括如醫療服務、兒童看護、養老保險或社會保險，以及休假和病假等。工資標準由政府制定，並在政府批准上漲前始終保持固定，一般等於法定最低工資。

統一基本工資標準可以限制「就業保障／最終雇主」計畫與其他雇主的競爭，讓勞工能透過接受其他雇主支付的較高工資而離開該計畫。這樣一來，就業計畫工資便成為基礎工資，即工資的下限。任何希望且準備好要工作的人，都可以透過接受該計畫的工作而賺得工資，因此該工資為有效的法定最低工資。而在沒有實現真正的充分就業時，那些找不到工作的人無法獲得法定最低工資，因此實際最低工資即為零。

1.2 就業計畫的優勢

就業計畫的好處在於可以減少貧困，改善由長期失業而導致的社會弊病（如健康問題、虐待配偶、家庭破裂、濫用藥物、犯罪等），並提升相關工作技能。馬修・福斯塔德（1999）曾強調可以透過就業計畫增加經濟靈活性、提升經濟環境。由於就業計畫為現有雇員提供了另一條道路，這也將有助於私營部門工作條件的改善，私營部門雇主將不得不提供至少與就業計畫相同的工資、福利及工作條件。而隨著大部分人擁有正式工作，獲得了勞工法規的保護，非正式部門的規模也將不斷縮小。

由於那些受到不公正對待的勞工可以選擇參加「就業保障／最終雇主」計畫，種族歧視與性別歧視問題也將得到改善。當然，就業計畫本身無法完全終結歧視問題，但充分就業一直被視為追求平等的一項重要工具（Darity, 1999）。

就業計畫的一些支持者還強調，擁有統一基本工資將有助於提升經濟和保持物價穩定。「就業保障／最終雇主」計畫將成為一個「自動穩定器」，其就業規模會在經濟衰退時增長，在經濟擴張時縮減，抵消私營部門出現的就業波動。聯邦政府預算將更加具有反景氣循環特性，使政府對「就業保障／最終雇主」計畫的支出在經濟衰退時增長，經濟擴張時減少。

此外，統一的基本工資將在經濟繁榮時降低通貨膨脹壓力，在經濟衰退時降低通貨緊縮壓力。在經濟繁榮期，私營雇主可以透過為勞工提供高於就業計畫的工資，從就業計畫中雇用勞工。就業計畫就像是勞動力「後備軍」，隨著私營部門就業率的增長而抑制漲

薪壓力。在經濟衰退期，那些被私營雇主裁掉的勞工仍可以在「就業保障／最終雇主」計畫中工作，為工資提供了下跌的下限。我們將在後文對更多細節問題進行探討。

1.3 總體經濟學穩定性問題

如上所述，就業計畫會設定一個固定（但定期調整）的基本薪酬待遇。這將確保「就業保障／最終雇主」計畫的工資不會對私營公司部門的工資造成壓力，產生相互競價。這樣的工資通常會設定一個私營部門無法降到的工資下限，就像是農業商品價格下限那樣，不會導致價格上漲，卻能阻止價格下跌。

事實上，如此設計的「就業保障／最終雇主」計畫，可以被視為與澳洲羊毛價格穩定計畫相似的「緩衝存量計畫」（Buffer Stock Program，支持就業保障計畫的澳洲學者威廉‧米切爾〔William Mitchell〕在意識到就業計畫可以按照澳洲政府羊毛價格穩定計畫的方式來進行後，提出了這個觀點）。當市場價格低於支持價格水準時，政府購買羊毛，而當市場價格高於這一水準時，政府出售羊毛。此計畫透過穩定羊毛價格來穩定農場收入，進而穩定綿羊飼養者的消費支出。

在「就業保障／最終雇主」計畫中，政府為勞動力提供了最低限價，為參與計畫的人提供工資，並將以高於「就業保障／最終雇主」計畫工資的價格將勞動力「出售」給公司（以及非就業計畫內的政府部門）。正如羊毛的最低限價那樣，勞動力的最低限價並不會對市場工資水準產生直接的通貨膨脹壓力。事實上，只要勞動力

的緩衝存貨規模足夠大，便有助於限制一般工資水準的市場壓力，政府將在經濟繁榮期「出售」勞動力。此外，由於勞動力可投入各類生產當中，如果工資得以穩定，那麼生產成本也將更加穩定。我們透過上述分析注意到，羊毛緩衝存量可以穩定羊毛供應商的收入及消費，而「就業保障／最終雇主」計畫將直接穩定計畫內勞工的收入和消費，如果因此而導致其他工資和收入變得更穩定，將進一步提升總體經濟的穩定。

對此，批判者擔心就業計畫的存在將增加勞工的野心，造成漲薪需求和通貨膨脹。然而，有兩點原因可以消除這樣的顧慮。

首先，如果非就業計畫勞工的工資需求過高，且雇主總是擁有是否從就業計畫中雇用員工的權利，那麼有效的勞動力緩衝存量會抑制工資需求。如同羊毛供應商的價格需求將被政府的羊毛緩衝存貨而稀釋，再頑固的羊毛供應商也無法將羊毛價格提高到遠高於政府出售價格的水準。

其次，頑固的勞工若提出增加過多工資的需求，他們的工資上漲超出「就業保障／最終雇主」計畫基本工資越多，失去這些高薪工作的成本也就越高。例如，「就業保障／最終雇主」的時薪為15 美元，那麼，每小時收入達到 15.50 美元的非計畫勞工，將會有勇氣要求 15.75 美元的時薪，但在接下來的幾年中，他們都不可能再繼續要求更高的工資了，因為他們很有可能會因此而被辭退，從而只能獲得一份「就業保障／最終雇主」計畫中每小時 15 美元的工作。失去一份時薪為 20 美元之工作的成本，與失去一份時薪為15.50 美元之工作的成本是不同的。

1.4 匯率效應會對此產生怎樣的影響呢？

有些討論關注到了匯率問題：如果就業機會為窮人提供了收入，那麼他們的消費將增加，對進口商品的購買也將增加。這將導致貿易逆差的惡化，貨幣貶值，可能引發通貨膨脹，並透過匯率的傳遞效應而惡化（貨幣貶值會導致進口商品價格上漲，增加國內一籃子消費品價格水準的通貨膨脹）。換言之，失業和貧困被視為保持低通貨膨脹率以及維持貨幣價值的成本。這與「菲力浦曲線」的觀點相似：我們需要大量的失業人口，來保持對工資水準和通貨膨脹的控制。

對此，我們可以做出兩點回應：

第一點是從道德倫理角度做出回應。一個國家難道應該透過讓部分人口保持足夠貧窮而無法負擔對進口商品的消費，來維持總體經濟穩定嗎？更重要的是，利用失業和貧困來保持貨幣穩定，是可以被接受的政策工具嗎？難道沒有其他可以實現這些目的的方式嗎？即使沒有，難道政策制定者不應該接受一定的貨幣貶值，從而消除失業和貧困嗎？這些道德倫理觀點強烈反對利用失業和貧困做為實現價格和匯率穩定的主要政策工具。

第二點是從事實角度做出回應。我們要對「就業計畫會威脅到價格和貨幣穩定」這一觀點提出質疑。在這裡必須說明一點：我們並不是認為就業計畫對於特定的價格指數或匯率沒有任何影響（如消費者物價指數，參見第 9 章的相關討論，419 頁）；反之，我們認為「就業保障／最終雇主」計畫對國內和外國貨幣價值具有支柱的

作用，因此它實際上促進了總體經濟的穩定。

如上所述，「就業保障／最終雇主」計畫不會導致國內通貨膨脹，但該計畫可以根據工資（和福利）最初設定的數額，引發一次性的工資和物價的提升。

同樣的，如果執行「就業保障／最終雇主」計畫實現了收入的增長，將導致進口的增加。即使匯率真的因此而下滑（並出現因傳遞效應而導致的通貨膨脹），穩定的工資水準也將阻止物價的螺旋上升趨勢。

如果一個國家不準備讓其貿易逆差隨著「就業保障／最終雇主」計畫帶來的就業率和收入一同增長，仍擁有大把的政策工具可供使用，唯一不該使用的是迫使失業和貧困人口來承擔所有的負擔。換言之，一個國家可以使用貿易政策、進口替代、奢侈品稅、資本管制、利率政策、營業稅等政策工具，盡可能減小對匯率的壓力。這樣的政策是否需要由富有、發達的經濟體來執行，我們尚不清楚。我們曾得出「出口是成本，進口是收益」的結論，一旦失業的問題得到解決，那麼關於進口問題的討論也將畫上句號。

1.5 支付能力問題

正如我們通常所見，使用浮動匯率制度的本國貨幣的主權國家，總是負擔得起「就業保障／最終雇主」計畫。只要勞工願意且已經準備好以就業計畫中的工資水準開始工作，政府便可以「負擔」雇用他們的成本，透過貸記銀行帳戶向其支付工資。政府對「就業保障／最終雇主」計畫的支出，不受稅收收入或對其債券的需求的

約束。

　　當然，政府對於「就業保障／最終雇主」計畫的支出，也不會無限地增加。如上所述，勞動力儲備的規模將隨經濟景氣循環而波動，在私營部門出現增長時自動縮減。經濟衰退時，被私營部門辭退的勞工將在「就業保障／最終雇主」計畫中找到就業機會，從而增加政府支出，刺激私營部門發展，使其重新開始從勞動力儲備中雇用勞工。

　　哈威（Harvey, 1989）和蘭德爾·雷（1998）估算政府「最終雇主」計畫的淨支出，約為美國國內生產總值的 1%；阿根廷的「家長計畫」（Jefes Program，見後文 390 頁、400 頁，指有限的「就業保障／最終雇主」計畫）的最大總支出，約為國內生產總值的 1%（這一數字無疑誇大了淨支出，因為在沒有「家長計畫」的情況下，政府還要為其他扶貧項目提供更多的支出）。

1.6 就業的波動

　　一些人擔憂就業波動會大到無法控制。經濟衰退時，不得不創造大量的就業機會；而在經濟繁榮時期，由於許多勞工前往私營部門工作，大量的工作專案將不得不被終止。但即使在勞動力儲備規模縮減的情況下，一些特定類型的工作項目仍會繼續下去，例如，為老年人送上熱午餐的「上門送餐」（Meals on Wheels）專案。而其他類型的項目，如公共基礎設施修復項目、為窮人建設房屋的「仁愛之家」專案等，可能會在經濟繁榮時被削減。

　　美國「就業保障／最終雇主」計畫中的勞動力儲備的波動，通

常約為 400 萬勞動人口，即經濟繁榮時約為 800 萬人，經濟衰退時約為 1200 萬人。這只是一個粗略的估計，以失業人口數量，加上不在勞動力規模統計中，但可能會接受就業機會的人口。我們也必須預測經濟景氣循環中就業計畫以外，就業規模的一般波動。全球金融危機後的失業情況當然更嚴重，大約為正常時期的三倍，但這只是由於沒有可用於阻止經濟下行的緩衝存貨計畫而導致的。

就業規模的一般波動是可控的，即使在經濟繁榮時期，仍將有大量的勞動力處於勞動力儲備中，大多數的工作專案將得以繼續；而在經濟衰退期，新雇用的勞工可以被現有的工作專案吸收，也可以透過恢復或創造一些工作專案來吸收這些勞動力。

全民就業：
馬丁・路德・金的觀點

「是政府的冷漠無情，煽動了憤怒和挫敗的痛苦。在黑人聚居區，失業是一項根深柢固的問題，政府對此卻總是採取冷漠的態度，小修小補，拒絕成為黑人區失業民眾的最終雇主。政府要求企業來解決這些問題，就好像企業過去的失敗可以換來現在的成功一樣。」——馬丁・路德・金博士在為「華盛頓工作與自由遊行」運動尋求支持的最後一封信中如此寫道。

上一次就業保障計畫得到美國公眾的關注，要追溯到 1960 年代早期。馬丁・路德・金博士認為，獲得就業機會是公民權利的關鍵組成部分。

回到 2001 年，馬修・福斯塔德收集了大量馬丁・路德・金為就業保障計畫所撰寫的文獻。詳見馬修・福斯塔德〈公共事業就業保障：對馬丁・路德・金博士最好的悼念〉（Public Service Job Assurance: A Most Fitting Tribute to Dr. King）一文。我們要在這裡重複他的一些觀點，並引用馬丁・路德・金博士的原話，同時附上相關參考文獻：

馬丁・路德・金：黑人社會也面臨著蕭條。當黑人社會出現大規模失業時，人們稱其為社會問題；而當白人社會出現大規模失業時，人們稱其為蕭條。事實上，黑人社會面臨著嚴重的經濟蕭條，失業率極高，在某些城市，黑人青年的失業率可以達到約 40%。（King, 1968）

馬丁・路德・金：僅靠經濟擴張，無法改善黑人的就業現狀。經濟擴張提供了基礎，但政府在此基礎上還需要採取更多的措施，青年失業的悲劇亟待解決。在經濟蓬勃發展時期，黑人青年卻如同在經濟危機中那樣飽受失業的折磨，他們成為美國經濟繁榮的局外人。（King, 1967）

　　馬丁・路德・金：今天，當熟練和半熟練的黑人勞動力嘗試攀登經濟保障的階梯時，卻發現在政府的「自動穩定機制」每週減少約四萬個工作職位的前提下，自己正在與白人競爭。儘管這也許是社會和經濟動盪的必然結果，但仍讓人無法容忍，黑人不會允許在就業機會不斷減少的社會中，總是在與白人的就業競爭中落入下風。（King, 1968）

　　福斯塔德：馬丁・路德・金博士在他的提議中反覆強調「政府……要成為最終雇主」（King 1971, 1963）；「我們需要經濟權利法案，從而保證每個想工作並能夠工作的人都能獲得就業機會……這意味著要創造公共事業就業機會。」（King, 1968）

　　馬丁・路德・金：我們必須發展公共就業、再培訓，以及全民就業的聯邦政府計畫，這樣一來，無論是白人還是黑人都不會再感到恐慌。目前，由於經濟發展的自動機制以及其他生產技術的進步，數以千計的就業機會正在消失……除非完成一些重大且富有想像力的計畫，否則所有白人和黑人都將受到傷害。失業、一貧如洗的白人需要明白，他們與黑人其實同病相憐。只有同舟共濟，他們才能對政府施加巨大的壓力，爭取到全民就業；只有同舟共濟，他們才能組成一個強大的聯盟；只有同舟共濟，他們才能團結所有人，為所有人牟利。（King, 1965）

福斯塔德：在〈我們將何去何從？〉（Where do We Go From Here? 1967）一文中，馬丁・路德・金闡述了他對於公共事業就業保障的構想：第一，技能的培訓和教育是就業計畫的結果，而非先決條件。第二，應當從供給短缺卻能讓最貧窮的團體受益的公共事業中，創造就業職位。第三，就業計畫能為尚未滿足需求的個人和家庭創造收入。第四，從社會心理層面來說，就業計畫對於個人、家庭、不同社會群體以及整個國家，都會產生許多好處。

馬丁・路德・金：人類服務（Human Services）領域的就業擴張，便是那個缺失的產業，可以吸收美國長久以來的失業勞動力，可以成為改變美國就業現狀的產業。人類服務產業是一個勞動密集型產業，需要立即擁有大量的勞動力，而非像建築或其他領域，首先需要大量的資本投資。該產業將滿足私營企業無法滿足的就業需求，吸收那些可以被訓練的勞動力來進行工作。人類服務產業的增長速度會非常快，其發展的方式應確保創造的就業機會並不是主要針對那些受過學院教育的專業人士和擁有碩士文憑的族群，而是那些在社區中可以為了鄰居奉獻的族群……使受到較少教育的族群，也能夠完成現在由那些受到良好教育的族群完成的任務，以及一系列全新且必須完成的任務。（King, 1967）

在另一篇文章中，福斯塔德透過分析二十世紀末出現的問題，將馬丁・路德・金為公民權利奮鬥的提議和觀點帶到五十年後的當今社會，詳見〈美國減少黑人貧窮和失業的充分就業方法〉（The Full Employment Approach to Reducing Black Poverty and Unemployment in the United States）一文。

福斯塔德：達里蒂（Darity, 1994）等人認為，在工業資本主義宣稱的管理資本主義或管理社會的轉型中，「下層社會」黑人不再是勞動力的後備軍。

　　「不宜被雇用的下層社會」這樣的詞彙，束縛著勞工階級的思想，它不是透過帶走工作機會，而是透過列舉「這可能指的就是你」的方式實現這種束縛。福斯塔德引用了 1996 年的〈美國黑人狀況報告〉（The State of Black America）一文的內容。全美城市聯盟（The National Urban League）在其中號召實施「高度關注城市內部貧窮居民的就業」的政策：

　　毫無疑問，城市中的居民希望工作。如果內部城市居民想要工作，甚至整個城市都想要工作，我們必須擴大工作行動。沒有任何的總體經濟政策、經濟增長前景、模範城市方法、黑人資本主義戰略，以及可以想像到的企業實驗區，能夠媲美大蕭條時期公共事業振興署（Works Progress Administration）透過迅速降低失業率為人民點燃希望的舉動。支出公共資金來填補勞動力市場的漏洞，完全不違背美國的價值觀。

・相關參考文獻
King, Jr., Martin Luther. 1963. *Why We Can't Wait*, New York: New American Library
Interview with Martin LutherKing, Jr. 1965. Playboy, January, 117ff
——. 1967. *Where Do We Go From Here: Chaos or Community?* New York: Harper & Row
——. 1967. "Showdown from Nonviolence" , Look, Vol. 32, April 16, pp.23-25.
——. 1972[1968]. "New Sense of Direction" , Worldview, 15, April
Dr. King's last letter requesting support for his March on Washington in R. Goodman. 1971.
After the Planners, New York: Simon and Schuster, p.32.
Darity, Jr., William A. and Samuel L. Myers, Jr. (with Emmett D. Carson and William Sabol).
1994. *The Black Underclass: Critical Essays on Race and Unwantedness*, New York: Garland.
National Urban League. 1996. The State of Black America 1996, New York: National Urban
League, Inc.

02 ▸ 開發中國家的「就業保障／最終雇主」計畫

　　一個小的開發中國家面臨著多項挑戰：第一，小的開發中國家可能只生產很少種類的商品，進口大量無法自行生產的各種商品（雖然這些商品無法直接進入大多數人口的消費計畫中）。此外，其出口可能會被限制在更小範圍的商品類別當中。收入的增長將立即對匯率產生壓力。第二，正式部門（Formal Sector）規模會很小，大多數生產和就業都在非正式部門（Informal Sector），正式部門勞動力市場和非正式部門勞動力市場的工資水準差異很大。第三，國家政府的行政能力相當有限，國內基礎設施建設無法滿足生產能力的重大擴張。第四，多為釘住匯率制。

　　在這樣的條件下，如果在全國範圍內實施工資水準與正式部門相等的普遍「就業保障／最終雇主」計畫，將會有大量的勞工從非正式部門湧出。貨幣收入和對消費品的需求將增加，其中最重要的是大多數人都無法負擔的「奢侈品」的進口將會增加。貿易平衡可能惡化，政府將快速失去維持釘住匯率制度必需的國際貨幣儲備規模。本國物價將攀升（但對於那些由貧困家庭所生產、經濟學家口中劣等財的本國商品，所產生的直接物價壓力則相當有限），進口商品的價格將隨著貨幣的貶值而上漲。匯率危機很有可能引發一場經濟危機。那麼，是否有什麼方法可以避免這些後果呢？

首先，讓我們來看看如何降低對物價、匯率及貿易平衡的影響。保持就業計畫的工資與非正式部門的平均工資水準相近，可以限制對貨幣需求的影響。因此，與以正式部門的最低工資為基準相比，更應當將其設定為接近非正式經濟部門的平均工資水準。然而，如果「就業保障／最終雇主」計畫的薪酬待遇中，包括市場額外提供的生活必需品，貧困狀況將得到改善。這些必需品包括：國內生產的食品、衣物、住所和基本服務（醫療衛生、兒童看護、老年護理、教育、交通等服務）。由於這些必需品大多以實物形式提供，就業計畫內的勞工將無法使用收入來購買進口商品並取代本國商品。此外，勞工的生產可以提供大多數的商品和服務，從而使其對政府預算及貿易平衡的影響最小。

如果就業計畫直接提供基本的生活必需品，以及與其之前在非正式部門工作時相等的貨幣收入，這將對貨幣需求產生淨影響。此外，「就業保障／最終雇主」計畫的專案生產過程中，可能需要投入進口工具及其他資源。政府細緻的規畫將有助於減少負面影響，例如，對於所需的工具和材料的進口，可能會對出口收入和國際援助產生影響。由於「就業保障／最終雇主」計畫中使用的生產技術非常靈活，其生產不必滿足一般的市場盈利能力要求（福斯塔德，1999），政府可以逐步增加「資本比率」（Capital Ratios），按其能力來向進口設備提供資金支援。此外，「就業保障／最終雇主」計畫可以用於提高國家生產出口產品的能力，最明顯的例子便是透過提供公共基礎設施，來降低企業成本、吸引私人投資。

計畫的分階段實施，將有助於減少對正式市場和非正式市場的不良影響，同時限制其對政府預算的衝擊。此外，從小處做起，將

有助於培養政府管理更大計畫的能力。例如，阿根廷透過只允許每個貧困家庭選出一個人參與就業計畫，來限制計畫規模。就業計畫還能以更小規模的方式開展：每個家庭只註冊一個人，並在分配工作時透過抽籤的方式進行，這樣一來，就業計畫便能按照計畫內容有步驟地進行。由單個社區組織所提出的最佳就業計畫，可以被選出來，用於為社區中每個家庭一定數量的人口安排工作。分散化就業計畫的發展、監督和管理，可以減少中央政府的行政負擔，同時確保滿足當地的需求。

再舉一個例子，印度正在實施一項僅針對鄉村地區的就業保障計畫，鄉村地區的人們現在享有要求每年工作一百天的權利（參見400頁）。將就業計畫限制為僅針對鄉村居民，有助於減少失業人口湧入城市，同時，限制每年一百天的工作時間，將避免創造更多的就業計畫（這也與當地農業部門通常在一年內幾個特定時期需要勞動力的現狀相適應，就業計畫將在農業不需要勞動力時展開）。

不過，我們更希望實施的還是提供基本生活工資的普遍「就業保障／最終雇主」計畫。但出於實際考慮，計畫有必要從小做起，並朝著這個目標努力。在制訂一個計畫時，需要考慮一個國家特有的狀況，包括其政治現實。

如同支援阿根廷就業計畫一樣，國際援助組織可以為就業計畫提供一定的資金支援。當然，一個主權政府總是能夠以本國貨幣支付工資，因此國際援助組織不需要為其支付工資，但如果進口情況由於貧窮減少而增加，國際援助組織將負責提供所需的國際貨幣。此外，就業計畫可能需要透過進口才能獲得一些工具和設備，國際援助組織可以對此提供一定的外幣援助。然而，除非「就業保障／

最終雇主」計畫直接透過增加出口來償還國家債務，否則應避免進行國際貸款。

「就業保障／最終雇主」計畫的部分產出，可以在國內或國際出售以獲得收入。例如，阿根廷家長計畫的勞工所生產的衣物和家具，均在正式市場中出售。此外，就業計畫中的部分產出可以代替政府購買，例如，該計畫中的勞工為政府生產制服等。但通常，「就業保障／最終雇主」計畫的生產不應與私營部門競爭。

政府應避免累積難以償還的外幣負債，如果需要，政府可以使用保護其貿易平衡和匯率釘住制的傳統方法，例如關稅、進口管制及資本管制等。在某種程度上，「就業保障／最終雇主」計畫將提高貨幣工資和貨幣消費，對貿易平衡和匯率的影響，與它對國內經濟增長的影響相似。對國際貿易以及資本流動領域的政府介入問題的討論，我們已經耳熟能詳，在此不再贅述。儘管多數人曾強烈反對政府介入，但近年來這樣的情況有些改變，人們認為，在個案的基礎上進行政府介入以實現保護，是可以接受的。

► 聚 焦 探 討 ◄
就業即人權

　　獲得工作的權利被聯合國的《世界人權宣言》所承認。第二十三條規定：（1）人人有權工作、自由選擇職業、享受公正和合適的工作條件，並享受免於失業的保障。（2）人人有同工同酬的權利，不受任何歧視。（3）每一個工作的人，有權享受公正和合適的報酬，保證使本人和家屬有一個符合人的尊嚴的生活條件，並在必要時輔以其他方式的社會保障。（4）人人有為維護其利益而組織及參加工會的權利。

03▸就業計畫的管理

一些批判家曾表示，就業計畫的規模可能會大到無法管理，中央政府將難以顧及每一個計畫的參與者，難以確保他們能一直從事實用的專案。更糟的是，大規模計畫可能會滋生專案經理挪用資金的腐敗問題。接下來，我們將簡單地討論一些可以提升就業計畫管理能力的方法。

1. **國家政府沒有必要親自制定並運行整個就業計畫。**就業計畫可以高度分散，分別由地方政府、地方非營利社區服務組織、公園和娛樂機構、學區及勞工合作社等展開。可以由地方社區提出計畫，地方機構或地方政府來運行這些計畫，國家政府僅需要提供資金支援，並批准相關專案。阿根廷的就業計畫以及印度的新就業計畫，在某種程度上便是這樣運行的。

2. **為了減少資金被挪用的可能性，國家政府可以將工資直接支付給就業計畫的參與者。**透過使用社會保險號碼等可以良好地完成支付，即像社會保險支付退休金那樣，直接匯款到其銀行帳戶中。如果專案經理無法接觸政府資金，便難以用其「中飽私囊」。誠然，這也很有可能出現欺詐問題，像是將工資支付給一個並未工作或已經死亡的人的社會保險帳戶

中。計畫的透明度也將是對抗腐敗的手段，透過互聯網公開所有計畫參與者和所有支出的紀錄，採用揭發檢舉獎金等激勵手段。在這裡，隱私將會是一個問題，但在美國，公共部門正式雇員的工資通常都是透明公開的。身為就業保障計畫勞工，其工資將由公共部門支付，而公共計畫工資的透明公開早有先例。

3. **為了承擔管理和材料成本，國家政府將向專案提供一定的非工資資金支援。**在直接就業創造計畫中，非工資資金通常約為工資總額的 25%。支付數額越高，對專案經理的不良激勵越大，會促使他們為了獲得資金而創造就業項目支出。因此，非工資資金不宜過多，國家政府應要求就業專案提供匹配的資金，以支付其非工資費用。

4. **雖然讓私營營利組織進入就業計畫具有一定的好處，但為利潤而生產的不良激勵將更為嚴重。**私營雇主將使用「就業保障／最終雇主」計畫的勞工替代其他雇員，以降低工資支出成本。勞工合作社則可能產生更好的效果，一部分勞工可以提出將產出用於市場銷售的就業專案，「就業保障／最終雇主」計畫將在一段特定時間（如一年）內為其支付部分工資，之後合作社將開始自給自足。如果合作社難以為繼，那麼這群勞工將轉移到「就業保障／最終雇主」計畫下的普通就業專案中。阿根廷的家長計畫就曾試驗過勞工合作社的方法。

顯然，就業計畫仍有許多管理問題需要探討，有大量關於政府資助直接就業創造計畫的實例。這些計畫必須適應每個國家的具體狀況，因此將出現無數個試錯實驗。就提供生產實用產出的工作職位而言，有些專案並不是那麼成功，但請記住，失業更加浪費社會資源。

　　儘管大多數私營公司並未真正將勞工置於失業的狀態，但少數人仍認為這是對營利組織的一場致命審判。我們必須做好接受「就業保障／最終雇主」計畫的成功率低於 100% 的準備，對於私營雇主的成功率也是如此。

　　儘管約翰・梅納德・凱因斯是否為二十世紀最偉大的經濟學家仍備受爭議，但他通常被稱為「現代總體經濟學之父」。在政策制定者看來，二次大戰後所採用的經濟政策的基礎，就是凱因斯的重要思想：政府應當提高總需求，從而促進經濟增長和就業。在二次大戰後的幾十年中，「凱因斯時代」的確實現了高增長率與低失業率。

　　然而，如第6章中所述，經濟學家和政策制定者開始相信充分就業與物價穩定並不相容，於是大多數國家開始拋棄高就業率的目標。維持高失業率被認定是限制工資水準的必要舉措（這便是著名的菲力浦曲線觀點）。但凱因斯在很久之前便駁斥過這個觀點，認為該觀點「極其荒謬」。儘管凱因斯並沒有推出「就業保障／最終雇主」計畫，但曾提出過由政府支持的直接就業創造計畫。他似乎也認為，政府使用定向支出而非注資刺激的方式實現充分就業，效果更好。

　　在此，我不會列出凱因斯的所有觀點，而是引用我最喜歡的他的兩段話：第一段關於失業；第二段則關於「辦實事」，即解決問題。

　　保守黨認為，世界上存在阻止人類被雇用的自然法則，即雇用一個人是「魯莽」的，使大約十分之一的人口保持無限期的失業狀態，將保證財務穩健。這樣的想法是極其荒謬的，任何一個頭腦清醒的人都不會相信。因此，我們主要的任務便是確認讀者能夠本能

地明白那些看上去合乎情理的確實合乎情理，那些看上去是一派胡言的確實是一派胡言。我們應當盡力讓人們明白：如果新形式的就業可以為更多人提供就業機會，那便如同聽上去的那樣清晰明確，不存在任何的「暗礁」；如果讓失業的人為實用的專案工作，那便如同其展現出來的那樣清晰明確，會增加國家的財富；諸如「出於錯綜複雜的原因，如果我們使用這樣的方式來提升自己的福利，我們相當於在從經濟上摧毀自己」這樣的觀念，便如看上去的那樣荒謬。（John Maynard Keynes,1972）

只要我們有辦實事的新風氣，而不是一味地否定，每個人的思維都會變得活躍，並會出現大量值得注意的主張者，而其確切特點是無法預先知曉的。（Keynes,1929,1972）

對於羅斯福新政的討論，可參見約翰‧亨利（John Henry）的文章。

04▸「就業保障／最終雇主」計畫及其實例

世界上已經落實了許多就業創造的計畫，一部分為針對性就業計畫，另一部分為廣泛的全民就業計畫。美國羅斯福新政包括了數個較為廣泛的就業計畫，如民間資源保護隊、公共事業振興署。瑞典開展了廣泛的就業計畫，幾乎可以保證每個人都能獲得工作機會（Ginsburg, 1983）。從二次大戰到 1970 年代，包括澳洲在內的許多國家，透過將高總需求與寬鬆的直接就業創造計畫相結合，保持了大致接近充分就業的就業水準（失業人口低於 2%。通常會出現非正式的「最終雇主」，如國家鐵路、軍隊等，可以雇用任何人）。正如威廉・米切爾和瓊・姆斯根（Joan Muysken, 2008）所言，即使政府沒有明確地展開國家普遍性的「就業保障／最終雇主」計畫，國家對充分就業的承諾，也將刺激政府實施可以創造就業機會的相關政策。

在 1930 年代的大蕭條時期，美國就像大多數國家一樣，展開了多項就業計畫。那些計畫並不是一項普遍的「就業保障／最終雇主」計畫的組成部分，但新政是一個大規模且影響深遠的就業計畫，透過公共建築、大壩、公路、國家公園、鐵路等美國的公共事業來實現。例如，在公共事業振興署工作的——

勞工承擔著改善美國面貌的任務。他們建造及加固學校、大橋、大壩等，如舊金山的牛宮體育館、紐約拉瓜地亞國際機場、華盛頓國家機場（現更名為羅納德雷根華盛頓國家機場）、俄勒岡州的山林小屋酒店（Timberline Lodge）、芝加哥湖濱小路上的大橋、聖安東尼奧市的河濱步道等。這些勞工親手縫製衣服、填充床墊、修理玩具；為學童烹煮熱騰騰的午餐，照料病人；騎著馬將圖書館的書送到偏遠地區；營救遭受洪災的難民；為醫院、中學、法院和市政廳繪製巨幅壁畫；為熱情的觀眾演奏樂曲；為四十八個州撰寫指南，這些書在今天仍是指南類書籍的典範；當世界大戰的烏雲籠罩在美國上空時，公共事業振興署的勞工們致力於武裝軍隊和空軍基地，並接受訓練以滿足國家的軍事需求（Taylor, 2008）。

　　新政就業計畫雇用了大約 1300 萬人，公共事業振興署是其中最大的專案，持續八年並雇用 850 萬人，支出約 105 億美元（Taylor, 2008）。新政不僅讓一個支離破碎的國家全面復興，更將其帶入了二十一世紀。公共事業振興署建設了 65 萬英里的公路，7.8 萬座橋樑，12.5 萬個平民和軍事建築，700 英里機場跑道；為孩子烹煮了 9 億份熱騰騰的午餐；經營了 1500 家幼稚園；為 1.5 億名觀眾進行了音樂會的表演，創作了 47.5 萬件藝術品。它讓美國改頭換面，步入了現代化的進程（Taylor, 2008）。

　　迪米特里‧巴帕迪米垂歐對世界各國政府展開的一系列直接就業創造計畫，進行了總結，部分計畫出現在開發中國家。

　　政府展開的直接公共事業就業創造計畫，帶來了長期的積極結

果。在二十世紀，美國、瑞典、印度、南非、阿根廷、衣索比亞、韓國、祕魯、孟加拉、迦納、柬埔寨等國，在私營部門需求不足時曾間歇性地實施「最終雇主」計畫，「最終雇主」一詞由經濟學家海曼·明斯基在 1960 年代創造。例如，韓國在 1997 ～ 1998 年的金融危機期間，實施了「處理失業問題的總規畫」（Master Plan for Tackling Unemployment），規畫資金占政府支出的 10%。政府為公共事業專案雇用大量勞工，進行包括培育森林、建設小型公共設施、修復公共設施、清理環境、任職於社區與福利中心，以及針對年輕人和能夠熟練使用電腦者的資訊科技專案等工作。隨後，整體經濟得到擴張，並開始蓬勃發展。（引自 http://www.latimes.com/news/opinion/）

現在，我們再回到阿根廷和印度，看看近期發生的例子。

經濟危機後，伴隨著貨幣發行局制度的崩潰，阿根廷實施了家長計畫，保證每一個貧困家庭的戶主都能獲得一份工作（Tcherneva and Wray, 2005）。該就業計畫成功創造了 200 萬個新就業職位，不僅為貧困家庭帶來了工作和收入，還為貧困社區帶來了所需的服務和免費商品。

最近，印度透過了《全國農村就業保障法》（2005），政府承諾將在公共事業專案中為每一個農村成年居民提供工作。居民在註冊後的十五天內便可獲得工作，且該工作每年的工作時間至少為一百天（Hirway, 2006）。這些計畫較清晰地展示出政府可以並應當成為最終雇主。事實上，印度就業計畫被視為一項人權承諾：每個人都享有受薪就業的權利。

這些實例經驗讓我們能夠從理論走向實務，許多批評家對直接就業創造計畫展現的擔憂，現在看來是荒謬的。即使是在艱難環境下的大規模就業創造，也能取得成功。計畫的參與者們樂於獲得工作的機會，將其視為享有權利。家長計畫讓我們明白，就業計畫能夠以民主的方式實現，透過政治過程增加參與度，並減少腐敗和官僚主義浪費資源。實用的就業計畫應當被實施，即使一個就業計畫規模大到要為 5% 的人口提供就業，社區仍然能夠為參與者找到適合的工作。家長就業計畫減少了社會動盪，並為私營部門提供了生產需求。

那麼，家長計畫在別的國家是否一樣有效呢？至少，我們可以學習這個計畫的成功之處，並吸取它失敗的教訓。一個阿根廷組織者曾跟我說過：「那些飽受饑餓折磨的人們，實際上明白自己的需求是什麼。如果你將政策對準他們的需求，那麼絕對不會做錯。政府做得很好，它們從根本上解決了問題……政府並沒有只看問題的表面，而是直接看到了問題的根源。」（Tcherneva and Wray, 2005）

在某種意義上，「就業保障／最終雇主」計畫便是針對「問題的根源」，並「從根源處雇傭」，為那些底層的人們提供工作。此計畫將私營雇主可以提供的最少工資和福利設定為最低標準，因此並沒有透過競價的方式從私營部門中獲取勞動力，它只是提供了一份工作給那些沒有工作的人。此外，透過分散化執行，該計畫允許地方社區自行創造並管理就業項目。地方社區很可能對當地社區的需求更加瞭解，從而提出一些更好的就業計畫。因此，這是一個「自下而上」的就業創造方式，而非更為常見的「向下滲透」方式。

進步派的經濟學家迪安・貝克（Dean Baker）對於失業問題非常感興趣。他認為應當提供更多的帶薪休假。（參見 https://truthout.org/articles/the-paid-vacation-route-to-full-employment/）

他的觀點是，如果所有的雇員都減少工作量，雇主就需要雇用失業者進行生產，而已被雇用的員工則可以在佛羅里達州的海灘上享受日光浴。我們完全贊成縮短工作時長，但非常可笑的是，美國勞動者的工作時長在一個世紀之前便停在四十個小時的標準上。美國勞動者每年的工作時間，比地球上任何國家的勞動者都要多。

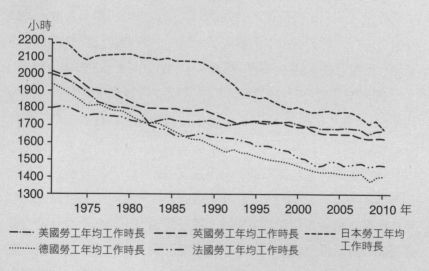

圖 8-1：各國勞動者年均工作時長

但瓊·羅賓遜（Joan Robinson）曾表示，失業比成為一個工資的奴隸還要糟糕，更少的工作時長和更多的帶薪休假，將是讓工作場所更加人性化的前進目標。人們需要更多的時間享受家庭、娛樂和藝術；需要更多的時間來自我完善，並讓社會變得完善。關於減少工作時長的一系列論點中，最後一個才是為失業族群創造更多的就業機會。在就業中實施「工作分擔制」，便如同為了解決饑餓問題而讓人們「分享三明治」。

帕夫琳娜·切爾內娃指出，進步派對於失業以外的每個社會問題，都主張實施直接的解決方案。那麼該如何解決缺乏醫療服務的問題？進步派宣導實施單一保險付款人制度。饑餓問題呢？發放食品救助券。無家可歸呢？建造公共住房。老年貧困呢？實行社會保險。

那麼，失業問題呢？增加假期，讓那些就業者不去工作；提供失業補助金，讓那些失業者也不去工作；或執行更為可笑的措施，提供基本收入保障（Basic Income Guarantee, BIG），讓每個人都不需要工作。我們忽略了哪一點呢？那些失業者希望就業，但這些措施並沒有為他們提供就業機會。

為什麼不為每一個想要工作的人創造就業機會呢？關於這個問題，最常見的觀點便是：這在美國是不具有政治可行性的。為什麼呢？這樣做的成本太高。對於可以提供基本生活工資的就業保障計畫來說，其成本占國內生產總值的 1%～3%，這麼多的支出將永遠無法被國會通過。然而，我們對社會事業項目的支出已經達到了國內生產總值的 10% 左右，大多數的支出用於解決貧困問題，而這在很大程度上是由失業、非自願性暫時失業，以及諸如沃爾瑪這樣的雇主提供的微薄工資所致。

我們的想法可能很瘋狂，但我們認為，美國人將更支持向人們支付工資的工作，而非為他們提供更多的假期。特別是，當一項工作可以提供基本生活工資給人民，從而免除政府大部分的社會支出以及曾向企業支付的巨額補貼和稅項減免（以此說服企業多創造幾個就業機會）時，更是如此。提供基本生活工資的就業保障計畫，不僅一下子省去了大多數的扶貧支出，更確保了私營部門職位將會提供豐厚的薪水。同時，就業保障還消除了無數個將耗竭地方政府財力的公共政策，因為這些政策試圖透過稅項減免和補貼的方式「賄賂」公司，從而讓公司遷移其工廠和倉庫。

　　誠然，實現一個就業保障計畫並不會那麼簡單，但它與美國價值觀高度契合。喬治·萊考夫（George Lakoff）對於從科學角度來研究價值觀非常感興趣。正如萊考夫所言：

　　認知科學研究人們如何思考，即大腦如何運轉、我們如何從神經元處獲得想法、框架思維和隱喻思維如何工作、語言和思想之間的關聯等。但其他學術領域並沒有應用這些研究的結果，尤其是政治學、公共政策、法律、經濟學等，那些所有踏入政界的進步派所研究的領域。因此，他們所傳授的便是一個不完整的「理性」與理性觀。他們忽略了幾個事實，即我們的大腦在生命的早期由數百個概念隱喻和框架構成，我們只能理解大腦允許我們理解的事物，保守派和進步派人士的大腦便是由於分別獲得了不同的大腦迴路，導致他們通常擁有不同的理性判斷方式。進步派所謂「理性論據」並不意味著「通常情況下的理性」便是如此。對於進步派和保守派來說，他們對「理性論據」的理解並不相同。（引自 http://www.truth-out.org，編註：該頁面已不存在。）

對於有些人來說，提供更多的帶薪假期可能是解決失業問題的「理性」方法，但這違背了「通常情況下的理性」。例如，更多的帶薪休假如何為社會做出貢獻？政府為何應當為你的額外假期埋單？為什麼失業人員不去找一份屬於自己的工作，而是來分擔我的工作？我如何才能知道我的雇主並沒有讓我在二十五個小時內完成了四十個小時的工作量？如果國會違背了承諾，不彌補我損失的工資該怎麼辦？如果我的雇主更喜歡另一個分擔我的工作的員工，解雇了我卻給了他全職工作的機會，我該怎麼辦？

　　所以，這是一道難題。那麼，為何不去引導一個支持全民就業的道德框架，從而讓人們獲得體面的工資呢？對於那些想要工作的人來說，沒有什麼能比就業機會更有效地幫助他們擺脫貧困。對他們提供一份工作是「授之以漁而非授之以魚」，讓他們工作來促進社區發展，同時促進共同繁榮。當每個人都擁有工作時，每個人都將受益，這與美國的價值觀是一致的。

　　我們已經有半個多世紀的時間都是在「授人以魚而非授人以漁」，然而救濟無法改善貧困。貧困是糟糕的，不平等是糟糕的，失業同樣是糟糕的。救濟與美國的價值觀相矛盾，往往伴隨著附加條件：支付能力調查、藥物檢測、對兒童的管制等。

　　我們需要那些與美國的工作、積極性、自給自足、生產效率等方面的價值觀相符的政策，那些可以促進社區發展的政策；我們需要國家主權之內的政策，而不是損害別國的利益；我們需要透過進步派和保守派都會支持的政策，找到共同的立場。

05▸就業保障與不平等

　　2014 年，經濟學家和政策制定者意識到了經濟增長中的不平等問題，而托瑪·皮凱提的著作《21 世紀資本論》（*Capital in the Twenty-First Century,* 2014）發揮了很大的幫助作用。事實上，上漲的潮水並沒讓每一條船都浮在海面上，過去幾十年的經濟增長反而導致了更多的不平等問題。

　　經濟學家和政策制定者仍是樂觀的，如果是在甘迺迪總統執政時期，大家都會認為，如果你可以刺激經濟增長，每個人都可以受益。但這樣的觀念實際上非常幼稚，與事實恰恰相反。在經濟繁榮的時候，有權勢的人可以贏取所有的戰利品。在經濟衰退時，他們將得到政府的救助。如果無論經濟狀況如何，你都無法保護甚至提升自己的福祉，為什麼要成為一個富有並有權勢的人呢？

　　一方面，精英群體總是叫囂著追求經濟增長，似乎只要可以刺激經濟增長的政策便是合理的。對富人減稅將刺激經濟增長！減少管控將刺激經濟增長！自由貿易將刺激經濟增長！削減福利將刺激經濟增長！平衡預算將刺激經濟增長！拯救華爾街可以恢復經濟增長！另一方面，他們討厭的政策便是所有看上去會阻礙經濟增長的政策：提高最低工資、保護環境、為貧困兒童準備學校午餐、增加勞工的帶薪休假和病假等等。

　　如果政策真的促進了經濟增長，富人便會得到比他們應得的份額更多的收益；而如果政策無法促進經濟增長，富人收入所占的份

額將增加。富人們贏得了開頭,也贏得了結尾。

誰會對此而感到驚訝呢?這個星球上大部分的經濟學家和政策制定者。為什麼呢?因為他們拒絕考慮「權利」!當我們通常認為經濟由「市場驅動」時,實際上它是由「權利」驅動。細心的人很容易便會發現,國家前 1% 的人的權利在戰後不可阻擋地大幅增長,他們將更多收益轉移到自己身上的能力也隨之上升。

正如帕夫琳娜‧切爾內娃所言,收入分配的變化是非常明顯的,如圖 8-2 所示。

每一次經濟從衰退中復甦時,富人總是能從經濟復甦的增長中獲得更多的利益。切爾內娃表示,無論你對富人的收入分配如何進行劃分,如前 10%、1%,甚至是前 1% 的前幾分之幾 ,最後都能看到,他們從經濟增長中掠奪的戰略品,在每一次的經濟復甦後都

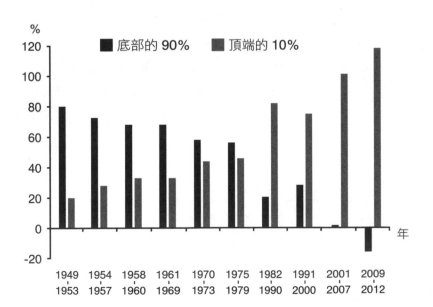

圖 8-2 經濟擴張時期平均經濟增長的分配
（資料來源：http://www.levyinstitute.org/pubs/op_47.pdf）

會增長。

　　而當經濟出現危機時，美國政府又會跳出來拯救他們。在最近的一場經濟危機中，我們投入了數十兆美元來拯救華爾街那 1‰ 的富人，而對於那些中產階級的援助卻是九牛一毛。在另一篇文章中，帕夫琳娜・切爾內娃提到，「財政刺激」往往不會直接針對那些受苦最深的族群。安迪・費爾克森（Andy Felkerson）與尼古拉・馬修斯（Nicola Matthews）的研究顯示，美聯準發起了超過 29 兆美元的低利率貸款來拯救華爾街（要瞭解美聯準貸款計畫的相關研究，請參見 http://www.levyinstitute.org/ford-levy/governance/）。

　　那麼，當經濟開始復甦時，這些 1‰ 的人能夠獲得更多的收益也就不足為奇了。他們富有且擁有權勢，「山姆大叔」也致力於為他們服務。

　　就如海曼・明斯基在 1960 年代所指出的那樣，如果你想要改善貧困，必須讓「創造就業」成為向貧困宣戰的核心。明斯基曾（準確）預測，由於甘迺迪—詹森的「向貧困宣戰」計畫並沒有包含這樣的就業計畫，該計畫必然走向失敗。此外，他認為，一旦你給所有想要工作的人都提供了就業機會，你便需要逐漸將收入分配朝底層人民傾斜，而我們可以透過在限制頂端富人收入增長的同時，逐漸增加底層人民的收入，來做到這一點。

　　當然，我們從未這樣做過。通膨調整後的最低工資，在過去的半個世紀大幅度下跌，失業率大大增加。如許多資料所記載的那樣，自 1970 年代初期，勞動生產率不斷增長，而通膨調整後的工資中位數卻始終沒有變化。那麼究竟是誰獲得了其中的差值呢？正是富有和擁有權勢的族群。

有些人希望可以繼續實施那些過去失敗的政策，他們希望使用行之無效的經濟增長與披上「現代外衣」的福利，即基本收入保障的「雙生戰略」。如明斯基所言，我們當然需要福利，我們的慷慨是人性的體現。然而，再多的福利也無法解決失業和貧困問題（欲瞭解更多明斯基對「向貧困宣戰」計畫的批判及其給出的建議，詳見 http://www.levyinstitute.org/publications/the-war-on-poverty-after-40-years）。

　　海曼・明斯基曾問道：「收入分配如何才能得到改善？」他本人的答案是：「首先便是要實現充分就業。」明斯基認為，實現並維持「嚴格的充分就業」是非常必要的，他將其定義為「當那些在不同行業、職位和地點提供不同工資水準的雇主，趨於雇用比實際所雇用的更多員工時，（嚴格的充分就業）就會出現……僅僅透過實現並保持嚴格的充分就業，便幾乎已經能夠消除貧困」。

　　就如切爾內娃在其文章中所述，同時凱因斯也是如此認為的，比起 1960 年代那些凱因斯主義者所偏好的「注資刺激經濟」的方式，他們更偏好那些可以直接提供就業機會的政策。如明斯基所言，「注資刺激經濟」政策支持的是那些「已經富裕」的人。切爾內娃的文章則強有力地證明了明斯基所言非虛。

06 ▸ 關於充分就業政策的結論

　　阿巴・勒納曾提出透過貨幣政策和財政政策來實現充分就業。他認為，失業證明了政府支出過低，因此，「功能財政方法」認定，政府需承擔增加支出以消除失業的責任。需要注意的是，從本質上看，相信市場力量能夠達成均衡，同時對政府財政預算實施「功能財政方法」，這並不矛盾。所有經濟學家都認定，政府需要發揮一定的作用，包括提供警力和軍隊。即使政府已經完成了這些使命，我們仍然認為，政府應當透過貸記銀行帳戶來向員警和軍隊支付津貼，透過借記其銀行帳戶來向其收稅；當稅收收入下跌時，財政支出應往赤字方向移動，而稅收收入增加時，財政支出則往盈餘方向移動。這不會顛覆市場力量，反而還會按照米爾頓・傅利曼所想的方式提升社會穩定（見第 7 章第 3 單元的「聚焦探討」內容，340頁）。

　　在本章中，我們將詳細討論實現充分就業的政策。可以肯定的是，「功能財政方法」不只是專注於實現充分就業之政策的唯一理由。「功能財政方法」的基本結論是，政府可以負擔任何以本國政府貨幣出售的事物，包括失業勞動力。我們如此關注失業問題的原因是，這是全世界經濟體都需要面對的最嚴重的問題之一。不僅是失業人口正在承受痛苦，失業情況也讓社會增加了巨額支出，無論

是要放棄一定的生產，還是解決失業所造成的社會問題。

政府不追求充分就業的原因之一是：政府認為它們無法負擔雇用所有失業勞動力的支出。很顯然，這不是唯一的原因，甚至如果我們理解了「功能財政方法」的原則，這一條可以直接略過。反對追求充分就業的理由，還包括其可能會導致通貨膨脹與匯率效應，但政府也可以透過對充分就業計畫的適當設計，使其負面影響最小（詳見第9章）。

就國內政策選擇而言，主權貨幣的浮動匯率制度，更有利於政府追求充分就業政策，例如，制定直接就業創造計畫等。即使是在開發中國家，主權貨幣也允許政府負擔任何以本國貨幣出售的事物，包括所有的失業勞動力。我們可以設計降低通貨膨脹壓力的就業計畫，但我們承認，過度的政府支出將導致通貨膨脹。這與政府的支付能力是兩個不同的問題，主權政府能夠負擔雇用所有失業勞動力的成本，但必須設計出一個可以減少通貨膨脹壓力的計畫。

另一個需要擔心的問題便是匯率，充分就業很有可能導致進口增加，從而帶來匯率壓力。我們需要再次指出，透過浮動匯率制度與資本管制的方法，能夠解決「三元悖論」問題：如果政府想要為國內計畫創造更多的政策空間，便需要讓其匯率浮動或控制資本流量。此外，如前文所述，政府可以設計一個最小化進口影響以及鼓勵出口的就業計畫。儘管浮動匯率制通常是一項理想的政策前提，但我們也需要能夠在固定匯率制度下執行的就業計畫。

在結束本章內容並討論物價不穩定的話題前，讓我們再來討論一個問題：偏好小政府規模的人會採用現代貨幣理論嗎？

07▸ 奧地利學派眼中的現代貨幣理論：自由主義者會支持就業保障嗎？

　　現代貨幣理論並非僅針對那些偏好大政府規模的人。自由主義者和奧地利學派對現代貨幣理論的批判最猛烈，他們認為，現代貨幣理論學者正團結一致、全力以赴地加大政府支出規模，直到政府耗盡整個經濟規模。本單元將試圖消除他們的這些顧慮。

　　在某種程度上，現代貨幣理論只是對於主權貨幣運行方式的描述。無論你接受與否，主權政府的確是透過貸記銀行帳戶進行支出的。一些批判現代貨幣理論的人也明白這一點，但他們擔心著，如果告訴政策制定者和一般民眾，政府是如何運作的，民主過程將不可避免地撐破政府的財政預算，因為每個人都希望從政府那裡獲得更多的好處。這讓我們想起了保羅‧薩繆森曾提出的觀點：我們需要「舊時代的宗教」，如果沒有那樣的限制，我們將成為下一個辛巴威，惡性通貨膨脹將摧毀我們的貨幣。

　　當然，現代貨幣理論者也擔心通貨膨脹的出現。事實上，「物價穩定」始終是密蘇里大學坎薩斯城分校「充分就業與物價穩定研究中心」（Center for Full Employment and Price Stability, CFEPS）的兩大核心研究之一。可以肯定的是，許多自由主義者和奧地利學派認為，避免通貨膨脹萬無一失的方法，便是回到金本位制。此前，

我們曾打破了關於執行「商品貨幣」（Commodity Money）制度的神話，這一制度永遠都不會像那些支持金本位制的人所想的那樣運行下去。在任何情況下，即使金本位制是可取的，在政治上也是不可行的（在我看來比就業保障計畫更不可行）！總之，現代貨幣理論者並不希望看到黑色直升機盤旋在上空，丟下一袋袋的現金，也反對政府「注資刺激」需求（自由主義、奧地利學派，甚至米爾頓·傅利曼的部分觀點都是對的，這麼做的話，可能在實現充分就業之前，便已經導致了通貨膨脹）。

現代貨幣理論還存在著第二階段：我們利用對貨幣運行的理解，來對政府政策的制定進行理性分析。由於非自願性違約對於一個主權政府來說是不可能出現的，我們便可以跳過那些對政府赤字和債務比率的擔憂，以及其他仍舊占據華盛頓以及其他地區政策制定者頭腦的謬論。我們是否能夠「負擔」充分就業？當然可以。我們是否能夠「負擔」社會保險？當然可以。我們是否能夠「負擔」所有學童午餐中的那一杯牛奶？當然可以。問題的關鍵不是也不可能是政府的支付能力，而是資源。

負擔失業很容易：從定義看，失業者擁有很多閒置時間，因此政府可以直接讓他們去工作。負擔社會保險可能有一點困難：我們能夠給予老年人（及其家中生活無法自理的親人，以及殘障人士）足夠的資源，以保證他們享受舒適的生活嗎？對於富裕的已開發國家來說，基於對人口統計學和生產能力的合理預測，答案是肯定的。

當然，這些預測也有可能是錯的。如果政府無法負擔社會保險，那也不是由政府的支付能力問題所致，而是受制於資源。至於負擔所有學校午餐的牛奶，當然有可能，如果沒有辦法負擔，那麼

仍舊是資源的問題。如果我們可以將美國和加拿大的牧場都用於生產牛奶，我們甚至可以完全解決這個問題。

現代貨幣理論者所推崇的一項最重要的政策便是「就業保障／最終雇主」計畫。自由主義者和奧地利學派似乎很痛恨這個計畫，但也許他們只是誤解了這個計畫，認為這是一個「大政府／老大哥」計畫（Big Government/Big Brother Program）。他們批判「就業保障／最終雇主」計畫「強迫」每個人都參與工作，同時批判該計畫付錢給每個人，從而讓他們「不工作」。實際上，這是一個完全自願的計畫，僅僅針對那些想要工作的人，而那些不想工作的人完全不需要參與計畫。自由主義者與奧地利學派應當熱愛這個計畫，因為這並不是「老大哥」計畫，甚至不是「大政府」計畫，這些就業機會並不是必須全部由政府來提供，也沒有任何一個人會被迫接受一份工作。這個計畫符合熱愛自由的自由主義者和奧地利學派的學者所最珍視的準則。

總而言之：

1. **現代貨幣理論適用於任何規模的政府，包括小型的自由主義政府。**但政府必須發行浮動匯率制主權貨幣，並透過徵收以該貨幣支付的稅款來支持貨幣（是的，這是發揮「老大哥」作用的地方：稅收是強制性的）。

2. **「就業保障／最終雇主」計畫也適用於任何規模的政府。**如果你需要一個大的私營部門與小的政府部門，那麼，只需保持低水準的稅收和政府支出，便可以解放大量資源，以供私營部門使用。但私營部門無法雇用每一個想要工作的人，你

仍需要「就業保障／最終雇主」計畫來雇用那些未被雇用的勞動力資源。如果奧地利學派對於私營市場效益的觀點是正確的，那麼，「就業保障／最終雇主」計畫通常只需要保持較小的規模。

3. **「就業保障／最終雇主」計畫可以根據需要分散化實施。** 如果聯邦政府向營利性公司支付工資，那麼將出現重大的激勵問題。因此，聯邦政府最好僅向相關計畫支付工資，而這些計畫中的就業機會是由非營利機構、地方政府、州政府或是作為最終雇主的聯邦政府來創造並管理的。阿根廷曾與合作社試驗過分散化就業計畫，並取得了不錯的成果。那麼，為什麼我們不讓奧地利學派或是自由主義者發起他們的「就業保障／最終雇主」計畫，按照其意願為非營利性活動雇用勞工呢？

4. **貨幣經濟體（你可以稱其為資本主義）的問題，從一開始便在於徵稅創造了失業（因為這些人需要貨幣來繳納稅款）。** 如果我們將其擴大到現代的、幾乎完全貨幣化的經濟體上（你需要貨幣來獲得食物、觀看電視、玩手機等），我們便是讓所有人都產生了對貨幣的需求（不只是繳納稅款）。強迫私營部門解決由政府稅收造成的失業問題，是非常愚蠢的，私營部門無法保證（也從未實現）持續的充分就業。「就業保障／最終雇主」計畫是合情合理的，它必然會出現，並對私營部門給予支持。它是私營部門就業的補充，而非替代。

認為所有人都應當工作（盡其所能），為社會做出貢獻，而不是遊手好閒地接受福利的想法，並非就是「社會主義」吧！

　　在第9章中，我們將詳細探討通貨膨脹和惡性通貨膨脹的問題，奧地利學派學者對於「法定貨幣」和財政政策的恐懼，大多源自於他們對假定的通貨膨脹後果的解釋。

▶ 聚 焦 探 討 ◀
常見問題 Q&A

Q 現代貨幣理論是否依賴於「政府是仁愛的，始終會考慮大眾的利益」這一假設？

A 　　當然不是。無論政府是腐化還是民主，現代貨幣理論均適用，因為這完全是另一件事。對於希望出現小規模且相對弱勢的政府的奧地利學派來說，現代貨幣理論同樣適用。

Chapter 9

通貨膨脹與
主權貨幣

本章我們將討論現代貨幣理論的通貨膨脹和惡性通貨膨脹觀點。一般的看法是，預算赤字和充分就業很容易引起通貨膨脹，有時甚至是惡性通貨膨脹。許多評論家甚至認為，現代貨幣理論必然具有通貨膨脹傾向，這是一條毀滅之路。

　　在本章中，我們首先要瞭解一下通貨膨脹的定義，然後對惡性通貨膨脹進行探討，進而研討人們對量化寬鬆可能引發通貨膨脹的恐懼，以及現代貨幣理論對旨在促進價格穩定之政策的看法。

01 ▸ 通貨膨脹與消費者物價指數

　　衡量通貨膨脹最常用的指數是消費者物價指數（Consumer Price Index, CPI）。自 1966 年以來，美國的消費者物價指數上升了七倍。許多反通貨膨脹的「鷹派」人士認為，這是由錯誤的財政政策和貨幣政策所導致的，更具體來說，是由於放棄了以「硬通貨」黃金做為後盾。在本單元中，我們來看看通貨膨脹問題，以及通貨膨脹的測量方法。

　　我們可以質疑以消費者物價指數當作衡量通貨膨脹的方法，因為消費者物價指數有眾所周知的問題，這將在後文進行討論。但可以肯定的是，自 1960 年代中期以來，世界各國的價格幾乎都在上漲，這確實是二次大戰以來的趨勢，也是需要關注的問題。正如凱因斯所說，必須要有一些以記帳貨幣為單位的工資和價格「黏性」，否則你可能會放棄貨幣。這種情況可能會在惡性通貨膨脹時發生，由於貨幣價值迅速下降（見下一單元），人們會試圖尋找其他有價值的東西。

　　但很顯然，1966 年以來，美國和世界上大多數國家的通貨膨脹率都很低，本國貨幣仍然是有用的記帳貨幣。儘管有通貨膨脹現象，但除了少數金甲蟲（美國對黃金投資者的統稱）以外，大多數人還是自願持有本國貨幣。事實上，經濟學家很難確定，每年 40% 以下

的通貨膨脹率能對經濟產生什麼顯著的負面影響。但顯然，人們不喜歡兩位數的通貨膨脹率，政策制定者通常要採取緊縮方案，努力減少總需求，來應對兩位數的通貨膨脹率。

問題在於：「緊縮」是否為正確的政策呢？如果經濟超出了充分就業的狀態，根據阿巴·勒納「功能財政方法」的第一原則，政府需要減少開支或提高稅收來抑制需求。在過去的半個世紀裡，許多國家需求過剩，致使產量提高到超出充分就業的水準。大型戰爭是典型的通貨膨脹觸發器，但自二次大戰以來，大多數已開發國家的需求通常不足以推動經濟超出充分就業的狀態。相反的，通貨膨脹多發生於大量失業出現時。事實上，經濟學家提出了「停滯性通貨膨脹」一詞來形容這種典型的情況：通貨膨脹與失業並存。他們甚至提出了「痛苦指數」，以失業率和通貨膨脹率的簡單加總來進行計算，就像把蘋果和橘子加總起來一樣。在 1970 年代後期，「痛苦指數」引起了美國選民的共鳴。

我們在前文已經提到，若要在緩解失業的同時不惡化通貨膨脹問題，可以建立就業保障／最終雇主計畫。在這裡，我們不再老調重彈，但這樣的方案將最有可能增強物價穩定性，不過，若說它能夠消除通貨膨脹就有些誇大其詞了。

我們來試著瞭解一下：為什麼在現代資本主義經濟中，良性通貨膨脹很可能會持續出現？這需要一些關於價格指數構成的知識。可以肯定的是，後文的討論會相當具有概括性。每個國家都有自己的經驗、結構，以及影響工資和價格制定的機構，要真正瞭解個別情況下的通貨膨脹，我們需要詳細研究在不同制度環境下主導價格（及工資）的具體因素。

讓我們先來看看貨幣購買價值的衡量標準：消費者物價指數。當人們談論貨幣時，消費者物價指數是大家普遍關心的問題。若要衡量價格的變化，我們必須將基準年之後（或之前）年份的價格與基準年做比較。實際上，這很困難，因為不僅價格在變化，產品和服務也在改變。為了提高品質，我們必須調整消費者物價指數或其他價格衡量方法。1966 年時，一部現代筆記型電腦的價格會是多少？上百萬美元？10 億美元？華倫‧莫斯勒經常開玩笑說，相比 NASA 的月球旅行，你的蘋果手機有更多的電子魔力。消費者物價指數比較像是一門藝術，而不是科學，因為我們不得不為當時不存在的東西估計價格。品質調整也難以量化，今天一輛新車的價格比 1974 年的新車高十倍以上，但它也更先進、更安全、更舒適。

　　此外，還有學者提出了「鮑莫爾成本病」（Baumol's cost disease）的概念。早在莫札特時代，交響樂團的規模就與今天大致相同，表演者人數接近，演奏時間取決於指揮家，但大致相同。其生產率幾乎沒有提高（相同數量的「勞工」，演奏交響樂花費的時間也相同）。相比之下，現代其他領域的勞工生產率都比莫札特時代高。在許多其他領域也有類似的問題，主要是在服務行業，因為真的沒有太多提高生產率的空間（如理髮師、教師、醫師等）。

　　在過去兩百年裡，相較於生產率顯著提高的行業（如製造業），這些生產率少有提高的行業之商品和服務，其價格應該變得昂貴很多。理髮師每天仍然為一百個人設計不錯的髮型。相較之下，今天一個農民為消費者提供的糧食產量，相當於過去一百個農民所提供的糧食產量。如果我們只因提高了生產率而獎勵員工，音樂家的工

資水準還會維持在莫札特時代。但音樂家和理髮師的工資，卻仍與農民和工廠勞工差不多，我們選擇的是增加理髮師和音樂家的工資，而不是大量減少農民和工廠勞工的工資。

同時，鮑莫爾成本病理論指出，我們國家有越來越多的產出是在那些遭受這種疾病的部門。（已開發國家是「服務型經濟」，大部分勞工都在服務行業，鮑莫爾成本病更為常見）。因此，我們在那些生產率增長較低的「患病」部門，投入了越來越多的勞工。工資具有上升趨勢（價格也因此上升）。

由於我們有那些工資同樣增長的低生產率部門，名義工資的增長速度會快於生產率。該理論進一步分析指出，隨著時間的推移，政府傾向於接管更多的「患病」部門，因而政府規模將逐漸變大，占國內生產總值的比率也不斷升高，而私營部門不再涉足那些生產率低的部門。我們並不是要批評這種現象，與之互補的趨勢同樣存在，但只要想一下美國的醫療保健系統，以及因迅速增長的醫療費用而導致的上兆美元政府預算赤字，你就明白是怎麼回事了。

要怪就怪小提琴手破壞了美元的價值！從某種意義上說，通貨膨脹存在的部分原因，是為了平衡這些部門的問題；否則所有的音樂家和藝術家都會活得比工廠勞工還要貧困。我們可以這樣想：通貨膨脹是保護文化的成本。有時，我們也喜歡美術，希望幼稚園教師能保持一個班十五名學生的規模。要是想讓他們跟上製造業生產率增長的步伐，現在每一個幼稚園的教師都必須照顧擠在一間教室裡的數百名五歲兒童，但事實並不是這樣（當然，要是州政府和地方政府削減預算，這種情況仍有可能發生）！為了保持幼稚園教室的「低效率」，我們需要通貨膨脹。

「患病」部門的費用增長（工資增加，但效率不變），使其在國內生產總值中占據的份額更多，也為消費者物價指數的增長「貢獻良多」。生產部門實際工資的增加，使人們在「患病」部門消費更多。但如果實際工資不漲，人們就負擔不起在這些部門的消費，藝術和醫療行業就會受到影響。

　　這就是從 1970 年代初開始在美國發生的情況：普通勞工的實際工資沒有上升，但醫療保健變得越來越昂貴，這導致更多家庭負債累累。理察・沃爾夫的研究表明，近幾十年來美國的實際工資一直保持相對穩定，而勞動生產率卻有持續增長的趨勢（關於他的相關談話可參見 https://www.rdwolff.com/）。這意味著，勞工的工資都不夠買他們自己生產的產品。資本家則有兩種選擇：保持價格不變，或是將產品賒帳出售給家庭，以彌補停滯不前的工資。隨著家庭債務的急速增長，我們都知道資本家做出了何種選擇。沃爾夫有理有據地指出，是債務的增加導致了全球金融危機。

　　讓我們回到對「金甲蟲」的討論上，這些人鼓動所有人購買黃金做為對抗通貨膨脹的手段。他們可能會問：為什麼會有人持有實際價值不斷下降的法定貨幣呢？我們為什麼不把所有財富以黃金或比特幣的形式儲存起來呢？

　　凱因斯說，在沒有不確定性的情況下，沒有人會持有貨幣做為價值儲存手段。只有當你對未來感到不確定，甚至害怕時，才會持有像貨幣這樣高流動性的財富。在金融危機中，每個人都想擁有現金。現金的回報率非常低，但總比巨額損失要好！如果你可以回到 1966 年，並決定你持有到 2011 年的投資組合，那麼，當你想好好

地儲存財富時，就不可能在接下來的四十五年中持有大量現金了。許多資產可以當作更好的保值選擇，如美國國債。但是，如果我們談論未來幾個月內理想的投資組合，你可能就會想持有一些現金。流動性和收益之間是一種權衡關係。

「金甲蟲」喜愛黃金，但那些在 1980 年購買了黃金的人，在之後的三十年裡不停懊惱，儘管金價在全球金融危機之後急劇增長，還是沒能彌補他們的損失。一般情況下，商品按實值計算的價格會隨著時間下降，再加上其儲存成本，是差勁的通貨膨脹對沖工具。事實上，如果你擁有世界上可交易的所有商品，其通膨調整後的價格走勢一直在穩步下降。在過去的一百年中，商品的相對價格平均每年下降約 1%，原因就在於生產率的提高以及新商品儲量的發現。誠然，我們無法預測這些商品在下個世紀的價格，也許會趨漲，也許會下跌。此外，在過去十年中，投機者主導了商品市場，導致了人類歷史上最大規模的投機泡沫。由於大量商品進入了生產流程，這可能有助於對抗通貨膨脹。不過，將購買和儲存商品當作對沖通貨膨脹的方法可能並不明智，因為漲價的商品也可能會降價。

總之，由於多種原因，價格一直有上漲的趨勢。一些價格上漲與測量有關，一些與鮑莫爾成本病有關；一些通貨膨脹與市場支配勢力有關，如工會和寡頭買主。但這不一定是壞事，通貨緊縮比通貨膨脹更糟糕。

事實上，一定程度的通貨膨脹可能是件好事。凱因斯認為，這可以增加名義收益，減輕還債負擔，從而有助於鼓勵投資。那些在1974 年畢業的大學生身負巨額的學生貸款債務，他們真的很感激卡

特時期（1970年代末）的通貨膨脹，因為貸款金額的名義數值固定，而由於通貨膨脹，他們的名義工資都或多或少地上漲了！另一種選擇是迅速降低每一個沒有鮑莫爾成本病的部門的價格，但通貨緊縮本身也是一種危險的疾病，這就像用癌症晚期藥物對抗感冒一樣。

雖然過度的總需求可能不是自二次大戰以來價格上漲的直接原因，但戰後的經濟過熱確實發揮了一定的作用。1930年代的「大政府」經濟中，政府為了避免經濟大蕭條，奉行干預主義政策，因此當時很少出現通貨緊縮。如果將二十世紀與十九世紀做比較，我們會發現，在十九世紀，價格在經濟繁榮時上漲，在經濟衰退時下跌，這使1900年的總價格水準和1800年的水準一樣。而在二次大戰之後，雖然不存在顯著的通貨緊縮，但價格走勢卻只有一種：增長。我再重申一遍：**儘管人們不喜歡通貨膨脹，但沒有太多的證據可以證明，持續的低通膨會損害經濟發展。**

接下來，我們要談談可能損害經濟的高通貨膨脹。我們將看到，極端的高通貨膨脹是不正常的，而且那種常見的溫和通貨膨脹似乎不可能逐步演變為惡性通貨膨脹。

02 ▸ 惡性通貨膨脹的幾種解釋

　　許多人擔心，如果政府以現代貨幣理論為指導，可能會導致毀滅性的惡性通貨膨脹，人們通常會指責現代貨幣理論家推動的政策，將會使辛巴威和威瑪共和國的惡性通貨膨脹重演。大家推測，這些惡性通貨膨脹是由於政府用「印鈔」來負擔迅速增長的赤字，以極其迅猛的速度增加貨幣供應，才導致了極高的通貨膨脹率。

　　這可能會使讀者對威瑪共和國或辛巴威的紙幣惡性通貨膨脹歷史感到好奇。這兩國的貨幣在當時可以說是一文不值，通貨膨脹狀況史無前例。可以肯定，沒有人願意捍衛高通貨膨脹，更不要說惡性通貨膨脹了。

　　菲力普·凱根（Philip Cagan）在 1956 年的論文中，將惡性通貨膨脹定義為每個月 50% 及以上的通貨膨脹率。顯然，紙幣面值數字後面的零會快速增加，經濟生活將在很大程度上陷入混亂。

　　對惡性通貨膨脹最流行的解釋，是重貨幣學派者的貨幣數量理論：政府發行的紙幣太多，導致價格上漲。更糟的是，隨著價格上漲，購買力迅速下降，沒有人願意長期持有貨幣。於是，貨幣流通速度增加。人們要求日結工資，這樣才能每天都把工資花掉，因為第二天以同樣的錢買到的東西會更少。這就意味著，即使政府盡其所能印發紙幣，貨幣供應量迅速增長（或在現有紙幣的面值數字後

面加零），其增速也永遠趕不上價格上漲的速度。價格上漲得越快，貨幣流通速度越快。最終你會要求按小時支付工資，然後在午餐時迅速跑到商店消費，因為晚餐時，商品的價格將會更高。

從本質上講，以下是菲力普·凱根對貨幣數量論與資料不符所出的簡要解釋：如果價格上漲比貨幣供應量增長快得多，我們怎麼可以斷定惡性通貨膨脹是由「過多貨幣購買過少商品」引起的呢？為了符合事實經驗，貨幣數量論被做了一定的修改，主張在高通貨膨脹環境下，之前所做出的貨幣流通速度不變的假設（這是保持貨幣與價格關聯的必要條件）不再成立。

即使修改後的貨幣數量理論認為，貨幣流通速度並不穩定（該速度隨著貨幣增長而增加，但落後於通貨膨脹速度），我們仍然可以主張是貨幣數量過多導致了高通貨膨脹甚至惡性通貨膨脹。正如重貨幣學派者所說，由於政府控制貨幣供應量，惡性通貨膨脹必定與政府政策有關。另外，在惡性通貨膨脹時期，隨著政府在貨幣面值數字後面添加額外的零，貨幣（紙幣）供應量迅速上升。當最後政府稅收無法彌補財政支出時，就會出現財政赤字。因此，政府瘋狂地印鈔票來彌補收支差額，從而使「過多貨幣購買過少商品」的情況不斷惡化。

可見，批評者認為，惡性通貨膨脹主要是由政府印發鈔票以彌補赤字的行為所導致的。讀者在美國、英國和現在的日本可以看到相似的情況：巨額的預算赤字（加上量化寬鬆政策）使銀行有充足的準備金，這些準備金可以用來增加貨幣供應量，提高價格。而解決惡性通貨膨脹的辦法只有「捆住政府的手腳」。過去，我們把黃金當作錨（當然，現在還有一些「金甲蟲」想回到過去美好的日子），

現在我們需要的是紀律。這可以包括多種形式，如平衡預算修正案、債務限額，或保羅‧克魯曼這樣的赤字「鴿派」做出的承諾，保證一旦經濟復甦，政府「最終」會削減赤字支出。

讓我們來看一下現代貨幣理論對各種惡性通貨膨脹問題的回答，包括以下三點：

1. 當現代貨幣理論說政府是透過「敲擊電腦鍵盤」完成支出時，這是一種「說明」，而不是「指示」。批評者認為，政府靠「印鈔票」支出，必然會導致高通貨膨脹或惡性通貨膨脹，如果這一觀點是正確的，那麼，那些透過電子紀錄支出的大多數已開發國家，如果不是一直處於惡性通貨膨脹中的話，至少也會存在高通貨膨脹。從邏輯上講，所有自己發行貨幣的政府，都要先把貨幣花掉，再以稅收（或銷售債券）的形式取回貨幣。沒有人可以創造貨幣，因此這些政府只能透過這一種方式支出。然而，惡性通貨膨脹是一種極其罕見的情況，我們必須要回顧威瑪共和國或辛巴威的案例，或美國獨立戰爭時期的美洲大陸幣案例（American Continentals），才能瞭解「印鈔票」和惡性通貨膨脹之間的關係。這種因果關係無法在其他國家看到。

2. 雖然存在惡性通貨膨脹的國家及其貨幣制度有一些共同特徵，但惡性通貨膨脹是由非常具體的情況造成的。我並不主張充分認識惡性通貨膨脹的原因，但重貨幣學派的解釋對認識惡性通貨膨脹幾乎毫無裨益。我們還有一個明智的選擇，即從其他角度看看三個著名的案例。

3. 在美國（或英國、日本，所有在 2011 年底存在高赤字的國家）當今或未來的條件下，不存在高通貨膨脹預期，惡性通貨膨脹更不可能。

　　一般來說，大多數批判現代貨幣理論或所謂「法定貨幣」的人，都對過去充滿想像，那時，貨幣與黃金這樣的商品緊密連結在一起，制約了政府和銀行「憑空」創造貨幣的能力。最好的例子就是貴金屬硬幣，人們相信，它可以賦予政府貨幣「真實」的價值，迫使政府獲得黃金來負擔開銷。嚴格的金本位制中，紙幣（由政府或銀行發行）由 100% 的黃金做後盾，可以完成與黃金相同的任務。

　　但如第 6 章中所討論的，現實總是與理論大不相同：金銀幣都是主權政府的借據，只不過這些借據恰好以金屬的方式存在（而不是以紙質的方式存在或被記錄在電子資產負債表中）。事實上，硬幣流通時的價值，是由統治者宣布的票面價值所決定的，通常遠高於其金屬價值（這被稱為「名目主義」：統治者透過公告來設定票面價值，就像現在便士的價值為 1 美分一樣）。其價值不一定穩定：政府可以實行硬幣貶值（宣布只以之前一半的價值接受硬幣），或透過減少金屬含量使硬幣貶值，這種情況下不一定要改變硬幣的名目價值。當然，長時間保持相對穩定的貨幣制度與價格的案例肯定存在，但這些都與穩定的強勢政府有關，它們通常採取強力的「名目主義」政策，而非「金屬主義」政策（即政府接受的硬幣價值由其金屬含量決定）。

　　事實上，在硬幣價值不穩定的時期，通常都存在一個軟弱的君主，他們一方面給硬幣稱重，以抓捕那些切割硬幣而獲得金塊的人；

另一方面又拒收品質輕的硬幣。如前文所述，這會導致「格雷欣法則」的動態過程的發生，迫使每個人都給硬幣稱重，只接受重的硬幣，卻又試圖用輕的硬幣付款，從而造成真正的貨幣混亂。這種混亂最終只能靠「名目主義」政策解決，政府只用賤金屬鑄幣，摧毀硬幣切割者的商業模式。

此外，金本位制的運作方式並非如今的「金甲蟲」想像的那樣。

首先，各國在採用和取消金本位之間循環往復。當危機襲來時，它們會拋棄黃金；隨著經濟復甦，它們又再次採用金本位制，直到經濟崩潰，黃金的限制迫使它們放棄金本位制。實際上，金本位制並沒有發揮促進貨幣穩定的作用，反而動搖了經濟。

其次，沒有人真正按規則辦事。各國總是面對太多誘惑，以至無法對黃金施加影響：政府會發行更多借據，多到它永遠也不可能兌現。甚至米爾頓・傅利曼也承認了這一點，他認為：雖然金本位制在理論上是理想的，但在實務中根本行不通。

最後，在相對穩定的時期，如二次大戰之後的布雷頓森林體系時期，或一次大戰之前的不列顛治世（編註：在大英帝國全球性霸權控制下維持的和平時期），分別為真正的美元和英鎊標準。在這兩個時期，占主導地位的國家同意將貨幣與黃金價格掛鉤，其他國家釘住主導國家的貨幣。這與黃金的緩衝庫存計畫（黃金價格的上下限）無異，國際貿易的確也先後以英鎊和美元為主導（隨著布雷頓森林的黃金被安全地「扣押」在美國諾克斯堡，美元的統治地位確立）。但穩定所需的條件難以維持，這就是為什麼兩個體系都無法持久。一次大戰之後，英鎊體系無法恢復，卻為威瑪共和國的危

機（見 437 頁）和阿道夫・希特勒（Adolf Hitler）的出現創造了條件。布雷頓森林體系在持續了將近三十年之後，在 1970 年代初也瓦解了。在這兩個時期，固定匯率體系的崩潰都導致了國際動盪。

大多數將本國貨幣與某種固定匯率標準（無論是黃金還是外幣）相連結的國家，通常都是這樣的下場：一段時期內體系奏效，但其崩潰之勢不可避免。

「金甲蟲」與貨幣發行局制度的愛好者有一個觀點是正確的：遭遇高通貨膨脹的國家，可以透過採取嚴格的外部標準，快速將通貨膨脹率降下來，阿根廷就是一個例子。但這造成了兩個問題：第一，大多數國家無法獲得充足的外匯儲備，因此不能為保持經濟增長提供所需的財政政策空間；第二，一旦人們認識到財政政策空間已經消失，無力應對國內經濟低增長和失業率上升等新問題，想要放棄貨幣發行局制度就沒那麼容易了。阿根廷遭受了美元儲備的投機性攻擊（儘管財政政策很緊，失業率高），經歷了擺脫美元的危機。其本國貨幣阿根廷披索的回歸提供了財政空間，使阿根廷經濟很快就恢復了增長。關鍵在於，與黃金或外幣掛鉤，可以成功地減少通貨膨脹，卻也限制了經濟增長，當經濟需要刺激時，只有危機才能使人們放棄固定匯率標準。

這把我們帶回到「政府如何花錢」的問題上。任何自己發行貨幣的政府，都透過「敲擊電腦鍵盤」進行開支：貸記收款人帳戶，同時貸記收款人銀行的準備金。（政府也可以印發貨幣並進行付款，但效果是一樣的，因為收款人也會把錢存在銀行裡，而這會貸記到銀行的準備金中。）我再重複一遍：這不是一種建議，這就是現實。

沒有其他辦法行得通，你不能在自家地下室印刷美元，政府必須先透過電子紀錄讓貨幣存在，你才能用它們繳納稅款或購買國債。

在浮動匯率制度下，這就是故事的結尾了。銀行可以用自己的儲備購買國債，儲戶可以要求得到現金（在這種情況下，中央銀行把現金運到銀行，同時扣除銀行的準備金），但沒有人能要求用政府借據換取黃金或外幣。沒有支付能力的約束，也沒有外幣或黃金的限制，政府能夠滿足所有兌換現金的需求，在借據到期時，只需要敲敲鍵盤就可以支付所有的利息。

然而，在固定匯率制、金本位制或貨幣發行局制度下，中央銀行和財政部的借據必須兌換為外幣（或黃金），因此，審慎的政府必須有節制地「敲擊鍵盤」；否則可能很快就用完外幣儲備或黃金。

政府可能會被迫違背其兌換承諾。當然，這算作債務違約。當市場對政府是否能以承諾的匯率兌換借據持懷疑態度時，政府的「支付能力」就遭到了質疑。輕率是致命的，如果政府不考慮本國可以用來兌換的儲備量，輕率地發行了過多借據，其面臨的結果很可能是被迫違約。

相反的，浮動匯率制度為政府提供了政策空間，使其有更大自由來追求國內政策目標。當然，歷史上有很多魯莽的政府，也有無可替代的善政。不過奇怪的是，在過去的一個世紀中，除了一次大戰的輸家（加上波蘭和俄羅斯，它們雖然是戰勝的一方，其實卻輸掉了這場戰爭，因為它們離開了資本主義世界）之外，名義上民主的西方資本主義國家都沒有經歷過惡性通貨膨脹。即使我們把資料設定為那些浮動貨幣，這些國家也沒有出現過任何匯率危機。

這不是很奇怪嗎？似乎只有那些實行固定匯率制度或承諾兌換

外幣或黃金（如外幣債務）的國家，才存在惡性通貨膨脹和貨幣危機。歸根結底，這些危機都源於政府未考慮本國兌換外幣或黃金的能力，盲目地擴大發行借據的規模。

現在看來，「固定匯率更加保險」的觀點似乎愚蠢至極。固定匯率制度基於一種不切實際的希望：「政府是精明謹慎的」，從而增加了匯率危機與非自願性違約的風險。不幸的是，實行固定匯率制度的政府更多時候只會使用聖奧古斯丁的禱告：「主啊，請讓我謹慎，但不是現在。」

當一個主權政府承諾兌換外幣時，實際上是將整個國家置於威瑪共和國惡性通貨膨脹的風險中，這完全不是確保審慎、避免高通貨膨脹的做法。固定匯率制度無法消除匯率危機和惡性通貨膨脹的風險，因為主權政府不一定謹慎。即使政府是謹慎的，銀行也不一定謹慎。想想愛爾蘭！雖然政府是財政審慎的典範，但其銀行卻似乎可以永遠肆意地用外幣放貸。借款人違約時，愛爾蘭政府承擔了所有的外幣債務，這可真是相當不謹慎的。

此外，「浮動匯率制度必定導致惡性通貨膨脹」的看法是不對的，否則惡性通貨膨脹就會一直存在。同時，「透過按鍵『印鈔』必然會導致惡性通貨膨脹」的觀點也不正確。所有自己發行貨幣的主權政府都是透過按鍵進行支出，即使政府承諾以固定匯率兌換，其支出方式仍然不變。如果按鍵會導致惡性通貨膨脹，惡性通貨膨脹也會一直存在。

但事實證明，惡行通膨並未一直存在，它只是罕見的現象。

03▸現實世界中的惡性通貨膨脹

　　高通貨膨脹和惡性通貨膨脹是兩種罕見的情況。在本單元中，我們先來回顧一下歷史上的惡性通貨膨脹案例。雖然那些遭遇過惡性通貨膨脹的國家及其貨幣制度有一些共同特徵，但惡性通貨膨脹是由非常具體的原因造成的。簡單的「印鈔」資助「過度赤字」的解釋，對認識惡性通貨膨脹毫無裨益。

　　先搞清楚預算赤字與高通貨膨脹或惡性通貨膨脹之間的關係，是非常重要的。在路易斯・卡洛斯・布雷塞爾－佩雷拉（Luiz Carlos Bresser-Pereira）擔任巴西財政部長時，巴西經歷了一段高通貨膨脹時期（1990 年的消費者物價指數通貨膨脹率達到了 3000%），他就此從另一個視角對高通貨膨脹進行了精闢的分析。從某種重要的意義上來說，稅收收入是滯後的，它以以往的經濟表現為基礎。以所得稅為例，其計算和徵收有著相當長的滯後期，甚至銷售稅的徵收也有滯後現象。當通貨膨脹率為每年 2% 時，滯後期的影響並不大，但如果通貨膨脹率達到每月 10%，甚至 50%，即使是很短的滯後期也會產生很大的影響。相比之下，政府開支卻具有同期性：隨著物價上漲，政府開支也會更多。因此，高通貨膨脹情況下，稅收收入將落後於政府支出，從而產生赤字。

　　當然，這種影響的大小將取決於各種指數的編制與調整，即

在物價上漲時，多長時間增加一次工資、價格和轉移支付等。在高通貨膨脹情況下，像巴西這樣的國家傾向於縮短指數的調整期間，使政府開支的增長速度接近通貨膨脹的速度。由於稅收收入增速較慢，預算赤字便會產生。指數調整也往往存在於慣性通貨膨脹中（價格上漲導致工資增加，企業為了彌補成本，只能提高價格，從而導致了工資—物價的螺旋式上升）。後來，巴西的通貨膨脹率果然在 1991 年短暫下降之後又不斷攀升，1992 年達到 1000%，1993 年高達 2000%。1992 年，巴西的政府預算赤字還低於國內生產總值的 10%，但由於稅收收入滯後於政府支出的指數調整，到了 1993 年，赤字已激增至國內生產總值的 50% 以上。

布雷塞爾意識到，若要減少赤字增長、降低通貨膨脹，控制指數調整將會是行之有效的方法。如果政府能夠推遲工資增長、福利支出，控制政府支付的價格，就可以降低通貨膨脹壓力，同時減少預算赤字。當然，這一過程必將是艱難的、令人不快的。

然而，最重要的一點是，至少在一定程度上，預算赤字是高通貨膨脹的結果，而非原因。一般來說，政府減少赤字（如透過調整指數）會降低通貨膨脹壓力。可以肯定的是，嚴厲的增稅也能達到同樣的效果。我們還要注意，這一政策建議與傳統認為「財政緊縮可以緩解高通貨膨脹」的觀點有所不同。事實上，現代貨幣理論者始終認為，對抗高通貨膨脹的方法之一，是削減政府開支或提高稅收。他們反對重貨幣學派者僅僅用「貨幣太多」來簡單地解釋高通貨膨脹形成的原因。

停止通貨膨脹（例如，透過調整政府支出指數的方式）可能會減少赤字、強力貨幣以及國債的增長。這也將減少政府的利息支

出，減緩非政府收入的增長，抑制需求。加快稅收徵管也能達到同樣的目的，或者降低利率目標也會對此有所幫助（透過減少政府的利息支出）。

讓我們來看看惡性通貨膨脹的歷史事件。眾所周知，美國已經發生過兩次惡性通貨膨脹了：「美洲大陸幣」事件與「南部聯盟幣」（Confederate Currency）事件，美國現在仍然有句話叫「像大陸幣一樣一文不值」。在獨立戰爭之前，美國殖民地上法定紙幣的試驗實際上已相當成功。從某種程度上說，這是一種應急行為，因為英國殖民者禁止他們鑄造貨幣。當時的一些評論家（包括亞當·斯密）指出，儘管這些殖民地的紙幣不能兌換為貴金屬，但只要紙幣的發行量沒有超過總稅收太多，紙幣還是能保值的（Wray, 1998）。

正如現代貨幣理論家所說：「稅收驅動貨幣需求。」只要政府接受人們用紙幣繳稅，納稅人就會接受紙幣。但是，紙幣的價值是由其獲取難易程度決定的。如果錢「長在樹上」（如我們的母親常說的那樣），把它摘下來所需要的工作量就是紙幣的價值。亞當·斯密警告說，如果殖民地政府向市場上發行了太多紙幣，人們很容易就能獲得紙幣繳納稅款，紙幣的流通價值就會降低。

大陸幣和南部聯盟幣都有共同的缺陷。首先，由於戰爭需要（英國對殖民地的戰爭和南北戰爭），貨幣過於充足。當然這沒有什麼稀奇，戰爭一般都會導致通貨膨脹，因為政府開支刺激了需求，導致商品短缺、物價上漲。然而，這種情況在美利堅合眾國（北方）也出現了，其發行的貨幣面臨很高的通貨膨脹壓力，只不過情況沒有聯盟國（南方）那麼糟糕而已。其次，南北方的相同之處還在於

稅收，無論是大陸幣還是南部聯盟幣，基本上都沒有稅收支持。

在第一種情況下（美洲大陸幣），鬆散的殖民地邦聯要對抗強大的英國，它們沒有足夠的許可權強行徵稅；在第二種情況下（南部聯盟幣），聯盟國的代表認為，人民已經飽受南北戰爭之苦，立法者不想增加他們的稅負。相比之下，北部儘管存在巨額赤字，為了驅動貨幣需求，還是保留了稅收制度，因此避免了惡性通貨膨脹的發生。可能有些人認為，南方貨幣的情況更糟糕，是由於聯盟國對其獲勝前景過於悲觀，但事實似乎並非如此。即使是在戰爭進入尾聲、形勢最為嚴峻的時候，聯盟國仍然能以相對較低的利率發行債券（對以上案例感興趣的讀者可以參考筆者的書《瞭解現代貨幣》，其中有更多對此的討論）。這樣看來，獨立戰爭和南北戰爭時期政府無法強制徵稅，是兩次通貨膨脹真實的原因所在。

惡性通貨膨脹最著名的兩個案例發生在威瑪共和國時期，以及最近的辛巴威（匈牙利的惡性通貨膨脹鮮有人知，卻更為驚人）。針對這些案例，威廉・米切爾進行了很好的分析，（還可參見羅布・帕倫圖〔Rob Parenteau〕的分析：http://www.nakedcapitalism.com/2010/03/parenteau-the-hyperinflation-hyperventalists.html）。

有關威瑪共和國的經典「故事」是：政府毫無節制地印發沒有黃金支持的法定貨幣，完全不考慮惡性通貨膨脹的後果。但實際情況更加複雜。我們首先必須明白，即使是在二十世紀初，大多數政府還是靠發行借據進行支出的，儘管很多借據可以按需求兌換為英鎊或黃金。德國在一次大戰中戰敗，不得不用黃金支付一筆難以想像的巨額賠款，這對德國來說是個沉重的負擔。更糟糕的是，德國

的大部分生產能力已被摧毀或被俘，其黃金儲備所剩無幾。在這種情況下，德國只有致力於出口，才能賺得黃金，以滿足戰勝國的賠款要求。凱因斯在第一本舉世聞名的著作：《〈凡爾賽和約〉的經濟後果》（*The Economic Consequences of the Peace*）中主張，德國不可能支付債務。注意，這些外債基本上都是以黃金計價。

但是，德國的生產能力連國內需求都不足以滿足，更不要說為了支付賠款而進行出口了。政府認為，在政治上不可能徵收足夠高的稅收而能騰出資源用於出口，進而支付賠款，所以政府開始依賴支出。這意味著，政府必須與國內民眾爭奪有限的供給，從而推動了物價上漲。在此同時，德國的國內生產商不得不（以外幣）向國外借款，以購買所需的進口產品。價格上漲加上對外借款，使本國貨幣貶值，從而加劇了原本就窘迫的對外借款（因為從國外進口時要支付更多本幣），而且以本幣支付的賠償費用也大大增加。

由於上述原因，稅收收入無法與物價同步上漲，德國財政赤字迅速增長，從高通貨膨脹變為惡性通貨膨脹。最後，德國在1924年採用了一種新的貨幣，雖然它不是法定貨幣，卻被指定為納稅貨幣。至此，惡性通貨膨脹才終於結束。可見，如果只把威瑪共和國的惡性通貨膨脹歸因於政府的「印鈔」行為，顯然太過簡單了。

讓我們再來看看辛巴威。當時，辛巴威的失業率高達勞動力總數的80%，國內生產總值下降了40%，全國經歷著巨大的社會及政治動盪。在此之前，政府推行的細分農場的土地改革飽受爭議，導致糧食生產崩潰，政府不得不依賴糧食進口及國際貨幣基金組織的貸款（另一筆外債）。隨著糧食短缺，政府和私營部門開始爭奪大幅縮減的供應，最終物價被拉高。

這是另一種由於政治經濟原因，政府無法提高稅收的情況。簡單地為其貼上重貨幣學派的政府「印鈔」過度的標籤，同樣不足以揭示辛巴威的問題。實際上，社會動盪、農業崩潰，以及沉重的外債，是該國問題的主要原因。

04▸惡性通貨膨脹小結

　　在這些案例中，限制政府支出（或增加稅收量），也許可以成功阻止惡性通貨膨脹。不過，當你研究一個特殊的惡性通貨膨脹案例時，將會發現，這個過程不僅是由政府採用了某種法定貨幣後突然發現自己印發太多貨幣而導致的。惡性通貨膨脹可能由多種原因造成，但經歷過惡性通貨膨脹的國家也有共同的問題：社會動盪與政治動盪、內戰、生產能力崩潰（這可能是由於戰爭）、弱勢政府、以外幣或黃金計價的外債。我們的確觀察到預算赤字上升、政府（或以政府身分的）借據增加等現象，但我們也發現，銀行創造貨幣，資助私人支出，使其與政府爭奪有限的供給，這些共同推動了物價上漲。

　　緊縮的財政政策有助於降低通膨壓力，但這可能無法完全解決問題，因為惡性通貨膨脹的常見原因是某種供給限制，而解決這些問題不需要採取金本位制。相反的，要解決高通貨膨脹問題，政策制定者應盡量減少指數調整、穩定生產、減少需求、平息社會動盪。當高通貨膨脹持續一段時間後，採用新的貨幣，拖欠外債，也會對解決問題有所幫助。

　　總之，高（或惡性）通貨膨脹、預算赤字、「貨幣供應量」三者之間是相互關聯的，但這種關聯不是重貨幣學派那種簡單的動態過程。如前所述，政府始終堅持「按鍵」支付，即貸記帳戶和稅收

（或出售債券），或透過相反的操作借記帳戶。赤字意味著政府貸記的帳戶比借記的多，政府借據以「強力貨幣」（或準備金加現金）與國債（債券和票據）的形式淨增加。如前所述，在高通貨膨脹或惡性通貨膨脹時期，稅收（借方帳目）的增速比政府支出（貸方帳目）的增速慢，因此結果很可能就是財政赤字，這意味著政府未償借據（「強力貨幣」加上國債）的增長。

如果中央銀行實行高利率政策，事情只會變得更糟，因為政府在赤字上升時通常會出售大量國債（實際上，有時這是所採取的操作程序的要求，或是由於設定的隔夜利率目標要高於補償利率，這在美國是指美聯準的聯邦基金利率目標要高於其支付的超額準備的利率），而支付國債利息會增加政府開支。如果中央銀行將提高利率目標做為應對赤字增長的措施，只會使赤字情況惡化，同時經濟需求的刺激也只有政府支付的利息那麼多。

05▸量化寬鬆與通貨膨脹

　　2012 年 9 月，美聯準宣布全速推進第三輪量化寬鬆政策（QE3）。第三輪量化寬鬆政策具有獨特的魅力，至少美國希望是這樣的。這一次美聯準承諾，到 2012 年底，每月購買價值 400 億美元的住房抵押貸款證券（MBSs），到 2015 年中期，保持適當的零利率政策（ZIRP）。美聯準還宣布，將購買其他長期資產，使每月的總購買量達到 850 億美元。美國錯誤地認為，這樣就可以對長期利率施加下行壓力。2014 年 10 月，美國終於開始逐步停止量化寬鬆政策。2015 年春天，美聯準開始強化一個資訊，即零利率政策可能會在年中結束。

　　就在美聯準準備緩和量化寬鬆的時候，歐洲中央銀行加強了自己的量化寬鬆政策。通貨膨脹「鷹派」人士自 2008 年美聯準實施金融機構救助計畫以來，就預測美國會有失控的通貨膨脹，此時開始擔心歐元區的通貨膨脹。

　　事實上，無論是美國還是歐盟，都把量化寬鬆政策當作最後的手段，歐洲和美國的政策制定者都已經江郎才盡。如果財政刺激不予討論，貨幣政策是唯一可用的政策，而常規的貨幣政策已經傾盡所能（利率目標近乎為零），因此，美國和歐盟遵循日本的例子：使中央銀行的資產負債表大幅增長。

　　美聯準從經濟刺激轉為對量化寬鬆政策的依賴，有兩個原因：

1. 政策制定者已經採取了奧地利經濟學派的觀點，認為財政政策不容觸及。一些人認為這樣是行不通的，另一些人認為政府的錢「用完了」。雙方的觀點都有缺陷，但不管怎樣，他們都強烈主張各自的觀點。

2. 聯準會主席班‧柏南克迷信適當的貨幣政策可以避免美國的經濟大蕭條，以及日本「失落的十年」（實際上，日本的「失落」已持續了二十年，現在仍在繼續）。從本質上講，他不惜以自己的學術聲譽孤注一擲，就是要指出，除了推動隔夜拆借利率（美國聯邦基金利率）至零（零利率政策）以外，中央銀行能做的事情還有很多。

救助銀行加上量化寬鬆政策，讓美聯準的資產負債表完全爆炸了。我們只剩下了重貨幣學派、奧地利學派和羅恩‧保羅追隨者支持的貨幣數量理論，儘管這一理論可能會使惡性通貨膨脹的狀況更加嚴重。

在三輪量化寬鬆過程中，美聯準購買了數量驚人的國債和抵押支持證券。美聯準購買資產時，會貸記銀行準備金，所以量化寬鬆政策的結果是美聯準的資產負債表迅速增長，從資料上看，最高增長到數兆美元。在此同時，銀行互相交換各自出售的資產（美聯準正在購買的國債和抵押支持證券），以得到美聯準持有的準備資產。通常情況下，銀行會盡量減少持有的準備金，只要滿足銀行清算所需（銀行之間用準備金進行清算），以及美聯準要求的存款準備率即可，但在零利率政策環境下，銀行借出準備金卻得不到任何回報。危機過後，美聯準轉變政策，現在它為準備金支付的回報雖為正，

但數額很小。因此，雖然銀行持有超額準備，但美聯準只支付給它們一點利息。銀行並不高興，但也束手無策：銀行不能拒絕美聯準在購買國債和抵押支持證券時提供的價格，它們在準備金方面遇到了麻煩。

可以肯定的是，政府沒有增加支出並非班·柏南克的錯，中央銀行官員對財政政策沒有控制權。他們手上只有一張王牌：貨幣政策，而且在資產負債表衰退時，這張王牌也失去了作用。因此，中央銀行官員最多只有創造理性預期的罪，他們就像綠野仙蹤，但其轉動的方向盤卻並未與經濟相連。

歸根結底，量化寬鬆政策實際上是以美聯準的存款準備金代替國債和抵押支持證券來做為銀行資產。在中央銀行購買國債的情況下，銀行的利息收入減少，這使它們的利潤減少。有些人提出了一種不切實際的希望，希望銀行利潤減少能使它們增加更多的貸款。這並沒有成為現實，實際上這是一個糟糕的主意。我們希望銀行貸款給有意願、有信用的借款人，而不是為了盈利而孤注一擲，進行瘋狂的貸款。

我們可以這樣總結量化寬鬆政策：你在銀行有一個活期帳戶和一個儲蓄帳戶，銀行讓你將一些資金從儲蓄帳戶轉移到活期帳戶，這個提議讓你無法拒絕。比如，銀行會給你一個烤麵包機做為獎勵，而你確實很喜歡烤麵包。這種資金轉移會讓你跑出去花更多錢嗎？可能不會，特別是當你擔心未來時。比如，你的配偶剛被解雇，抵押貸款正在縮水。甚至，你可能會因為活期存款的利息變少而減少支出。

同樣的，量化寬鬆實際上相當於把銀行在美聯準儲蓄帳戶裡的

資金（國債），轉移到活期帳戶中（準備金），因此銀行盈利減少了一、兩百個基點。我們的「通膨戰士」可以不用擔心了，因為量化寬鬆不會引起通貨膨脹。不管創造了多少準備金，它們都被安全地「鎖」在中央銀行的資產負債表中，無法脫身去引發通貨膨脹。

但是，量化寬鬆也有不好的一面。在低利率環境下，銀行支付給儲戶的利息近乎為零，同時增加了儲戶的費用。低存款利率加上高費用使儲戶越來越少，他們從銀行得到的利息都不到其積蓄的半個百分點。當然，房貸利率（mortgage rate）也有所下降，但淨效應已經耗盡消費者的收入。以下內容是從瑞士信貸的報告中引用的一段話：

美聯準的零利率政策是有副作用的，在過去幾年中，它使個人的利息收入崩潰。實際上，利息收入的下降，使還本付息儲蓄的估計值萎縮。比較家庭還本付息成本與個人利息收入的演變，兩者總量在大致相同的時間，即 2008 年中期，達到了峰值 1.4 兆美元。根據我們對美聯準資料的分析，還本付息總額（包括抵押貸款和消費服務成本）從峰值下跌了 2060 億美元，利息收入從峰值萎縮了約 4070 億美元，是還本付息減少數額的兩倍多。（瑞士信貸，2011/11/21，*Economics Research*）

讓我們客觀地討論一下這個問題。還記得美國總統歐巴馬的財政刺激政策嗎？美國政府連續兩年每年支出約 4000 億美元，幾乎占國內生產總值的 3%。人們對這種刺激是否「有效」爭論不休，只有真正瘋狂的人才會認為該政策讓我們陷入了更嚴重的經濟衰

退。美聯準的零利率政策大量減少了總需求，相當於歐巴馬刺激量的一半。只要美聯準奉行零利率政策，這種影響就不會只持續兩年，它會年復一年，一直存在。

量化寬鬆政策每年會減少 1.5% 的國內生產總值，它就是如此刺激經濟的。

過去二十年中，日本一直在實行零利率政策，我們在日本的案例中可以看到，極低的利率使經濟需求減少，減少量甚至多於政府投入市場的需求。可見，美聯準把剎車誤認為油門了：量化寬鬆政策只相當於剎車，美聯準卻認為它為經濟踩了一腳油門。這並不意味著零利率政策是錯誤的，許多現代貨幣理論的支持者一直主張實行這一政策，但我們要明白，它無法刺激經濟。

06 ▸ 結論：現代貨幣理論與政策

　　在某種程度上，現代貨幣理論是描述性的，用於解釋主權貨幣如何運作。當我們說「政府透過按鍵進行開支，主權貨幣的發行者不會用盡按鍵」時，這是描述性的；當我們說「主權政府沒有借入自己的貨幣」時，這是描述性的；我們認為出售債券是貨幣政策的一部分，有利於中央銀行達到其目標利率，這是描述性的；當我們主張浮動匯率提供了最大的國內政策空間時，這仍然是描述性的。

　　「功能財政方法」為規範性政策提供了框架。這一理論認為，主權政府的財政政策與貨幣政策的主要目的，是實現充分就業。阿巴·勒納認為，應該把政府預算設置在適當水準，也就是在出現失業情況時增加支出、減少稅收，並設定適當的利率水準。這種觀點並不是很激進，得到了戰後凱因斯主義者，甚至是米爾頓·傅利曼（他對於「功能財政方法」有自己的見解）的支持。

　　然而，阿巴·勒納的初步建議是在低通貨膨脹環境下提出的，的確，當時有很多人擔憂會再次出現類似於 1930 年代的通貨緊縮。後來，1960 年代，通貨膨脹抬頭，勒納又變得十分擔心價格的穩定。他提出了一項政策建議，推行一種特殊的工資與價格調控方法。在本書中，我們沒有涉及這一內容，但在 1970 年代初期，美國總統尼克森所嘗試的工資與價格調控方法，只與勒納提出的方法稍有不

同。這些政策是否奏效還存在爭議，但卡特總統為了應對兩位數的通貨膨脹，實行緊縮政策，上述政策便隨之終止了。自 1970 年代末以來，主要國家一直依賴財政和貨幣政策緊縮來應對通貨膨脹。

問題是，政府無法再說它們在追求充分就業了。事實上，失業成了維持物價穩定的工具。傳統觀點一直主張，中央銀行應該只追求價格穩定，完全輕視財政政策的作用，這使情況變得更加糟糕。阿巴・勒納的「方向盤」方法被放棄了，結果是高失業率和不合格的經濟增長。在美國，貧困和不平等現象逐漸加劇。全球範圍內，甚至是在經濟擴張時期，越來越多的失業情況成了難題。

我們在第 8 章中介紹了一種方法，即「就業保障／最終雇主」計畫，它既可以創造就業，又不會引發通貨膨脹。我們已經解釋過，透過實行緩衝儲備與最低工資，底層勞動力也可以實現就業，因此，政府不會面臨用投資來刺激需求時可能發生的通貨膨脹「瓶頸」。由於政府希望工作會逐漸「往下流」向失業者和窮人，便使用普遍的減稅或增加開支，但此舉往往有利於本來就比較富裕的階層。相比之下，「就業保障／最終雇主」計畫能夠直接針對失業人員，幫助他們擺脫貧困。

現代貨幣理論中，「就業保障／最終雇主」計畫應包含的內容一直存在爭議。一些人認為，現代貨幣理論應該保持純粹的描述性，不應有任何政策建議；另一些人則認為，「就業保障／最終雇主」計畫從一開始就已經是現代貨幣理論的一部分了。

事實上，後者確實是正確的，二十年前，我們這些最早開始研究現代貨幣理論的人，就已經把就業計畫納入理論之中。此外，我們認為，主權貨幣需要一個「錨」，透過在「最終雇主與工作保障」

計畫中設定基本工資，該計畫本身就成了「錨點」。貨幣的邊際價值等於其可以雇用的勞動力數量，比如，在「最終雇主與工作保障」計畫中，工資為每小時 15 美元，代表 15 美元就可以購買一個小時的勞動。只要設定的工資保持穩定，有勞動力參與該計畫，雇主就可以設定高出計畫幾美分的工資，以吸引新的雇員。

我們相信，相較於用黃金支援貨幣，這是一種更有效的「貨幣錨」。在穩定經濟方面，勞動緩衝儲備比黃金緩衝儲備更加有效，因為勞動力參與所有商品和服務的生產。此外，勞工的收入是消費品輸出需求最重要的來源。因此，在我們的緩衝儲備計畫中，實現充分就業、保持工資相對穩定，將不僅有助於穩定消費支出與家庭收入，還有助於工資和價格的穩定。

史蒂芬妮·凱爾頓進行過這樣的類比。米爾頓·傅利曼因推行自己版本的「貨幣數量學說」而著名，該理論被稱為重貨幣學派。由於每一本經濟學書籍中都涉及這一理論，我們在此不做深入探討。重貨幣學派的基本思路是：增加貨幣供應會使收入與支出額上升，如果貨幣供應量增長過快，會導致通貨膨脹。傅利曼有一句著名的話：「通貨膨脹無論何時何地都是一種貨幣現象。」重貨幣學派在某種層面上是描述性的：它聲稱要尋找貨幣增長與通貨膨脹之間的關係；但在另一個層面，它又是規範性的：為了對抗通貨膨脹，中央銀行應該控制貨幣供給的增長。我們無法想像既沒有描述性基礎又沒有規範性元素的重貨幣學派。重貨幣學派者認為是貨幣導致通貨膨脹，因此剝奪這些人提出政策建議的權利是不可能的。

凱爾頓稱，現代貨幣理論的政策處方是，政府應在不引發通貨膨脹的情況下追求充分就業，除了「就業保障／最終雇主」計畫，

沒有人能想出更好的方案了。因此，我們不能將現象描述與政策建議切割開來。也就是說，現代貨幣理論不只是描述關係，給出政策建議，它還提供了一種明晰的、從整體上理解經濟的方法，從理解貨幣的「本質」開始，為我們呈現出了一種「世界觀」。

然而，任何人都可以採用大多數現代貨幣理論的原則。如果有人不同意現代貨幣理論的政策處方，而只想借用其描述部分，當然也是可以的。現象描述能為政策制定提供框架，但對於「政府應該做什麼」，尚有討論的空間。一旦我們明白，對於發行主權貨幣的政府來說，支付能力並不是一個問題，那麼，知道「政府應該做什麼」就變得更為重要了。當然，我們也可以不同意這些觀點。

Chapter 10

主權貨幣的
現代貨幣理論

在本書中，我們探討了總體恆等式和「存量─流量」及其影響，這對任何主權國家，包括開發中國家的政策制定來說，都十分必要。我們仔細分析了採用主權貨幣之國家的實際操作方法，還探索了不同貨幣制度對國內政策形成的限制，結論是：浮動匯率制度可以擴張國內政策空間。不過，即使是在採用釘住匯率制度的開發中國家，貨幣發行者（主權政府）的政策空間也大於人們普遍認為的程度。

無論在何種匯率體制下，瞭解貨幣發行者如何支出、收稅，以及為什麼發行國債，有助於擴大政策選擇空間。這讓我們想到了「功能財政方法」的觀點：政府應該利用預算來實現公共目的，更重要的是，政府應該促進充分就業與物價穩定。我們深入分析了一種有利於實現該目標的專案：「就業保障／最終雇主」計畫。

以上討論組成了本書的內容，而這是瞭解「現代貨幣」到底如何運作、自己發行貨幣的政府可以選擇哪些政策的先決條件。在本章，我們將探討本書第一版出版以後的幾個新研究進展。我們先來討論現代貨幣理論正確預測過的兩個事件：全球金融危機與歐元危機。

01 ▸ 現代貨幣理論的正確預測：全球金融危機

　　正如我們所知，英國女王有一個著名的提問：為什麼沒有經濟學家預見到全球金融危機？這是大蕭條以來最嚴重的經濟危機。當然，說沒有人預見倒也不完全正確，早在 1990 年代中晚期，世界範圍內就有一些經濟學家發出警告：經濟危機即將到來。為了找出「有哪些人預見到了危機」，德克・貝澤莫（Dirk Bezemer）仔細研究過很多預言，最終挑選出十二個人，他們不僅預見到經濟危機，而且正確判斷出引起經濟危機的問題所在。

　　現在，讓我們來快速總結一下。德克・貝澤莫發現，那些遵循正統的一般均衡法的經濟學家沒有預見到危機，也無法預見到。事實上，他們不是忽略了所有導致危機的金融創新，就是認為這些創新可以降低風險，從而增加金融體系的彈性。那十二個正確預見到危機的人都放棄了均衡的概念，而是採用循環流動的方法，一致地處理存量和流量；他們強調會計恆等式，而不是供給等於需求的平衡；他們還明確建立了獨立於「真實」經濟的金融體系模型，允許不確定性的出現，而不是採用代理人優化（Optimizing Agents，編註：指代表性決策者透過數學規畫而獲得最好的結果）的方法來消除不確定性。

　　在韋恩・戈德利的創舉之後，本書一開始就介紹了會計恆等式

與處理存量和流量的方法。戈德利和筆者都曾警告過，1990 年代無法支撐的「金髮女孩」經濟，從會計恆等式的角度看，柯林頓的預算盈餘意味著私營部門的高額赤字。再加上海曼‧明斯基的金融不穩定方法，現代貨幣理論家認識到，金融業已經越來越脆弱。我們還採用了明斯基的「階段」方法，警告說：最新階段（他所謂的貨幣經理人資本主義）是極不穩定的，容易深化危機。

從 1990 年代末到 2007 年，我們一直被當作過度悲觀的反對者而受到排擠，在這種情況下，我們仍然拒絕接受艾倫‧葛林斯潘和班‧柏南克推崇的「新經濟」與「大穩健」，使現代貨幣理論保持高瞻遠矚的態勢，而沒有隨波逐流。2005 年前後，密蘇里大學的比爾‧布萊克加入了我們的行列，並警告那些在房地產業製造泡沫、進行欺詐的銀行家。邁克爾‧赫德森（Michael Hudson）曾指出，「火災」（金融、保險和房地產，這三個部門縮寫合併在一起為 FIRE，意即「火災」）部門已經增長過量。

在每年於巴德學院利維經濟研究所舉辦的海曼‧明斯基會議上，我們的預測越來越可怕，美聯準的經濟學家反駁我們的悲觀觀點，認為並不存在房地產泡沫，也沒有任何危險，甚至到了 2007 年春天，他們還是這樣說！在 2007 年的同一個會議上，韋恩‧戈德利說：未來一年的經濟增長將放緩至幾乎為零；我也警告說：早期的次級抵押貸款拖欠率的迅速增長，將很快引發金融機構的大規模損失。如現在所知，當初我們是對的，經濟崩潰就在幾個月之後開始了。

然而，主流經濟學家曾認為，2007 年一切都進行得很順利，全球的中央銀行行長都慶祝自己把通貨膨脹率保持得很低。人們稱

聯準會主席艾倫・葛林斯潘是一位「大師」，宣稱他不僅是有史以來最偉大的中央銀行行長，還是地球上最強大的人類。葛林斯潘退休後，班・柏南克接手了他的位子，推動了「大穩健」政策。全球的中央銀行行長透過保持低通貨膨脹率，促進了經濟穩定（即「穩健」）。既然經濟領域的人都知道中央銀行行長將致力於穩定，所有人都期待穩定，那我們就將擁有穩定。

管理「期望」是很重要的。市場知道中央銀行將保持低通貨膨脹率，如果有任何經濟波動，中央銀行將迅速採取行動，恢復穩定。這本身就增強了人們的信心，被稱為「葛林斯潘對策」，也就是後來的「班・柏南克對策」，即聯準會主席將阻止任何不好的情況發生。於是，房地產價格飛速增長，大宗商品價格升高，股市大漲，華爾街的金融機構收益不菲（Weay, 2008a, 2009）。

2007 年春天開始，一切都化為了泡影，世界經濟陷入了自 1930年代以來最嚴重的危機（只有少數幾個國家倖免於難，尤其是沒有完全開放金融市場的中國）。主要中央銀行紛紛採取措施來安撫市場，保證它們會對經濟負責。

然而，很明顯，不斷降低的利率（基本上是零利率），並沒有發揮人們期望中的作用。這場危機愈演愈烈，失業率上升，零售銷售額下降，房地產市場經歷了大蕭條以來最嚴重的一次崩潰，金融機構相繼陷入危機。美聯準借出準備金，收購不良資產，擔保私人機構的負債，同時，美國財政部採取緊急救助措施，包括將美國的汽車產業有效國有化，美國政府（包括美聯準和財政部）的開支、借貸和擔保總額超過 29 兆美元（是當時國民生產總值的兩倍），但這些措施都不成功。「大師」、「大穩健」、「自由放任」到此終結。

02▸現代貨幣理論的正確預測：歐元危機

　　歐洲一體化是一個宏偉的計畫，或許說是由某種崇高的動機所驅使的。但現代貨幣理論一開始就說過，歐盟的建立存在著致命的缺陷。至少，貨幣一體化本末倒置了。在歐盟區域內應建立充分擁有主權的財政機構，以保護成員國，實現財政一體化，之後才可以統一採用歐元。

　　事實上，由於設計和欲望，歐盟存在著先天缺陷，建立在一種信念的基礎上：永久緊縮才是增長的路徑。歐盟的成員國由於沒有貨幣主權，不得不各自採取緊縮政策。歐洲議會本身沒有「國庫」，因此其花費有賴於各非貨幣主權國繳納的會費。我們這些支持現代貨幣理論的人從一開始就認為，試圖將財政政策從主權貨幣中分離，是歐盟的一個致命缺陷。希臘、義大利等國家加入歐盟時，採用了「外國的」貨幣（歐元），卻依舊對本國財政政策負責。

　　在過去十年中，許多批評都集中在歐洲中央銀行的政策上，認為貨幣政策過緊。還有人認為，馬斯垂克標準太嚴格了。雖然這兩種批評都有一定的道理，卻始終忽略了主要的問題：義大利已經相當於路易斯安那州了，卻沒有得到「山姆大叔」的好處。所以，問題真的不在於各國放棄了貨幣政策（設置利率），也不在於它們同意了對預算赤字與債務過於嚴格的限制。

實際上，馬斯垂克標準對於非主權貨幣國家來說過於寬鬆，歐洲中央銀行的貨幣政策也不會比美聯準的更緊（從歐盟成立十年內的平均水準看），貨幣政策的影響也不大（詳見史蒂芬妮·凱爾頓的文章：http://neweconomicperspectives.org/2012/06/can-monetary-policy-do-more.html）。

歐盟建立後，歐元區各國將不可避免地面臨兩個問題：

1. **當經濟嚴重衰退時，成員國的預算將自動變為高額赤字。** 問題不在於馬斯垂克標準（畢竟大部分的歐元區國家都屢次違反這些標準），而在於市場會提高成員國的債務風險溢價，這將導致利率飆升，進一步增加赤字，形成惡性循環。由於沒有「山姆大叔」來拯救它們，這些國家不得不依賴歐洲中央銀行的慈善機構來保持低利率。祝它們好運吧！歐洲中央銀行是在德國中央銀行的意志下運行的，這真是個愚蠢的賭注。

2. **成員國雖然對各自的銀行系統負責，但遭遇危機時卻無法幫助銀行擺脫困境，除非它們願意犧牲政府。** 這也是由歐元體系的設計缺陷造成的：當一國政府由於私有銀行負擔了急劇增長的債務時，不會有「山姆大叔」趕來布魯塞爾營救政府，即使該國的負債規模超過了政府總支出，甚至是國內生產總值。

一體化的目標之一是為勞動力和資本流動消除障礙，使生產要素能夠跨越國界，而這是否是個好主意，以及是否有效，則是另外

一回事。重要的是，對我們的討論來說，這使銀行能夠在整個歐元區內購買資產，進行負債，而它們也的確是這樣做的！錦上添花的是《巴塞爾協議》（Basle Accords）對銀行的管制和監督被解除了，這使歐洲銀行開始效仿華爾街的銀行，追求瘋狂的計畫。

　　當然，這就是使愛爾蘭的銀行陷入困境的原因，它們借出的貸款遍布歐洲，數額高達愛爾蘭國內生產總值的數倍。當它們押錯賭注時，愛爾蘭政府不得不幫助它們擺脫困境，不斷增加財政赤字與政府債務。這是歐盟，或者普遍來說是歐盟的一個設計特點：解放銀行，使其膨脹至「爆炸」，然後在政府試圖拯救銀行時，連同政府預算一起「吹爆」。（當然，不只是歐元區的銀行會這樣做，比如冰島和英國也會。）

　　在現實中，愛爾蘭的紓困計畫真的是想拯救主要國家的銀行，而不是邊緣國家。愛爾蘭下定決心保護德國、法國及英國的銀行，使它們在借款給愛爾蘭的銀行之後沒有蒙受損失，這或許是人類歷史上最偉大的慈善行為。與愛爾蘭大饑荒不同，這場災難完全是由愛爾蘭政府的政策造成的，即為了拯救大多數忘恩負義的德國人、法國人和英國人，承擔下銀行的債務。

　　造成歐元區當前危機的另一個重要原因是：銀行儲戶可以無成本地將歐元存款從一家銀行轉存到歐盟內其他任何地方的另一家銀行。這是由所謂的目標二「便利設施」導致的。任何存款人，比如一家西班牙銀行，都可以將存款轉移到一家德國銀行。這要求西班牙中央銀行借入貸記在德國中央銀行的準備。如果存款從邊緣國家流出，這些國家的中央銀行為了獲得德國中央銀行帳戶中的準備，只能向歐洲中央銀行典當更多。

危機在邊緣國家蔓延時，三巨頭將緊縮當作財政援助的條件。然而，面對緊縮政策，任何國家經濟增長的唯一方式都只是實行「以鄰為壑」的重商主義政策，即榨乾其他國家的需求，德國很擅長這一點。因此，統一背後的初衷，是要防止再次出現導致了歐洲兩次世界大戰的非睦鄰友好行為，建立歐盟也是為了促進統一。但是，歐盟「獎勵」的卻是成員國家的「利己主義行為」，而德國在其中收穫頗豐。

　　最極端的利己主義行為，是現代金融機構用自由流動的「資本」釋放罪惡，加上這一點，金融危機就八九不離十了。各國全權負責本國龐大的金融機構，這是壓死駱駝的最後一根稻草。

　　第一次嚴重的金融危機將「吹爆」一些沒有財政主權的成員國的預算，比如愛爾蘭。隨後，其餘國家就像多米諾骨牌一樣紛紛倒下。所以，指責三巨頭強加給邊緣國家緊縮政策是錯誤的。永久緊縮一直在計畫之內，並不是什麼新鮮事。這是非主權貨幣政府在沒有主權貨幣中心的情況下，唯一的運作方式。

　　問題從來不在於肆意揮霍的地中海人或鬆懈的財政政策。歐元國家本不應該有任何規模的長期赤字或顯著的負債率。按照設計，它們都不是貨幣意義上的主權國家，幾年前它們就放棄了自己的主權貨幣，取而代之的是外幣。就像任何放棄主權貨幣的國家一樣，每個國家都失去了長期預算赤字的能力，這是它們輸掉追求貿易順差的重商主義比賽的原因。

　　令人吃驚的是，這場比賽持續了很久。原因之一是橫行的金融機構能夠在相當長一段時間內依靠私營部門赤字振興經濟，就像它們在美國做的一樣；原因之二是不切實際的「信心」，市場相信，

如果出了差錯，歐洲中央銀行將違反其職責採取應急措施；原因之三是有相當比例的債權人無法理解主權貨幣政府和使用外幣的政府之間的區別。

最後一幕是醞釀了一段時間之後才發生的。首先發生在「歐豬五國」，然後是法國、奧地利、芬蘭和荷蘭，最終波及德國（是的，就是那個財政清廉的德國）。對於一個放棄了本國貨幣的國家來說，其自身資產負債率的等級過高了。（還記得阿根廷嗎？該國採取貨幣發行局制度，本質上與採用歐元是同一回事。與德國不同的是，阿根廷始終滿足馬斯垂克標準，卻一直深陷危機。）德國的成功依賴於歐元區其他國家的需求，而此時需求正在迅速崩潰。因此，德國經濟增長將會放緩，貿易順差下降，政府赤字增加。最終，市場會連同德國一起施加懲罰。

歐盟可以得到拯救，但這需要歐洲中央銀行做一些違背其「DNA」的事。歐盟成立時設定了限制條件，確保歐洲中央銀行永遠不會對任何國家實施救援。將歐洲範圍內的貨幣政策（利率設置）與財政財務狀況分離的原則是不容侵犯的，歐洲中央銀行所做的已經夠多了。但是，沒有財政權力，單純依靠一個不情不願的中央銀行行長去反對整個聯盟的設計，是無法使歐盟運行下去的。因此，歐盟是否可以得到拯救，現在還是個未知數。

03 ▶ 創造論與償還說
貨幣發行者是怎樣借款與支出的？

　　現代貨幣理論強調，發行貨幣的權力與徵收稅款的權力是緊密關聯的。簡而言之，我們認為，「稅收驅動貨幣需求」。我們還證明了（假如這的確需要證明），主權政府不是需要稅收收入才能支出。就像比爾茲利·魯姆爾所說的那樣，一旦我們放棄了黃金，使聯邦稅成為財政收入的目的，就「過時」了。

　　在本單元中，我們將討論三個類似的問題（三者答案相同）：

　　1. 政府需要獲得稅收收入，才能支出嗎？
　　2. 中央銀行需要獲得存款準備金，才能貸款嗎？
　　3. 私有銀行需要獲得活期存款，才能貸款嗎？

　　我們可以將這些問題進行簡化：創造和償還，孰先孰後？

　　我們所謂的貨幣制度的本質是什麼呢？很多人都稱為「貨幣」的東西，有什麼共同特點呢？大多數經濟學家認為，貨幣就是我們在交換時使用的東西，這就簡單地告訴我們：「貨幣就是貨幣所做的事。」這有點像把人定義為一種看著電視、偶爾去冰箱附近晃一下的東西。

在《貨幣論》（*A Treatise on Money*）一書中，凱因斯首先講到了記帳貨幣，這是我們衡量債權、債務及價格的單位。他還提到了記帳貨幣的本質，（繼格奧爾格・弗里德里希・克納普之後）他認為，在過去至少四千年的時間裡，記帳貨幣是由國家相關部門決定的。計量單位一定是社會結構的一部分，我可以在一定時間、空間和價值內，選擇自己獨特的計量單位，但這些計量單位必須要經過社會批准後，才能被廣泛採用。

所以，各種貨幣的一個共通性是：都是由記帳貨幣來衡量。所有這些經濟學家宣稱是「貨幣」的東西，皆以記帳貨幣為單位，但貨幣的本質一定不只這些。

如前文所述，許多經濟學家把貨幣當作市場交易的媒介。但這樣一來，似乎是我們同意在一個被稱為「市場」的機構中，而非在一個獨立的機構中，使用貨幣做為交換媒介。那麼，這些貨幣的制度本質是什麼呢？最明顯的共同特徵是：它們是債務的證明。硬幣、國債或中央銀行票據，都是政府債務；銀行票據或存款是銀行債務；我們可以擴大對貨幣這種東西的定義，或者如前文所稱呼的「代幣」，包括貨幣市場共同基金的份額等，這些也是其發行者的債務。

如果我們回到過去就會發現，由歐洲君主和其他人發行的統計符木棒，實際上就是一種債務證明（符木棒缺口記錄了貨幣數額）。顯然，用什麼材料的物質記錄債務根本無關緊要，統計符木棒只是一種「代幣」，用來記錄債權人與債務人之間的關係，君主承諾會按照償還的方法兌現借據。納稅人不是隨便拿來一根有缺口的符木棒就可以的，存量與存根必須經過國庫或其代表的驗定，兩者完全匹配才行。

接下來，就會出現由社會創造的、被普遍接受的記帳貨幣，以及以記帳貨幣計價的債務。在現代國家，社會認可的以貨幣計價的債務，通常以本國的記帳貨幣為單位，在美國就是美元。有些種類的債務可以「流通」，用於交易和其他支付（即償還自己的債務），最好的例子就是貨幣（財政部與中央銀行的債務）與活期存款（銀行債務）。在支付中，我們為什麼要接受它們呢？

長期以來，人們一直認為，我們接受貨幣是由於它是由貴金屬製成的，或是可以兌換為貴金屬，即我們是因為貨幣的「物質性」才接受它。事實上，在流通中由貴金屬鑄造的貨幣之價值，遠超出其包含的貴金屬本身的價值（至少在國內來說是這樣的），以固定匯率將貨幣兌換為黃金是特殊情況，並非常態。因此，大多數經濟學家認識到，今天的貨幣是「法定的」（雖然大多數人沒有意識到在過去就已經是這樣了）。

重要的是，追溯到羅馬時代的法律，通常採用「名目主義」的觀點：硬幣的法定價值由名目價值決定。例如，如果一個人把硬幣存在銀行裡，那他只能收回相同名目價值的貨幣。換句話說，即使貨幣包括壓印的金幣，它也依然合法，因為其法定價值是人為設定的名目價值。

現代貨幣理論認為，如果公民需要將某一種貨幣上繳給貨幣發行者以履行其義務，這種貨幣就會被公民所接受。因此，國家可以徵收稅款，同時以政府債務的形式發行納稅時所需要的貨幣，從這種意義上來說，現代貨幣理論認為：「稅收驅動貨幣需求」。

我們可以把某一制度或一整套制度認定為「主權」。正如凱因斯所說，統治者有權宣布哪一種單位是記帳單位（如美元、里拉、

英鎊、日圓），也有權徵收費用、罰款和稅款，並規定在支付時接受哪一種貨幣。當人們支付費用、罰款和稅款時，貨幣就被贖回了，並由統治者接受。

統治者有時也會同意用本幣兌換貴金屬或外匯，但這不是必要的。人們同意用本幣支付稅款、費用、什一稅與罰款，這就已經足夠「驅動」貨幣，即創造貨幣需求了。請注意，我們不需要無窮追溯的論證。如果我們知道後面會有更傻的傻瓜接受國家的借據，那在接受借據時我們會更心甘情願，但如果我們有納稅義務，而且必須用國家的貨幣履來行義務，我們就一定會接受國家的借據。在這個意義上，現代貨幣理論認為：「稅收足以創造貨幣需求。」不需要每個人都有這樣的義務，只要稅收基礎足夠廣泛，貨幣就將被普遍接受。

人們接受貨幣還有其他的原因，也許可以用它兌換黃金或外匯，也許可以把它當作價值儲藏。這些原因補充了稅款，或是源於需要用貨幣履行的義務（如稅收、費用、什一稅、罰款等）。

米切爾・英尼斯曾提出信貸的基本定律：借據的簽發人必須在還款時收回借據（Wray, 1998），我們稱之為可贖回性原則，即借據持有人提交借據給簽發人以進行支付。注意，借據持有人未必是最初收到借據的人，他也可以是第三方。如果第三方欠簽發人錢，可以將借據返回給簽發人，如此便清除了第三方的債務，同時也消除了簽發人的債務。

如果一個人認為自己需要支付錢給某個實體，他就會想要獲得該實體的借據，這部分解釋了為什麼非主權發行人的借據可以被廣泛接受。

同樣的，如海曼·明斯基所說，人們接受銀行的活期存款的一部分原因是：我們大多數人對銀行負債，可以用銀行存款支付。在現代銀行系統中，中央銀行可以按票面價值清算銀行之間的帳戶，因此我們可以交付任何一家銀行的存款借據，來抵銷對其他銀行的債務。

如果有人承諾自己的借據可以按需求兌換為其他更被人們普遍接受的借據，該借據的可接受性就會提高。在社會中，統治者發行的借據是最容易被人們廣泛接受的（至少是由一些統治者，或是由經濟上更重要的外國統治者所發行的借據）。在這種情況下，發行人必須持有或較容易得到統治者的借據，以確保自己的借據能與之兌換。

在任何情況下，只要是法院執行的最終支付，都可以確定為最終支付。從羅馬時代開始，法院用名目價值解釋涉及金錢的合約，並要求使用「法定貨幣」支付，其形式通常是以記帳貨幣為單位的指定負債。也就是說，如果合約是用貨幣計算的，那麼該合約在實物方面則不會強制執行。

在本單元最開始，我們提出了三個相似的問題：

1. 政府需要獲得稅收收入，才能支出嗎？
2. 中央銀行需要獲得存款準備金，才能貸款嗎？
3. 私有銀行需要獲得活期存款，才能貸款嗎？

很明顯的，這些問題的答案都是「不需要」。的確，邏輯上必

然是先創造再償還，人們要先有罪孽或債務，才需要贖罪或償債。

國王在支付時使用統計符木棒或壓印的硬幣，這使他成了罪惡的債務人。當他收回自己的借據時，也就償還了債務。

中央銀行發行準備金存款做為其債務，而這通常是發生在它發放貸款給私人銀行或在公開市場上購買國債之時。這些準備金存款總是可以按需求兌換為中央銀行的票據，因而使中央銀行產生負債。中央銀行在支付中接受自己發行的票據和存款準備金，以此來清償債務。

私人銀行發行活期存款做為其債務，而這通常是在它發放貸款給私營公司或家庭之時。當它接受活期存款的支票時，也就清償了債務。

需要注意的是，在這些例子中，我們已經看到了同一份資產負債表（貨幣發行者）的兩面，但實際上，在每個例子中還有另一個債務人。在統治者發行符木棒或硬幣之前，他必須透過強制加上以符木棒或硬幣來支付的納稅義務，使納稅人負債，這樣就能為符木棒或硬幣創造了需求。

中央銀行將準備金借給私人銀行時，該銀行負債，貸記其在中央銀行的準備金帳戶，但同時，中央銀行由於發行借據，也背上了債務。私人銀行將活期存款借給借款人時，貸記借款人的存款帳戶，但借款人也記錄了銀行的負債。

所以，每一次的償還都會同時清除雙方的債務，一切過程都可以被洗刷乾淨。

你看，所有這些都是借貸關係。敲擊鍵盤可以記錄債務關係，

雙方都有罪惡的負債。直到有一天，借據回到了發行人的手中，雙方的罪惡才得以救贖。

那些認為政府需要先獲得稅收收入才能支出的人，那些認為中央銀行需要先獲得準備金才能貸款的人，那些認為私有銀行需要先獲得活期存款才能貸款的人，都沒有搞清楚創造和償還的關係。

收到稅收、準備金存款與活期存款，都屬於償還行為，而且創造必須先於償還：要先創造債務，才能償還債務。

04 ▸ 增加對就業保障需求的認識

自第一版出版以來，本書關於工作保障的建議獲得了人們的支持，越來越多人呼籲政府在確保充分就業方面扮演更為重要的角色。在本單元中，我們要分析其原因。首先，我們要回顧停滯的觀點。其次，有越來越多的證據顯示，美國的勞動力市場沒有復甦，還有很多人認為這是一種新常態。再次，美聯準（重新）發現了一件許多人一直都知道的事：低利率政策不會刺激投資。最後，我們的「思想領袖」終於發現，美國人希望政府對非自願性失業做些什麼。所有這些都加強了有關就業保障主張的合理性。

4.1 經濟停滯觀點

主流觀點認為，經濟正停滯不前，我們就先從這一點說起。勞倫斯‧薩默斯（Lawrence Summers，暱稱 Larry Summers）認為，我們得到的一切最終都只是泡沫。在過去的三、四十年中，我們越來越多地把經濟（以及政府）轉向華爾街，靠資產投機存活。有人稱之為「賭場經濟」，有人稱之為「金融化」；海曼‧明斯基稱之為「貨幣經理人資本主義」。在此，我們不再贅述細節，但所有這些都讓人們看到了一種趨勢：金融與壟斷利益會「破壞生產」，隨著經濟

租（Economic rent，編註：最早指從土地獲得的收益，後來被擴大為因為獨占權力而得到的所得或利潤）流向金融部門，最終整個經濟都會垮掉。這會使國民收入過少，無法支撐生產活動，從而產生經濟停滯。

勞倫斯·薩默斯的說法，以及阿爾文·漢森（Alvin Hansen）在二次大戰後的警告，並不是對現代資本主義停滯趨勢的最有力的解釋，而兩位在俄勒岡州的經濟學家：哈羅德·瓦特（Harold Vatter）與約翰·沃克（John Walker），終其一生對此趨勢進行了有益的分析。簡單來說，問題在於資本太高產了，以致到了沒有益處的程度。投資能提高產量的特性，超過了其對總需求的乘數效應。隨著時間的推移，這一問題越來越嚴重，後來又出現了以機器（不需要工資）替代勞動者（需要工資用於消費）的趨勢。這樣發展下去，最終會不可避免地導致機器製造機器。在十九世紀末，問題已經出現了，二次大戰期間及二次大戰後初期，隨著政府不斷發展，問題才得到緩解。直到 1960 年前後，美國聯邦政府的增速高於國內生產總值的增速（換句話說，聯邦政府做為經濟增長的一環，穩步增長著）；在接下來的十五年中，州政府和地方政府的增速均高於國內生產總值的增速。到 1970 年代中期，州政府和地方政府減慢增速，這並不是巧合。隨後，大停滯拉開序幕，雖然雷根總統針對蘇聯的軍事集結，暫時緩解了停滯，但隨著政府的增長放緩，需求差距就此拉開。

面對糟糕的經濟增長，傳統的解決方案是刺激投資支出。如果你是凱因斯主義者，刺激投資意味著透過乘數效應來擴大總需求、增加就業與經濟增長；如果你是新古典主義經濟學家，刺激投資意

味著更多的生產能力，增加總供給，直接促進經濟增長。在新古典主義理論中，就業會自行調節，只要工資具有彈性，你就永遠會有充分就業的勞動力。如何刺激投資呢？雙方一致認為，對企業減稅將刺激投資。但如果政府破產了，無法使用財政政策怎麼辦？為了避免赤字，可以單獨使用貨幣政策：降低利率以刺激投資。但在過去的五至十年中，美聯準的利率幾乎一直為零，日本維持零利率已經二十多年了，卻依舊沒有使投資增加，而是經濟增長緩慢，就業機會少，經濟相對停滯。可見，降低利率也無濟於事。

4.2 投資與利率

不管怎樣，較低的利率並不一定會增加投資。為什麼呢？凱因斯的回答是：企業只生產它們認為可以賣出去的東西，只有當它們覺得銷售量在未來會增長時，才會透過投資來增加生產能力。減稅不會讓它們增加投資，除非能讓它們相信，減稅可以在很長一段時間內持續增加銷售量。

凱因斯的追隨者（不要與那些自稱是凱因斯主義者的人混淆），向來不同意利率政策對投資至關重要的觀點。班・柏南克認為，長時間實行零利率政策，給銀行大量的超額準備，會使銀行增加貸款，使企業借款進行投資，但凱因斯的追隨者不這麼認為。我們曾說過這種做法是行不通的，現在大家都知道這確實沒有發揮作用。投資就是對利率不敏感，無論你是降低或提高利率。此外，正如哈羅德・瓦特與約翰・沃克所說，需求不足無法靠增加投資來解決，因為增加投資所帶來的總供給增加量（容量），將超過總需求增加量（透過乘數效應）。

4.3 勞動力市場的新常態

因此，我們會有停滯現象，泡沫雖然會暫時提高經濟增長，但最終只能被金融危機與經濟衰退刺破。對於勞工來說，泡沫被刺破的後果就是失業。事實上，由泡沫推動的經濟「復甦」，也創造不了多少工作職位。雖然在全球金融危機的恢復過程中，失業率逐漸降低，但這很大一部分是由於勞動力參與率的下降。這樣一來，情況就變得更糟了。丹・阿爾珀特（Dan Alpert）報導說：私營部門很大程度上是在低工資部門創造了就業機會，如，「零售服務、行政與廢物處理、休閒與接待服務等部門，它們共同占了美國私營部門就業人數的三分之一左右，但在 2013 年上半年，卻創造了 57% 的就業職位」。（引自 http://www.westwoodcapital.com/）

所以在過去四十年中，「無就業增長」成了經濟的正常現象，往往在人們重新找到工作之前，經濟衰退就正式結束了。就在勞動力市場開始改善時，泡沫破裂，經濟崩潰，一切又要重新開始。「棘輪效應」是指，每次經濟低迷時，都會有更多人失去工作，而經濟復甦時，重新得到工作的人則相對較少。除了柯林頓時期的繁榮之外，經濟景氣循環峰值在創造就業與提高勞動力參與率方面，越來越無能為力。

現在，專家們聲稱，全球金融危機過後出現了一種新常態：勞動力參與率越來越低，因為經濟永遠不能為新的就業者提供足夠的就業機會，更不用說那些一直在找工作的人了。再加上不斷增強的機械化、機器人化、外國競爭以及政府裁員，你會知道為什麼美國的求職者總是希望渺茫。

最後，需要注意的是，報導中的資料針對的是平民裡的非制度化族群，也就是那些超過十六歲、不上學、不在監獄裡的人。糟糕的勞動力市場會增加制度化人口，減少計算勞動力參與率時需要統計的人口。美國因此而熱衷於監禁投資，把數百萬美元投入拘留所和監獄中，而且（但這並不是一件壞事）糟糕的勞動力市場往往對大學入學率有好處。不過，這意味著會有更少的人透過辛勞工作來支持那些不工作的人。

問題在於經濟增長緩慢與無就業的增長。即使國內生產總值上漲了一至二個等級，也不能創造足夠多的就業機會，由於前文討論的原因，國內生產總值無法維持在 4% ～ 6% 的增長，這樣就不足以創造投資機會，使其對供給產生影響，同時，也不能使消費支出作用於需求。我們可以想像政府增長提高總需求，從而引起投資增長的情況，但這在現實中不會發生。在華盛頓，太多人認為「山姆大叔」破產了，所以他們需要繫緊錢袋上的繩扣。

這會導致更多不可逆轉的不良後果。

4.4 就業保障

恢復經濟繁榮的方法是創造就業機會，提高底層收入者的工資，這樣一來，對消費者的銷售將會增加。我們不想再依靠債務拉動的消費熱潮，也不能依靠投資，因為即使有「信心仙子」能使公司進行更多投資，在對總需求有乘數效應的同時，也會對總供給的生產能力產生影響，使總供給增加，而總供給將很快就超過總需求。在任何情況下，私營部門主導的擴張總是虎頭蛇尾的，最終因債臺

高築在金融危機中結束。

　　若要打破這種惡性循環，政府需要發揮更大的作用。政府主導的增長實際上提高了私營部門的資金實力，這並不需要依靠「信心仙子」，因為它可以直接推動就業機會增加、收入增加、銷售額增加。越來越多人認識到，政府直接創造就業機會，應該做為計畫的一部分。

　　傑西・邁爾斯（Jesse Myers）在〈千禧一代應當努力踐行的五項經濟改革〉）一文中，進行了初步的嘗試，就業保障是他首先提及的一點（參見 http://www.rollingstone.com/politics/news/five-economic-reforms-millennials-should-be-fighting-for-20140103）：

　　為所有人保障就業：改變失業現狀。最簡單、最直接的解決方案是，政府確保所有願意為社會貢獻生產力的人，能夠在公共部門過著體面的生活。現在，有成千上萬的人想要工作，也有無數的工作需要人做，這是很明顯的事實。這個想法並沒有聽起來那麼激進，它類似於羅斯福新政期間公共事業振興署所做的事，或是 1960 年代馬丁・路德・金博士口頭支持的公共部門工作保障政策。

　　他的這篇文章得到了廣泛支持。《赫芬頓郵報》（*Huffington Post*）曾進行調查，找出了五項改革中贏得最多支持的一項，「就業保障」當仁不讓成為群眾最喜愛的改革（參見 http://www.huffingtonpost.com/2014/01/13/rolling-stone-millennials_n_4589014.html）。

　　可以預見的是，高收入者與白人保守派反對該計畫，而大多數收入較低的族群、民主黨人及黑人支持該計畫，那些很少被強制失

業波及的人，正是對就業保障最沒有好感的人。但是請注意，在深入分析民意調查的結果之後，我們發現，只有稍微超過四分之一的小部分人強烈反對就業保障。

表 10-1：民意調查結果

你是否支持制定可保障每一位美國成年人就業的法律，使政府為那些在私營部門找不到工作的人提供就業機會？	
強烈支持	22%
基本上支持	25%
基本上反對	13%
強烈反對	28%

如果我們的討論再深入下去，結果會更加有趣：除了 65 歲以上的年齡層，各年齡層 50% 及以上的受訪者，強烈支持或基本上支持就業保障計畫；只有 9% 的民主黨、11% 黑人受訪者強烈反對該計畫；只有 30% 的中等收入人群（每年收入 4 萬～ 8 萬美元）強烈反對該計畫。按地區劃分，東北部和中西部大多數人支持就業保障；在南部，該計畫的支持者將近一半（48%）；只有西部對該計畫的反對呼聲強烈（34% 強烈反對，17% 基本上反對）。

有兩個結果令人驚訝。首先，這一調查問題所探討的計畫，是要求政府提供就業機會。有鑑於全民對政府的敵意，該調查能引起如此多的正面回應，確實值得注意。其次，令人驚訝的是，民主黨與黑人如此支持這項計畫，我們卻尚未看到領導人著手行動以滿足選民訴求。

也許，現在時機終於到了？

05 ▸ 現代貨幣理論與外部約束：固定或浮動，這是一個問題

　　現代貨幣理論認為，一個發行本國「不可兌換」貨幣的主權政府，不可能無力償還本國貨幣。針對以本幣計價的政府債務而言，不會出現非自願性違約。政府可以「買得起」任何以本幣定價出售的東西，也可以將本幣兌換為外幣，購買以外幣標價的商品，但後者並不一定。

　　相反的，如果政府承諾本幣能以固定匯率兌換為其他東西（黃金、外匯），這份承諾就不一定能夠兌現。政府有可能會破產，出現非自願性違約。

　　一般來說，不可兌換的浮動匯率制度能夠提供更多的政策空間，政府可以利用財政政策和貨幣政策處理國內事務。固定匯率制度會減少政策空間，因為政府必須考慮其兌換的承諾，這有可能與國內政策議程發生衝突。例如，政府奉行的政策通常（但不總是）必須能夠保證外匯（或黃金）的正向流入，以外匯儲備來維持釘住匯率政策，但這通常意味著工資下降、進口減少、國內失業率居高不下。

　　到目前為止的論證是符合邏輯的。釘住匯率增加了一個限制：你需要儲備本幣所釘住的那種貨幣，以確保能以固定價格進行兌

換。這種限制的約束力如何呢？要視情況而定。在今天的中國，其「管控的」匯率限制不大。例如，中國一直致力於國內工資的較快增長。相較之下，在尼泊爾，釘住印度貨幣是有限制的，如果尼泊爾想要像中國一樣提高工資，它與印度的貿易赤字將會增長。除非尼泊爾能以某種方式增加海外工作者的僑匯，否則它的印度貨幣儲備及美元儲備將被耗盡，尼泊爾的釘住匯率就會受到威脅，還可能發生貨幣危機。

中國或尼泊爾會受益於浮動匯率制度嗎？是的，並且中國最終將出現此一渴望，以及必須實行浮動匯率制度的情況。中國將變得富有、發達，因此無法避免實行浮動匯率制度。它將不再淨累積外匯儲備，還可能會出現經常帳赤字；它將逐步放寬資本管制。也許，中國永遠不會出現西式的「自由市場」，但為了保持國內政策空間，它會找到對其有利的浮動方式。如果沒有做到這些，它可能將處於准殖民地的地位，從屬於準備貨幣的發行國。但中國絕不會出現這種情況。

現代貨幣理論強調，就「實際情況」而言，進口是收益，而出口是成本。浮動貨幣、放鬆資本管制，可以使一國享受更多「收益」（進口）與付出更少「成本」（出口）。國家有能力享受本國的所有產出，以及其他國家想要輸出到該國的商品，透過擴大資本項目盈餘來為淨進口「埋單」。在資本帳上，則反映在世界其他國家對於以該國貨幣計價的金融債權的持有量。

關於收支平衡。很多人說，美國由於經常帳赤字出現了「貿易失衡」，但實際上，由於資本帳盈餘，失衡並不存在。因為，以美元換美元，不可能存在不平衡。外國人想要美元資產，所以把商品

出售給美國。這也許符合出口國的國家利益，也許並非如此，但這不是我們需要判斷的問題。不過，它肯定符合了某些人的利益，不然就不會有人這樣做了。也許是出口商的策略，也許是權貴富豪在推動，再或許，它真的符合國家利益。

布萊恩·羅曼祖克（Brian Romanchuk）在〈為什麼富裕國家應當實行浮動匯率〉一文中討論了這個問題（詳見 http://www.bondeconomics.com/2014/02/why-rich-countries-should-float-their.html）。身為一位債券市場專家，他意識到，只要實行浮動匯率制度，富裕的已開發國家就不會面臨「外部約束」問題。其主要觀點是：如果外國人想把商品輸出到你的國家，你不必擔心如何籌措外匯來進行進口。

人們已經發現，外匯的實際交易量，要比支持貿易流量所需的外匯交易量更巨大。這種過度活躍的現象，一部分是外匯交易的結果，但也反映了巨額的跨境資本市場流動。這些流動能決定貨幣的相對價值。進口商的最終交易對象，極有可能是願意冒外匯風險的外國投資者，因為國內沒有必要為了支持進口而借入外幣……

雖然匯率波動具有破壞性，但企業可以利用貨幣對沖來減少短期波動的影響……我認為，在任何情況下，發達市場貨幣的報價總會處於一定區間內，因為當地貨幣金融資產的潛在需求是一定的。除非該貨幣從市場上消失，才會對它沒有需求……我們假設總會有貨幣競購的情況，而經常帳赤字融資可能就會一直存在。唯一的問題是：融資時貨幣的價格。

簡單來說，如果你提供的是美元、加元、澳元、英鎊、日圓或歐元，永遠不用擔心找不到競買者，唯一的問題在於交易價格。接下來，布萊恩·羅曼祖克承認，他只考慮了「富」國的情況。他猜測，對於開發中國家來說，嘗試浮動匯率也是更好的選擇，但開發中國家面臨的問題，他無法切身感受，知之甚少。

　　坦白來說，我不知道尼泊爾如果實行浮動匯率制度，是否能做得更好。我猜想，對於許多世界上最貧窮的國家來說，浮動匯率制度並不是核心問題。現代貨幣理論的批評者列舉這些例子，來證明現代貨幣理論是錯誤的，他們質疑我們能否為貧窮國家所面臨的問題找到解決方案。如果我們不能為開發中國家所面臨的複雜問題找到一個簡單的解決辦法，就證明了現代貨幣理論是錯誤的——這樣的說法真是令人匪夷所思。

　　我們的主張是，在有貨幣主權的情況下，開發中國家的政府是能夠負擔得起浮動匯率制度的，從而利用那些願意為本國貨幣效勞的所有國內資源。這樣的國家能夠進口所有想要的東西嗎？也許不能。釘住匯率就能進口更多嗎？也許可以，但政府將可能不得不放棄國內的充分就業，並且受到資不抵債與違約風險的限制（因為政府已經承諾了要兌換它可能無法提供的東西）。這種權衡取捨的結果最終會符合國內利益嗎？我對此表示懷疑，但不能確定。

　　我們觀察到，在現實世界中，開發中國家的釘住匯率政策通常符合精英群體的利益，他們喜歡購買進口的奢侈品，喜歡在佛羅里達州度假。這些國家通常有一半的人口沒有工作或只是臨時工（如在紅綠燈處清洗進口豪華轎車的擋風玻璃），這似乎不是一種好的取捨。

可怕之處通常是在於「通貨膨脹傳遞」，即浮動匯率可能導致匯率貶值，增加進口成本，從而引發國內通貨膨脹。人們也許高估了通貨膨脹的影響，但這會使開發中國家政策制定者的心被恐懼麻痺了。

尼爾·威爾遜（Neil Wilson）在〈真正的傻瓜是出口商〉（It's the Exporters Stupid）一文中，對這些現象進行了很好的闡述：

關鍵的一點是，如果一種貨幣貶值，進口會變得「更加昂貴」，那麼，消除「通貨膨脹」就是一種分配性回應措施，試圖減少一些進口，使交換需求均衡分配。這同時也減少了別國的出口。我們要記住一件重要的事情：當貨幣貶值時，相對於該貨幣而言，世界上所有的其他貨幣都在升值，依賴於出口的國家（出口導向型國家）貿易量開始減少，這將導致經濟衰退。任何一個其他經濟體都可以對外匯市場進行干預，購買「多餘的」貨幣，這將遏制所有國家的經濟衰退。這些事情對出口商所在國家的中央銀行來說，是力所能及的。

以出口為導向的國家，必須不斷向世界其他地方提供流動資金，讓別人購買自己的商品。否則，世界各地將耗盡完成出口交易所需的該國貨幣，出口就不會再發生（例如，英國買家使用英鎊購買中國商品，但中國勞工的工資以人民幣計價。由於出口差額，人民幣相對短缺，所以必須由中國人提供人民幣，否則中國商品會昂貴到荒謬的地步）。

因此，在我看來，有一點很重要：出口企業要出口，需要中央銀行的「流動性操作」進行支持，其最終將遏制所有重要出口貿易

國的經濟下滑，這可以透過各國的銀行系統或隱性或顯性地進行操作……對我而言，面對貨幣貶值，政策應該暫時禁止進口「奢侈」商品，以控制分配性通貨膨脹。這將問題轉移給了出口商，透過系統性的干預、修正匯率失衡，問題可以得到緩解。強迫他們去做貿易過程中經常做的事。

相較於處理「通貨膨脹傳遞」，也許浮動是更好的選擇，將對抗通貨膨脹的「痛苦」盡可能施加到富人身上也是有道理的。畢竟，他們才是開著進口豪華轎車、帶著孩子去佛羅里達州度假的人。

現代貨幣理論的原則適用於所有主權貨幣國家，這些國家可以實現國內充分就業。這可能會導致貿易赤字、貨幣貶值、「通貨膨脹傳遞」，但如果主權貨幣國家不喜歡這些結果，它們可以採取很多政策。進口管制與資本管制都是很好的選擇，此外，還包括定向就業、定向招商、針對性發展等。

相較於富有的已開發國家，對開發中國家來說充分利用國內資源更為重要，但我們發現，事實正好相反：由於政府認為自己無法提供工作，開發中國家的失業率要比已開發國家高得多。因此，雖然現代貨幣理論不能為開發中國家提供一根魔杖，消除其面臨的所有問題，但仍可以提供一些有用的建議。

06▸貨幣「迷因」

自本書第一版出版以來，現代貨幣理論經歷了蓬勃的發展，事實上，在部落格中，它已經有了自己的生命。但我們的解釋力仍不夠強，我們必須停止嚇唬人。

問題不在於理論，而在於框架。對現代貨幣理論的反對呼聲，主要集中在道德方面——這不是在譏諷地打批評者耳光。如喬治·拉科夫（George Lakoff）所說，你透過框架瞭解一切。人就是這樣，脫離隱喻無法理解，脫離故事無法思考。

除了瘋子之外，所有人都知道，美國政府的錢根本用不完。從艾倫·葛林斯潘到班·柏南克，再到珍妮特·葉倫（Janet Yellen），他們都知道一個主權貨幣發行國是沒有非自願違約的風險的。因此，現代貨幣理論者對經常帳巨額赤字的解釋是：**由於聯邦政府透過按鍵進行支出，它買得起任何以美元出售的商品。**

大家的反應一般會經歷四個階段：

1. 懷疑：這簡直瘋了！
2. 恐懼：辛巴威！威瑪共和國！
3. 道德憤慨：你破壞了經濟！
4. 憤怒：你這個骯髒的左傾法西斯「共匪」！

這些都是進步分子的言論，現代貨幣理論輸掉了關於債務與赤字可支撐性的辯論。怎麼會這樣呢？因為政府透過按鍵進行支出是不道德的行為。

　　無論現代貨幣理論如何準確地解釋政府花錢的貨幣操作，都沒有什麼區別，貨幣操作從國會進行預算開始，然後涉及財政部、美聯準與特殊私營銀行的複雜程序。這些程序可以確保財政部在美聯準的帳戶中有足夠的存款，確保公司或家庭最終可以透過銀行獲得信貸。

　　現代貨幣理論精確地呈現了事實，也因此輸掉了辯論。由於人們只能透過框架看到事實，所以我們必須換一種框架，不能再採取保守的、教科書式的框架，它會自動使人們想起特定的、基於「公平交易」的市場隱喻。從這個制高點來看，政府僅僅透過按鍵就可以不勞而獲的行為，是完全不公平的。

　　人們會本能地喜歡「稅收為商品埋單」的比喻：我繳的稅進入了社會保障信託基金，現在我退休了，我可以得到社會保障，它與我之前繳的稅額相抵了。不管從什麼角度來看，這種說法都完全是錯誤的。但這根本無關緊要，它還是取得了勝利。

　　因此，一些自我標榜為進步人士的人竭盡全力反對「工資稅假期」（編註：延後或暫停徵收工資稅），即使他們完全明白稅收具有退步性。保持虛幻的想法意味著稅率必須提高，然而在未來將倒退更多，因為這會使貨幣的價值計算狀況更加糟糕。相較於捨棄「我付款了，因此我理應獲益」這樣的道德神話，這些「進步人士」更熱衷於破壞「工資稅假期」計畫。

　　我們需要新的貨幣「迷因」（Meme，譯註：meme 是指文化的

基本單位，其透過非遺傳的方式，特別是模仿，而得到傳遞）。

「迷因」無法從市場開始，也無法從自由兌換或個人選擇開始。我們需要一個「社會隱喻」，以公共利益代替私人利益最大化的算計，關注政府的積極作用以及政府利用資金提高服務品質的行為。

政府的貨幣支出符合公共利益，並承諾在支付中接受本幣。貨幣的背後是稅收制度，我們繳納稅款是為了使貨幣保持強勢。透明度良好的預算以及民選官員問責制，可以確保政府適度開支。

私人支出可能會威脅到物價穩定，但政府有一系列可以遏制通貨膨脹的政策工具。如果有必要，政府可以增加稅收或採取其他措施來抑制私人支出，還可以根據需要來減少政府開支，以消除多餘需求。

政府的開支提供了貨幣與國債，我們將其累積為財富。在這個偉大的國家裡，持有政府貨幣與債券使我們成為利益相關者。透過享受社會保障與其他收入支援計畫，我們獲得了國家的產出。

這些產出是我們應得的，不是因為我們繳了稅，而是因為我們做好了自己的事情，為產出貢獻了力量。透過退休金、醫療、食品券、資助貧困家庭等方面的社會支出，政府能幫助我們照顧好自己。

是的，是我們自己在照顧自己。

政府的錢永遠也用不完，它可以一直在經濟上照顧我們。凡是技術上可行的事情，政府在財務上都負擔得起，最終一切要歸結為技術、資源和政治意願。我們擁有技術和資源，現在需要的是用正確的「迷因」來校準政治、加強意志。

貨幣體系是一種奇妙的創造，它允許個人選擇，同時給予政府

實現社會公正所需要的資源。它激發了企業家的主動性，資助、組織並分配國家的產出。該體系也是政府用來實現公共目標的主要機制之一。

我們需要用貨幣體系追求公共目標，這樣一來，每個人才能成功實現自己的個人目標。最終，我們可以一起用金錢來照顧彼此。

當我們說應該「自己照顧自己」時，並不是用一種沙文主義的方式來表達的。主權貨幣是國家的，富裕國家有能力超越邊界去照顧別人，貧窮國家則可能無法做到這一點。但是，如果貧窮國家有主權貨幣，它們可以盡其所能，用貨幣體系照顧自己。

富裕的國家，尤其是像美國這樣發行國際準備貨幣的國家，必須做更多的事情。我們有責任去幫助他人，這使我們能成為更好的人，使國家能成為更好的國家。只要我們齊心協力，這個世界將變得更加美好。

參考資料

Aspromourgos, T. 2000. "Is an Employer-of-Last-Resort Policy Sustainable? A Review Article." *Review of Political Economy* 12, no. 2: 141-155.

Atwood, Margaret.（瑪格麗特‧愛特伍）2008. Payback: *Debt and the Shadow Side of Wealth*, Anansi.

Bell, Stephanie.（史蒂芬妮‧凱爾頓）2000. Do Taxes and Bonds Finance Government Spending? *Journal of Economic Issues*. 34: September.603-620.

——. 2001. "The Role of the State and the Hierarchy of Money". *Cambridge Journal of Economics*, 25(2), March, 149-163.

Bell, Stephanie and L.R. Wray. "Fiscal Effects on Reserves and the Independence of the Fed", *Journal of Post Keynesian Economics*, Winter 2002-2003, Vol 25, No 2: 263-271.

——. 2004. "The War on Poverty after 40 Years: A Minskyan Assessment", *Public Policy Brief*, The Levy Economics Institute of Bard College, no. 78.

Boulding, Kenneth E. 1985. "Puzzles Over Distribution," *Challenge* 28, no. 5: 4-10.

Burgess, J. and Mitchell, W.F. 1998. 'Unemployment Human Rights and Full Employment Policy in Australia,' in M. Jones and P. Kreisler (eds), *Globalization, Human Rights and Civil Society*, Sydney, Australia: Prospect Press.

Clower, Robert. 1965. "The Keynesian Counter-Revolution: A Theoretical Appraisal", in F.H. Hahn and F.P.R. Brechling, (eds), *The Theory of Interest Rates*, 103-125, London: Macmillan.

Commons, John R. 1955 [1924]. *Legal Foundations of Capitalism*. New Brunswick, N.J.: Transaction Publishers.

Cramp, A.B. 1962. Two views on money. *Lloyds Bank Review*, July, p. 1.

Darity, William Jr. "Who Loses from Unemployment." *Journal of Economic Issues*, 33, no. 2 (June 1999): 491.

Davidson, P. (1978), *Money and the Real World*, London: Macmillan.

Dillard, Dudley. 1980. "A Monetary Theory of Production: Keynes and the Institutionalists". *Journal of Economic Issues*. 14: 255-273.

Foley, Duncan, 1989. "Money in Economic Activity", in John Eatwell, Murray Milgate, and Peter Newman (eds) *The New Palgrave: Money*, New York and London: W.W. Norton.

Forstater, Mathew.（馬修‧福斯塔德）1999. "Full Employment and Economic Flexibility" *Economic and Labour Relations Review*, Volume 11.

Forstater, Mathew and L. Randall Wray（馬修‧福斯塔德和蘭德爾‧雷）(eds) 2008. K eynes for the Twenty-First Century: *The Continuing Relevance of the General Theory*, Palgrave/Macmillan 2008.

Fullwiler, Scott（斯科特‧富爾懷勒）, 2006. "Setting Interest Rates in the Modern Money Era", *Journal of Post Keynesian Economics*, 28(3) Spring: 495-525.

——. 2010 Treasury Debt Operations – *An Analysis Integrating Social Fabric Matrix and Social Accounting Matrix Methodologies*, September 2010 (edited April 2011), http://papers.ssrn.com/sol3/papers.cfm?abstract_id=1874795

Fullwiler, Scott T. 2003. "Timeliness and the Fed's Daily Tactics." *Journal of Economic*

Issues, vol. 37, no. 4 (December): 851-880.

——. 2005. "Paying Interest on Reserve Balances: It's More Significant than You Think." *Journal of Economic Issues*, vol. 39, no. 2 (June).

——. 2008. "Modern Central Bank Operations: The General Principles."

——. 2009. "The Social Fabric Matrix Approach to Central Bank Operations: An Application to the Federal Reserve and the Recent Financial Crisis." In Natarajan, Tara, Wolfram Elsner, and Scott Fullwiler, (eds) *Institutional Analysis and Praxis: The Social Fabric Matrix Approach*: 123-169. New York, NY: Springer.

——. 2011. "Treasury Debt Operations: An Analysis Integrating Social Fabric Matrix and Social Accounting Matrix Methodologies." SSRN, located at: http://papers. ssrn.com/sol3/papers.cfm?abstract_id=1825303

Galbraith, James K. （詹姆士・加爾布雷斯） 2011. "Is the Federal Debt Unsustainable?" Levy Economics Institute Policy Note 2011/2.

Ginsburg, Helen. 1983. *Full Employment and Public Policy: The United States and Sweden*, Lexington, MA: Lexington Books.

Godley, Wynne. （韋恩・戈德利） 1996. "Money, Finance and National Income Determination: An Integrated Approach", Levy Economics Institute, Working Paper 167, June, www.levy.org,

Godley, Wynne and Marc Lavoie. 2007. *Monetary Economics: An Integrated Approach to Credit, Money, Income, Production, and Wealth*. New York, NY: Palgrave Macmillan.

Goodhart, Charles A.E. 1989. *Money, Information and Uncertainty. Cambridge*, Mass.: MIT Press.

——. 1998. "Two Concepts of Money: Implications for the Analysis of Optimal Currency Areas." *European Journal of Political Economy*. 14: 407-432.

——. 2005. "Review of Credit and State Theories of Money: the contributions of A. Mitchell Innes," *History of Political Economy*, vol. 37, no. 4, winter, pp. 759-761.

——. 2008. "Money and Default", in Mathew Forstater and L. Randall Wray (eds) *Keynes for the Twenty-First Century: The Continuing Relevance of the General Theory*, 213-223 New York: Palgrave Macmillan.

Graeber, David. Interview. http://www.boston.com/bostonglobe/ideas/ articles/2011/08/21/which_came_first_money_or_debt/

Graziani, A. .1990. "The Theory of the Monetary Circuit", *Economies et Societes*, series no. 7, June.

Harvey, P. （哈威） 1989. *Securing the Right to Employment: Social Welfare Policy and the Unemployed in the United States*, Princeton, NJ: Princeton University Press.

——. 1999. "Liberal Strategies for Combating Joblessness in the Twentieth Century", *Journal of Economic Issues*, vol 33, no. 2, June: 497-504.

——. 2002. "Human Rights and Economic Policy Discourse: Taking Economic and Social Rights Seriously", *Columbia Human Rights Law Review*, vol 33, no. 2, Spring: 364-471.

Hayden, F. Gregory. 2006. *Policymaking for a Good Society: The Social Fabric Matrix Approach to Policy Analysis and Program Evaluation*. New York, NY: Springer.

——. 2009. "Normative Analysis of Instituted Processes." In Natarajan, Tara, Wolfram Elsner, and Scott Fullwiler, (eds) *Institutional Analysis and Praxis: The Social Fabric*

Matrix Approach: 103-122. New York, NY: Springer.

Heilbroner, Robert. 1985. *The Nature and Logic of Capitalism*, New York and London: W.W. Norton and Company.

Hirway, Indira .2006. "Enhancing Livelihood Security through the National Employment Guarantee Act: Toward effective implementation of the Act", The Levy Economics Institute Working Paper No. 437, January, www.levy.org.

Ingham, Geoffrey. 2000. Babylonian Madness: On the Historical and Sociological Origins of Money. In John Smithin (ed.) *What Is Money*. London & New York: Routledge.

——. 2004a. "*The Emergence of Capitalist Credit Money*." In L.R. Wray (ed), Credit and State Theories of Money: The Contributions of A. Mitchell Innes, Cheltenham, 173-222, Edward Elgar.

——. 2004b. The Nature of Money, Cambridge: Polity Press Ltd.

—— (ed.). 2005. *Concepts of Money: Interdisciplinary Perspectives from Economics, Sociology, and Political Science*, Edward Elgar, Cheltenham.

Innes, A. M.（米切爾・英尼斯）1913. "What is Money?" *Banking Law Journal*. May: 377-408.

——. 1914. "The Credit Theory of Money." *Banking Law Journal*, January, 151-68.

Innes, A. M. (1913, 1914) reprinted in L. R. Wray (ed.), *Credit and State Theories of Money*, Cheltenham, UK and Northampton, MA, USA: Edward Elgar (2004), pp. 14-49.

Kaldor, N. 1955-6. "Alternative theories of distribution" *Review of Economic Studies*, 23: 83-100.

Kalecki, Michal. 1971. "The determinants of profits," in M. Kalecki (ed.) *Selected Essays on the Dynamics of the Capitalist Economy*, 1933-1970, 78-92, Cambridge: Cambridge University Press.

Keynes, John Maynard.（約翰・梅納德・凱因斯）(1964) *The General Theory of Employment, Interest and Money*, Harcourt Brace Jovanovich, New York and London.

Keynes, J. M. (1971-1989), *The Collected Writings of John Maynard Keynes*, London: Macmillan and Cambridge University Press for the Royal Economic Society Vol. XIII: The General Theory and After. Part I Preparation, 1973 Vol. XIV: The General Theory and After. Part II Defense and Development, 1973

Keynes, J. M.. 1914. "What is Money?", review article in *Economic Journal*, 24(95), September, 419-421.

——. 1930. *A Treatise on Money*. Volumes I and II (1976), New York: Harcourt, Brace & Co.

——. 1937. The *'Ex Ante'* Theory of the Rate of Interest, *Economic Journal*, December.

——. 1976. *A Treatise on Money*. Volumes I and II, New York: Harcourt, Brace & Co.

——. 1982. *The Collected Writings of John Maynard Keynes, Volume XXVIII*, Donald Moggridge (ed), London and Basingstoke: Macmillan.

King, J. E. 2001. "The Last Resort? Some Critical Reflections on ELR." *Journal of Economic and Social Policy* 5, no. 2: 72-76.

Klein, Peter G. and George Selgin. 2000. "Menger's Theory of Money: Some Experimental Evidence." In John Smithin (ed.) *What Is Money*. London & New York: Routledge.

Knapp, Georg Friedrich.（格奧爾格‧弗里德里希‧克納普）(1924) 1973. *The State Theory of Money*. Clifton: Augustus M. Kelley.

Kregel, J. A.（簡‧克雷格爾）(1986), "Shylock and Hamlet: Are there Bulls and Bears in the Circuit?" *Economie et Société*, série MP 3, pp. 11-22.

Kregel, J. A. 1976. "Economic Methodology in the Face of Uncertainty: The Modeling Methods of Keynes and the Post-Keynesians," *Economic Journal*, vol. 86, no. 342: 209-225.

Kurke, Leslie.（萊斯利‧庫克）1999. *Coins, Bodies, Games, and Gold*, Princeton University Press, Princeton, New Jersey, 1999; xxi, 385.

Lavoie, Marc. 1985. "Credit and Money: The Dynamic Circuit, Overdraft Economics, and Post Keynesian economics", in Jarsulic, Marc (ed.), *Money and Macro Policy*, 63, Boston, Dordrecht, Lancaster: Boston-Dordrecht-Lancaster.

Lerner, Abba P.（阿巴‧勒納）1943. "Functional Finance and the Federal Debt." *Social Research* vol. 10, 38-51.

—— 1947. "Money As a Creature of the State." *American Economic Review*. Vol. 37: 312-317.

Minsky, H. P.（海曼‧明斯基）1965. "The Role of Employment Policy," in M.S. Gordon (ed.), *Poverty in America*, San Francisco, CA: Chandler Publishing Company.

Minsky, Hyman P. 1986. *Stabilizing an Unstable Economy*, New Haven and London: Yale University Press.

——. 1993. "Schumpeter and Finance", in S. Biasco, A. Roncaglia and M. Salvati (eds), *Market and Institutions in Economic Development*, 103-115, New York: St. Martin's Press.

Minsky, H. P. 1975. *John Maynard Keynes*, Yale University Press.

Mitchell, William and Joan Muysken. 2008. *Full Employment Abandoned: Shifting Sands and Policy Failures*, Cheltenham, UK, Northampton, MA: Edward Elgar.

Mitchell, W.F. and Wray, L.R.（威廉‧米切爾和蘭德爾‧雷）2005. "In Defense of Employer of Last Resort: A Response to Malcolm Sawyer," *Journal of Economic Issues*, vol. 39, no. 1: 235-245.

Moore, Basil J.（貝西‧莫爾）1988. *Horizontalists and Verticalists: The Macroeconomics of Credit Money*, Cambridge: Cambridge University Press.

Mosler, Warren.（華倫‧莫斯勒）2010. *The Seven Deadly Innocent Frauds of Economic Policy*, Valance Co., Inc.

Parguez, Alain. 2002. "A Monetary Theory of Public Finance". *International Journal of Political Economy*, 32(3), Fall.

Parguez, Alain and Mario Seccarrecia. 2000. "The Credit Theory of Money: The Monetary Circuit Approach". In John Smithin (ed.) *What is Money?*, 101-123, London and New York: Routledge.

Phillips, R. J.（羅尼‧菲力浦斯）1995. *The Chicago Plan and New Deal Banking Reform*. Armonk: M.E. Sharpe, Inc.

Rawls, J. 1971. *Theory of Justice*, Cambridge, MA: Harvard University Press.

Rezende, Felipe.（費利佩‧雷森德）2009. "The Nature of Government Finance in Brazil." *International Journal of Political Economy*, 38, no. 1: 81-104.

Ritter, Lawrence S.（勞倫斯‧里特）1963. "An Exposition of the Structure of the Flow-of-Funds Accounts." *The Journal of Finance*. vol. 18, no 2: 219-230.

Samuelson, Paul,（保羅‧薩繆森）*Economics*, New York: McGraw-Hill, Ninth Edition,

274-276 (1973).

Sardoni, C. and Wray, L.R. 2005. "Monetary Policy Strategies of the European Central Bank and the Federal Reserve Bank of the U.S.," Levy Economics Institute, Working Paper 431.

Sawyer, M. (2003), "Employer of last resort: could it deliver full employment and price stability?: *Journal of Economic Issues*, 37(4): 881-908.

Schumpeter, J. A. 1934. *The Theory of Economic Development: An Inquiry into Profits, Capital, Credit, Interest and the Business Cycle*, Cambridge, MA: Harvard University Press.

Sen, A. 1999. *Development as Freedom*, New York, NY: Alfred A. Knopf.

Sraffa, Piero. 1960. *Production of Commodities by Means of Commodities*. Cambridge: Cambride University Press.

Taylor, N. 2008. *American-Made: The Enduring Legacy of the WPA: When FDR Put the Nation to Work*. Tantor Media

Tcherneva, Pavlina and L. Randall Wray. (帕夫琳娜・切爾內娃和蘭德爾・雷) 2005. "Gender and the Job Guarantee: The impact of Argentina's Jefes program on female heads of poor households", Center for Full Employment and Price Stability Working Paper No. 50, December, www.cfeps.org.

Wray, L. Randall. (蘭德爾・雷) 1998. *Understanding Modern Money: The Key to Full Employment and Price Stability*. Northampton, MA, Edward Elgar.

——. 1990. *Money and Credit in Capitalist Economies: The EndogenousMoney Approach*, Aldershot, UK and Brookfield, VT, USA: Edward Elgar.

——. 2003. "The Perfect Fiscal Storm," *Challenge*, vol. 46, no. 1: 55-78.

——. 2009. "The rise and fall of money manager capitalism: a Minskian approach", *Cambridge Journal of Economics*, vol 33, no 4: 807-828

——. (ed.) 2004. *Credit and State Theories of Money: The Contributions of A. Mitchell Innes*, Cheltenham, Edward Elgar.

Wray, L.R. and Forstater, M. (蘭德爾・雷和馬修・福斯塔德) 2004. "Full Employment and Economic Justice," in D. Champlin and J. Knoedler (eds), *The Institutionalist Tradition in Labor Economics*, Armonk: NY: M.E. Sharpe.

現代貨幣理論：未來世界經濟的思考模式

Modern Money Theory: A Primer on Macroeconomics for Sovereign Monetary Systems,
Second Edition

作　　　者———蘭德爾・雷（L. Randall Wray）
譯　　　者———張慧玉、王佳楠、馬爽
審　　　定———何宗武
封面設計———江孟達
內文設計———劉好音
執行編輯———洪禎璐
責任編輯———劉文駿
行銷業務———王綬晨、邱紹溢
行銷企劃———曾志傑、劉文雅
副總編輯———張海靜
總 編 輯———王思迅
發 行 人———蘇拾平
出　　　版———如果出版
發　　　行———大雁出版基地
地　　　址———台北市松山區復興北路 333 號 11 樓之 4
電　　　話———（02）2718-2001
傳　　　真———（02）2718-1258
讀者傳真服務—（02）2718-1258
讀者服務 E-mail — andbooks@andbooks.com.tw
劃撥帳號 19983379
戶　　　名 大雁文化事業股份有限公司
出版日期 2021 年 10 月 初版
定　　　價 560 元
ISBN 978-986-06989-9-2
有著作權・翻印必究

First published in English under the title Modern Money Theory: A Primer on Macroeconomics for Sovereign
Monetary Systems by L. Randall Wray, edition: 2
copyright © L. Randall Wray, 2015
This edition has been translated and published under licence from Springer Nature Limited.
Springer Nature Limited takes no responsibility and shall not be made liable for the accuracy of the translation.
This edition is published by arrangement with Springer Nature Limited through Big Apple Agency, Inc., Labuan,
Malaysia

＊本繁體中文譯稿由中信出版集團股份有限公司授權使用

國家圖書館出版品預行編目資料

現代貨幣理論：未來世界經濟的思考模式／蘭德爾・雷
（L. Randall Wray）著；張慧玉、王佳楠、馬爽譯 . – 初版 .
– 臺北市：如果出版：大雁出版基地發行 , 2021. 10
面；公分
譯自：Modern Money Theory: A Primer on Macroeconomics
for Sovereign Monetary Systems, Second Edition
ISBN 978-986-06989-9-2（平裝）

1. 貨幣政策 2. 財政政策 3. 總體經濟學

561.18   110014799

如果